Peter Würth

Hamburger Landpartie

Raus aufs Land!

DUMONT

Umschlagvorderseite: Haubarg in Eiderstedt
Umschlagrückseite: Josthof in Salzhausen, Gemüsestand in Ruhwinkel,
Worpsweder Mühle und Schaalsee

Peter Würth lebt und arbeitet als Journalist in Hamburg.
Er war unter anderem Chefredakteur der Zeitschrift COUNTRY
und leitete das ZEITmagazin.

Die Deutsche Bibliothek – CIP-Einheitsaufnahme
Hamburger Landpartie : raus aufs Land! / Peter Würth. – Köln :
DuMont, 1996
 ISBN 3-7701-3507-5

NE: Würth, Peter

© 1996 DuMont Buchverlag, Köln
Alle Rechte vorbehalten
Satz: Rasch, Bramsche
Druck und Buchbinderische Verarbeitung: BOSS, Kleve

Printed in Germany
ISBN 3-7701-3507-5

Inhalt

Vorwort	6
Einstimmung	9
Der Traum vom Land	9
Was zu einer Landpartie gehört – Ausrüstung	11
Einige Regeln für Pilzsammler	15
Tradition	17
Hier wird gefeiert – Traditionelle Feste und Veranstaltungen	17
Natur	23
In freier Wildbahn – Tier- und Wildparks	23
Mit dem Fernglas auf der Pirsch – Exkursionen	25
Richtiges Verhalten im Wald	28
Die längste Hecke der Welt – Knicks	29
Zum Nutzen und zur Zierde – Gärten zum Besichtigen	30
Wie man einen Bauerngarten anlegt	36
Besichtigungen	39
Aus alten Zeiten – Museen rund ums Landleben	39
Ein Dorf wird zum Museum	42
(Beatrice von Rosenberg)	
Zu Ehren der Kunst – Künstlermuseen	44
Residenzen ohne Hofstaat – Herrenhäuser	48
In schlichter Armut – Dorfkirchen	54
Für Gott und die Welt – Klöster	59
Mit der Kraft des Wassers und des Windes – Mühlen	61
Erholung	67
Kühles Naß – Badeseen	67
Was man für ein Picknick braucht – Die Ausstattung	72
Picknick – Ein Sommernachtstraum	74
(Anna von Münchhausen)	
Unterwegs	77
Auf kleiner Fahrt – Schiffsfahrten	77
»Hol über« – Kleine Fähren	78
Auf der Schiene – Bimmelbahn- und Dampflokfahrten	80
Leichter als Luft – Segelfliegen	81

Inhalt

Sportliches — 83
- Gut zu Fuß – Wandertouren — 83
- Auf zwei Rädern – Fahrradtouren — 87
- Auf dem Wasser wandern – Kanutouren — 91
  - *Tips zum Kanuwandern* — 99
- Ski Heil – Skifahren — 99

Musik — 101
- Faszination Klassik – Musik auf dem Land — 101

Einkaufen — 105
- Landleben zum Mitnehmen – Country-Shops für Wohnen, Dekorieren, Mode, Antiquitäten — 105
- Kunst für den Alltag – Kunsthandwerker — 106
- Gesundes vom Land – Direktvermarkter und Biohöfe — 108
- Aus dem Wasser auf den Tisch – Frische Fische — 125

Essen und Trinken — 127
- Guten Appetit – Landgasthöfe — 127

Übernachten — 177
- Gute Nacht – Landhotels — 177
- Mit den Hühnern aufstehen – Urlaub auf dem Bauernhof — 194
- Das Glück der Erde auf dem Rücken der Pferde – Reiter- und Ponyhöfe — 197
- Ein Bett im Heu – Übernachten im Heuhotel — 199

Abbildungsnachweis — 200

Legenden zu den Übersichtskarten — 201
Übersichtskarten — 204

Register — 212

Vorwort

»Raus aufs Land!« heißt der sonnabendliche Schlachtruf vieler Städter. Dieser Führer will neue Wege weisen und ein paar Anregungen geben, wie man am Wochenende ein wenig möglichst unverfälschte Landluft schnuppern kann. Die wahren Abenteuer liegen nämlich durchaus vor der Haustür, nur gehen und fahren die meisten achtlos daran vorbei.

In Freizeitparks, im Fernsehen und im Kino werden immer neue Scheinwelten aufgebaut, als ob die Realität nicht abwechslungsreich und spannend genug wäre. Dieses Buch präsentiert eine ganze Menge origineller Landpartien für große und kleine Leser. Kinder werden an vielen unserer Tips einen Heidenspaß haben, aber auch Erwachsene werden Neues oder längst Vergessenes (wieder-)entdecken.

Manches, vor dem man in der Fremde staunend steht, gibt es so oder ähnlich auch zu Hause, man muß nur wissen, wo und wann man es finden kann. Fremde Kulturen haben ihren Reiz, aber die eigene zu erforschen, kann viel aufregender sein, weil jeder einen direkten Bezug dazu hat.

Unsere Vorschläge kommen aus allen Bereichen: aus der Kultur genauso wie aus der Natur oder dem Sport, wir geben Einkaufstips, nennen die schönsten Fortbewegungsmöglichkeiten zu Land, auf dem Wasser und in der Luft. Kennen Sie den schönsten Bauerngarten, die idyllischste kleine Fähre Schleswig-Holsteins, den romantischsten Badesee Niedersachsens? Wo kaufen Sie Landhausmöbel ein, und wo gibt es den besten Katenschinken vom Bauern?

Natürlich bilden Essen und Trinken einen der Schwerpunkte dieses Buchs, denn was wäre eine Landpartie ohne eine lokale Spezialität, ein ordentliches Picknick oder ein Bier im Schatten eines

Eine Reise wert: die Haseldorfer Marsch

Obstbaumes? Dabei geht es hier nicht um Kochmützen oder Sterne. Wohlfühlen soll man sich in den Landgasthöfen, darauf kommt es an. Die meisten der vorgestellten Wirte verarbeiten frische, sorgfältig ausgesuchte Produkte möglichst vom Bauern nebenan. In den – manchmal recht schlichten – Gaststuben überwiegt das Einfache und Echte. Nachgemachte ›Katen‹ aus dem ›Kostümfundus‹ der Großbrauereien sind uns nicht zuletzt deshalb ein Greuel, weil es in der Küche meist so ähnlich zugeht wie beim Dekorieren. Die Mikrowelle ist auch schon bis ins hinterste Friesland vorgedrungen, und die Lebensmittelindustrie offeriert längst scheinbar originale Genüsse wie Rote Grütze als Fertigprodukte.

Die meisten unserer Ausflüge aufs Land sind Tagesausflüge, aber wer das ganze Wochenende oder sogar noch länger Zeit hat, findet im Kapitel »Übernachtung« eine Reihe idyllischer Landhotels und anderer Übernachtungsmöglichkeiten. Als Stadtmensch wenigstens einmal von einem leibhaftigen Hahn wachgekräht zu werden, das hat doch was, oder?

Dieses Buch erhebt keinen Anspruch auf Vollständigkeit, dazu ist es auch viel zu subjektiv. Also seien Sie nicht enttäuscht, wenn Sie ›Ihr‹ Lieblingslokal auf dem Land oder ›das‹ Landhotel nicht finden. Wir kennen es wahrscheinlich schlicht und einfach noch nicht. Dafür versprechen wir Ihnen, daß wir alle vorgestellten Wirtshäuser, Restaurants und Hotels selbst besucht haben und wissen, worüber wir schreiben.

Die Ziele sind mit dem Auto in maximal eineinhalb Stunden Fahrtzeit von Hamburg aus zu erreichen, denn das sollte die absolute Obergrenze für einen Tagesausflug sein. Wer hin und zurück mehr als drei Stunden für eine Landpartie im Auto sitzt, hat keine Erholung mehr, da wird die Freizeit zum Streß. Die Ziele sind rund um Hamburg verteilt, schließen also Teile Niedersachsens, Schleswig-Holsteins und Mecklenburgs mit ein, wobei die Gewichte zugegebenermaßen ungleich verteilt sind. In Schleswig-Holstein gibt es einfach noch mehr zu sehen als in Niedersachsen, dafür ist der Andrang der Touristen auch größer, und es ist schwieriger, ein ruhiges Plätzchen zu finden. In Mecklenburg ist es immer noch ein Problem, gute Landgasthöfe und -hotels zu finden, dafür sind dort noch reizvolle Landschaften wie die Lewitz, eines der größten Naturschutzgebiete Norddeutschlands mit seltenen Vogelarten wie dem Fischadler und dem Schwarzstorch, zu entdecken.

Wir wünschen Ihnen viel Spaß auf Ihren Entdeckungsreisen, und jetzt: Nichts wie raus aufs Land, egal ob mit dem Auto, mit der S-Bahn oder mit dem Fahrrad.

EINSTIMMUNG

DER TRAUM VOM LAND

Je unüberschaubarer und komplexer die Welt, desto größer die Sehnsucht der Menschen nach dem einfachen Leben. Je lauter und hektischer die Städte, desto mehr lockt die Ruhe auf dem Land. Je vergifteter die Umwelt, desto größer der Wunsch nach sauberer Luft und gesunder Nahrung. Je enger der Lebensraum in überfüllten Metropolen, desto dringender das Bedürfnis nach Natur und Weite. Die Menschen sind auf der Suche: nach menschlichen Kontakten, nach Selbsterfahrung, nach innerer Freiheit, nach Dingen, auf die sie sich verlassen können, Dingen mit Tradition. Schlicht: nach Werten. Alles das gibt es auf dem Land. Oder besser: scheint es auf dem Land zu geben.

Das Leben auf dem Land erscheint wie das Leben im Paradies. Ein Leben im Einklang mit der Natur, ohne Streß. Das einzige was daran irritiert, sind die Leute, die auf dem Land leben. Viele von ihnen würden nämlich viel lieber in die Stadt ziehen, und so mancher von ihnen setzt diesen Traum freiwillig oder unfreiwillig in die Realität um. Jeden Tag werden in Deutschland 94 Höfe aufgegeben, das sind 34 330 Bauernhöfe im Jahr. Der Strukturwandel in der Landwirtschaft, bedrängende Marktordnungen, steigende Kosten und sinkende Preise zwingen die Bauern dazu. Sie können sich ihr Bauerndasein einfach nicht mehr leisten. Die harte Arbeit bleibt brotlos, viele leben unter der Armutsgrenze. Die Kinder wollen sich der fruchtlosen Mühe sommers wie winters von früh bis spät nicht mehr unterziehen. In der Stadt können sie sich ihren Lebensunterhalt leichter verdienen.

Für den britischen Schriftsteller Mark Edmonds sieht die Wirklichkeit auf dem Land dann auch eher so aus: »Tierschauen, Kuchenback-Wettbewerbe und die Kneipe. Hier ist der ländliche Hohlkopf zu Hause. Geschützt vor der modernen Welt, eingelullt von unzähligen Litern Bier. Die von Dichtern, Grünen und Immobilienmaklern gepriesene Ruhe auf dem Land wird immer häufiger von Polizeisirenen unterbrochen, denn die Country-Teenager schlagen sich aus lauter Langeweile auf dem Dorf die Köpfe ein.« Oder, so müßte man ergänzen, fahren sich sonnabends nach der Disco an den Alleebäumen zu Tode.

So zieht es die einen aufs Land und die anderen in die Stadt. Land- und Stadtflucht sind zwei Seiten derselben Medaille. Dabei machen sich beide Seiten aus Unkenntnis Illusionen. Wüßten die Beteiligten besser, was sie erwartet, wo die Probleme der Städter wie der Landbevölkerung liegen, wäre schon viel geholfen.

Es wird Zeit, das Verhältnis zwischen Stadt und Land neu zu definieren, die Wechselwirkungen zu beschreiben und mitzuhelfen, in der Zeit des Strukturwandels in der Landwirtschaft so etwas wie eine neue Agrar-Kultur zu entwickeln. Die Stadt hat jahrhundertelang vom Land gelebt. Die Bauern

Der Traum vom Land im Norden ...

ernährten die Städter. Der weltweite Handel hat zumindest die Abhängigkeit aufgehoben. Nahrungsmittel kommen von weither und/oder werden industriell produziert. Jetzt können die Städter dem Land etwas zurückgeben – und das meint beileibe nicht nur Geld.

Seien wir doch ehrlich: Es waren die Bauern, die die Eternit-Platten zur ›Modernisierung‹ an ihre Häuser genagelt haben, und es sind die Städter, die es aufs Land zieht, die diese Platten wieder herunterreißen, die mit viel Einsatz und Geld schöne alte Häuser renovieren und herrichten. In manchen Gegenden haben sie ganze Dörfer vor dem Aussterben gerettet.

Das Verhältnis zwischen Landbevölkerung und Städtern ist sicher nicht gerade spannungsfrei. Die einen fühlen sich in ihrer ›natürlichen Ordnung‹ gestört, stehen Neuem und Fremdem mißtrauisch gegenüber, die anderen wollen allzuoft alles besser wissen und ecken damit an.

Für die Menschen auf dem Land sind die wohlhabenden Städter eine willkommene Geldquelle, umgekehrt machen sich die Leute aus der Großstadt oft kaum einen Gedanken übers Land und wollen die Schönheiten der Natur nur gedankenlos konsumieren, nach dem Motto: »Zurück zur Natur, aber bitte im Rolls Royce.« Beides kann nicht funktionieren. Stadt und Land sind in unseren dichtbesiedelten Regionen so nahe aneinandergerückt, da geht es nur noch miteinander. Die Städter müssen das Land nicht nur romantisch (und manchmal einfältig) lieben, sondern auch verstehen lernen. Und die Bauern, oder besser: die Menschen, die auf dem Land leben, schließlich sind die meisten längst keine (Vollerwerbs-)Bauern mehr, müssen neue Funktionen übernehmen und dafür bezahlt werden. Landwirtschaft muß sich für sie lohnen. Es muß sich auszahlen, erstklassige Lebensmittel zu produzieren, nicht nur Masse. Dafür müssen die Städter höhere Preise zahlen, denn es steckt mehr Arbeit in gesunder Nahrung.

Die Bauern, die das Land und die Natur kennen, müssen dafür sorgen, daß diese Natur erhalten bleibt. Sie müssen Landschaftspfleger und Umweltschützer sein und das Ihre tun, damit die natürlichen Ressourcen geschont werden. Und auch dafür müssen sie von uns entlohnt werden, denn wir alle nutzen und gebrauchen diese Natur.

Wer eine Landpartie macht, sollte dies bedenken und die Zeit nutzen, das Land nicht nur zu genießen. Wer mit offenen Augen über Land fährt, wird das Seine dazutun, die landschaftlichen Schönheiten, aber auch die bäuerliche Kultur zu erhalten.

WAS ZU EINER LANDPARTIE GEHÖRT – Ausrüstung

Eine Landpartie will ein bißchen vorbereitet sein, denn wer sich in die Natur begibt, muß mit der Natur rechnen, und dazu gehört in allererster Linie das Wetter. Wenn zu Hause am Morgen die Sonne scheint, heißt das noch lange nicht, daß das ein paar Stunden später unterwegs noch genauso ist. Und auch im Hochsommer gibt es Angenehmeres, als mit nassen Hosen im Auto nach Hause zu fahren. Wer aufs Land fährt, sieht ungewohnte Tiere und unbekannte Pflanzen. Da freut man sich vielleicht, wenn man ein Fernglas oder ein Pflanzenbestimmungsbuch zur Hand hat. So haben wir eine Reihe von Dingen aufgelistet, an die man vor der Fahrt denken sollte:

■ Eine gute Karte

Wer aufs Land fährt, kommt um eine gute Karte nicht herum. Das wahre Landleben spielt sich eben nicht am Rand der Autobahn ab, und man muß schon ein paar kleine Staatsstraßen fahren, um den richtigen Landgasthof zu finden. Zum Autofahren reicht der Maßstab 1:250 000, fürs Wandern sollte es schon eine richtige Wanderkarte im Maßstab von mindestens 1:50 000 sein.

■ Feste Schuhe

Nicht die leichten italienischen Slipper sind auf die Dauer am bequemsten, sondern feste Schuhe, die Halt geben und mit denen man auch einmal in eine Pfütze treten kann. Turnschuhe sind nur bedingt empfehlenswert, weil sie naß werden und man mit ihnen auf feuchten Wiesen blitzschnell ausrutscht. Eine Gummi-Profilsohle bewährt sich auch bei steinigem Untergrund besser. Oft gebraucht, aber nur unter Vorbehalt empfehlenswert sind Gummistiefel. In den meisten kann man nicht lange gehen, weil die Füße nicht genügend Halt haben. Zu eng sollten Gummistiefel besonders um die Waden herum allerdings auch nicht sein, selbst wenn's besser aussieht. Nur ein langer Schaft zieht einem auch im Moor nicht die Schuhe aus, und wenn sich die Stiefel oben noch zuschnüren lassen, bleiben die Füße auf alle Fälle trocken. Wer unbedingt Gummistiefel will, sollte ein paar Mark mehr ausgeben, weil gerade bei Billig-Modellen die Profilsohle oft schnell zuschmiert, wenn es einmal morastig wird. Und dann gibt's eine Rutschpartie. Rund 100 DM fürs Paar sind das Mindeste, was ein guter Gummistiefel kostet, für edle Modelle mit Leder-Innenfutter muß man bis zu 400 DM anlegen.

■ Praktische Kleidung

Was für die Schuhe gilt, gilt auch für die Kleidung – eine Landpartie ist kein Opernbesuch. Bequem und praktisch sollte die Kleidung also sein. Außerdem muß man im Freien immer mit einem plötzlichen Regenguß oder Gewitter rechnen. Deshalb sollte man wenigstens im Auto einen trockenen Pulli, ein Sweat-Shirt und Socken haben. Aus dem gleichen Grund ist ein fest im Auto deponiertes Handtuch immer nützlich. Im Sommer sind ein Sonnenhut,

Eine Angel gehört für viele Ausflügler ins Gepäck

Sonnenbrille und Sonnenschutzcreme äußerst ratsam.

Schwimmsachen

An Badehose und Bikini trägt man nicht schwer, und manchmal gibt's ja doch noch mitten im Wald einen romantischen kleinen Moorsee, in dem man auch noch baden darf.

Fernglas

Unterwegs gibt's viel zu sehen, aber Rehe, Hasen, Füchse oder Bussarde fressen einem nicht aus der Hand. Um sie zu beobachten, braucht man ein Fernglas, das vor allem zwei Eigenschaften vereint: Es soll leicht und handlich sein, und es muß ein klares, helles Bild abgeben. Es gibt zweierlei Prismensyste-

me: preisgünstige Porroprismen, die das Glas groß und klobig machen, und aufwendige Dachkantprismen für schlanke, aber teure Gläser. Ein Fernglas sollte robust, wasserdicht und stoßfest sein, um auch einen Sturz auszuhalten. Die Bezeichnung 8 × 21 besagt, daß anvisierte Objekte achtmal so groß erscheinen wie mit bloßem Auge, die Zahl 21 benennt den Objektivdurchmesser in Millimetern. Je größer er ist, desto mehr Licht läßt das Objektiv durch. Bei Tag reicht ein Durchmesser von 21 mm aus, in der Dämmerung wird's schwierig. Ein passables Glas ist kaum unter 200 DM zu bekommen, wirklich hervorragende Ferngläser von Zeiss oder Leica kosten bis zu 2000 DM. Die braucht man allerdings für den Waldspaziergang nicht unbedingt.

Rucksack

Wer längere Wandertouren vorhat, braucht einen Rucksack. Aber Vorsicht: Rucksack ist nicht gleich Rucksack. Ein guter Wanderrucksack ist aus wasserundurchlässigem Material, also Nylon oder – in der klassischen Form – aus wasserabweisendem Loden. Leder saugt sich schnell voll und ist außerdem zu schwer. Ein ordentliches Rückenpolster hilft gegen Drücken, breite, gut verstellbare Gurte sorgen dafür, daß jeder den Rucksack für sich persönlich einstellen kann. Praktisch sind zusätzliche Außentaschen, damit man nicht immer den ganzen Rucksack durchwühlen muß. Bei guten Modellen sorgt eine Konstruktion aus Metallbändern dafür, daß der Rucksack nicht am Körper aufliegt und die Luft zwischen Rücken und Rucksack zirkulieren kann. Für einen ordentlichen, nicht zu kleinen Wanderrucksack muß man um die 100 DM ausgeben.

Spielzeug

Kinder wollen beschäftigt sein, und die Faszination von Blumen, Käfern oder Kühen kann schnell vorbeigehen. Ein Ball wirkt da Wunder, und Vatern tut ein bißchen Bewegung wahrscheinlich auch gut. Eine Alternative ist ein Federballspiel oder ein Frisbee. Ein Buch zum Lesen beim Picknick hat auch noch niemandem geschadet.

Tier- und Pflanzenführer

Informativ und spannend sind Tier- und Pflanzenbestimmungsbücher. Welcher Städter kennt schon all die Blumen und Gräser am Wegesrand. Und Kinder erfahren so spielerisch eine ganze Menge über die Botanik und die darin lebenden Tiere. Für Pilzsammler ist ein Pilzbestimmungsbuch obligatorisch. Im Zweifelsfall sollte man schon aus Eigeninteresse den fragwürdigen Kandidaten stehenlassen oder damit mindestens zur nächsten Pilzberatungsstelle gehen.

Wolldecke

Eine Wolldecke im Auto zu haben, lohnt sich immer wieder. Sei es als Unterlage fürs Picknick, sei es, um sich nach einem Regenguß wieder aufzuwärmen oder einfach fürs Sonnenbad. Besonders praktisch für die Landpartie sind Wolldecken mit einer gummierten Seite, die auch auf feuchten Wiesen dichthalten. Neuerdings gibt es auch wieder Decken aus wasserabweisendem Loden.

Taschenmesser

Ein wenig aus der Mode gekommen sind Taschenmesser. Ging früher kein Mann ohne aus dem Haus, so findet sich heute nur noch in den wenigsten Hosentaschen ein Messer. Dabei kann es gerade bei einer Landpartie gute Dienste leisten. Die gewissen Herzchen in Bäume zu schnitzen, sollte man allerdings lieber bleibenlassen. Aber das Pfeifchen für den Nachwuchs hat der bestimmt noch lange. Für einen richtigen Landmann kommen eigentlich nur fünf Messer in Frage:
– das klassische rote Schweizer Armeemesser hat je nach Modell eine Unzahl Werkzeuge vom Schraubenzieher bis zum Zahnstocher, aber keine feststellbare Klinge

Einige Regeln für Pilzsammler

- Pilze sammeln ist nur für den privaten Verbrauch erlaubt.
- In Naturschutzgebieten ist es verboten, Pilze zu sammeln.
- Pilze vorsichtig herausdrehen oder knapp über dem Boden abschneiden. Sonst wird das Myzel, das Pilzgeflecht, zerstört.
- Bei Vergiftungserscheinungen wie Schweißausbrüchen, Übelkeit oder Sehstörungen das Allgemeine Krankenhaus Barmbek anrufen:
 ✆ 0 40/63 85-33 45-6
- Weitere Pilz-Informationen bei der Hamburger Pilzberatungsstelle:
 ✆ 0 40/41 23 23 49
 Mo-Do 8.30–15, Fr 8.30–14 Uhr

(Preisbeispiel: Luxusversion mit 16 Werkzeugen ca. 85 DM);
– das noble französische Laguiole-Messer hat einen gekrümmten Griff mit Schalen aus Büffelhorn. Es wird seit 1829 hergestellt. Die 10 cm lange Klinge ist aus rostfreiem Hochleistungsstahl 440 (Preis: rund 60 DM);
– das simple, ebenfalls aus Frankreich kommende Opinel-Messer gibt es in vielen verschiedenen Größen. Es hat eine einfache, aber wirkungsvolle Klingenarretierung, bei der nur ein Sicherungsring am Ende des Griffs gedreht wird. Das Opinel-Messer – in nicht rostfreiem Normalstahl – ist besonders scharf und obendrein nur ein paar Mark teuer;
– die Otter-Taschenmesser aus Solingen sind nach alter Handwerkstradition warm geschmiedet, gehärtet und handgeschliffen (Preis: knapp 50 DM);
– das amerikanische Buck Folding Hunter Knive ist der Rolls Royce unter den Taschenmessern, kostet aber auch rund 150 DM.

Fotoapparat

Da es meist um Landschaften oder Personenfotos im Freien gehen wird und man sich nicht mit unnötig viel Ballast abschleppen will, reicht für die Landpartie eine einfache Autofokus-Kamera – oder noch besser und preiswerter, eine Kamera mit drei verschiedenen Entfernungseinstellungen. Dann sind nicht mehr die Kinder verschwommen und der Baum hinter ihnen gestochen scharf.

Eine Plastiktüte

In der Natur gibt es immer etwas zum Sammeln: Beeren, Steine oder absonderlich geformte Wurzeln. Außerdem kann man in der Plastiktüte auch den eigenen Müll brav wieder mit nach Hause nehmen. Wer in die Pilze geht, braucht allerdings einen luftdurchlässigen Korb, in der Plastiktüte werden die Pilze sehr schnell matschig.

FESTE UND VERANSTALTUNGEN

TRADITION

HIER WIRD GEFEIERT –
Traditionelle Feste und Veranstaltungen

Überall in Norddeutschland finden das ganze Jahr über größere und kleinere Dorf- und Stadtfeste statt. Zum Teil haben sie historischen Ursprung, zum Teil dienen sie einfach zur Belustigung der Touristen. Auch wenn die Veranstaltungen für den jeweiligen Ort große Bedeutung haben, sind die meisten davon doch mehr oder weniger kommerzielle Ereignisse. Wer echtes Dorfleben mit all seinen Licht- und Schattenseiten kennenlernen will, muß auf die kleinen Schützenfeste gehen, die im Sommer landauf, landab veranstaltet werden.

Es wäre müßig, alle offiziellen Veranstaltungen an dieser Stelle einzeln aufzulisten, ihrer gibt es zu viele. Da darüber hinaus die Termine von Jahr zu Jahr leicht variieren, findet sich im folgenden lediglich eine Auswahl mit Angabe eines ungefähren Zeitpunkts. Bei Interesse sollte man sich einfach beim jeweiligen Fremdenverkehrsamt erkundigen.

■ Abfischen am Bokeler See

Wie es seit dem 16. Jh. Brauch ist, wird Ende Oktober/Anfang November das Wasser des 20 ha großen Bokeler Sees (siehe auch Badeseen, S. 68) nahezu vollständig abgelassen. Dann werden die etwa 100 Zentner Fisch, größtenteils Karpfen, die sich in dem restlichen Wasser gesammelt haben, abgefischt. Zu dem Spektakel kommen alljährlich Tausende von Zuschauern, die den frischen Fisch dann auch gleich kaufen und mit nach Hause nehmen können.

■ Auskunft: Teichwirt Rainer Erich
Neel-Greve-Str. 2
25364 Bokel
☏ 0 41 27/4 61

Anfahrt: A 23 Richtung Heide bis zur Abfahrt Hinfelde, dann 8 km östlich nach Bokel.

■ Biikebrennen an der Nordseeküste

Am Vorabend des Petritages, dem 21. Februar, lodern an der Nordseeküste und den Inseln etwa 60 riesige Scheiterhaufen – die Nordfriesen begehen ihr höchstes Fest. Den Anlaß des heidnischen Brauchs kennt keiner mehr wirklich: Entweder wurde damit Wotan gehuldigt, oder es war die Verabschiedung der Männer zum Walfang. Vielleicht war es aber auch ein Fastnachtsfeuer aus Freude über das nahende Ende des Winters. Der Name stammt jedenfalls von den fackelähnlichen Feuerbaken, die beim Tanz getragen werden. In ganz traditionsbewußten Orten wird die dazugehörige Biikerede auch noch auf friesisch vorgetragen.

■ Auskunft: Nordseebäderverband
SH / Postfach 1611
25806 Husum
☏ 0 48 41/89 75-0
Fax 0 48 41/48 43

*Traditionsreiches Haus:
der Sommerhof in Fiefbergen*

Dithmarscher Kohltage

Ende September wird in Dithmarschen nicht nur das wichtigste Gemüse der Gegend geehrt, es kommt auch zur Wahl der Kohlregentin, und es findet ein Kohlball statt.

■ Auskunft: Touristikzentrale Dithmarschen
Alleestr. 12
25761 Büsum
✆ 0 48 34/9 00 10
Fax 0 48 34/9 00 50

Drachenfeste

Hunderte von farbenprächtigen Drachen vollführen knatternd die irrwitzigsten Figuren am Himmel. Drachenfeste finden unter anderem in Timmendorfer Strand und in Kellinghusen statt.

■ Auskunft: Fremdenverkehrsverein Timmendorfer Strand
Strandallee 73 a
23669 Timmendorfer Strand
✆ 0 45 03/24 94

Fremdenverkehrsamt Kellinghusen
25548 Kellinghusen
✆ 0 48 22/39 31

Duhner Wattrennen

Rund 30 000 Zuschauer kommen alljährlich Ende Juli nach Cuxhaven-Duhnen, wo sie bei günstiger Tide innerhalb von zwei Stunden eine Regatta und ein Trabrennen auf der gleichen Strecke beobachten können.

■ Auskunft: Kur-Strand-Hotel Duhnen
Duhner Strand-Str. 5–7
27476 Cuxhaven-Duhnen
✆ 0 47 21/40 30

Friedrichstädter Festtage

Ein ungewöhnliches Schauspiel bieten diese Festtage Ende Juli in Friedrichstadt. Hauptattraktion ist der Lampionkorso auf den Grachten.

■ Auskunft: Touristeninformation Friedrichstadt
Am Markt 9
25840 Friedrichstadt
✆ 0 48 81/72 40
Fax 0 48 81/70 93

Gildefest in Krempe

Beim Gildefest der ›Alten Kremper Stadtgilde von 1541‹ werden zu Ehren des Gildekönigs und seiner ›Minister‹ auf dem Marktplatz des Ortes die gelb-grünen Gildefahnen geschwenkt. Anschließend wird zwischen 13 und 18 Uhr der neue Schützenkönig ausgeschossen. Einem alten Brauch zufolge herrscht in dieser führungslosen Zeit die ›freie Liebe‹.

■ Auskunft: Bürgermeisteramt Krempe / Der Magistrat
Am Markt 1
25361 Krempe
✆ 0 48 24/8 16

Glückstädter Matjeswochen

Ein kulinarisches Großereignis im Juni. Seit Jahrhunderten streiten sich die Glückstädter mit den Holländern, wer den zarteren Matjes hat. Ausprobieren kann man es bei den Matjeswochen.

■ Auskunft: Stadt Glückstadt
Am Markt 4
25348 Glückstadt
✆ 0 41 24/64 16
Fax 0 41 24/64 94

■ Hahnenwettkampf in Heiligenhafen

Alljährlich am Himmelfahrtstag Punkt 10 Uhr legen sich die Hähne in Heiligenhafen besonders ins Zeug, gilt es doch, den eifrigsten Schreihals zu küren. In drei Klassen, Urzwerge, Zwerge und Großhähne, wird ermittelt, welcher Hahn innerhalb der Kampfzeit am häufigsten kräht. Zugelassen wird jeder Hahnbesitzer, der zwischen 9 und 9.45 Uhr mit seinem Tier erscheint. Die Veranstaltung des Rassegeflügelzuchtvereins Heiligenhafen ist jedesmal ein Volksfest. Sie findet traditionell auf dem Gelände der Gaststätte Zum Bitburger in der Bergstraße/Ecke Achterstraße statt.

■ Heideblütenfest in Schneverdingen

Beim Heideblütenfest Ende August gibt es neben der Wahl der Heidekönigin und einem großen Lampionumzug ein ›Märchenspiel für jung und alt‹ auf der Freilichtbühne im Höpen, den Ball der Heidekönigin und sonntags einen großen Festumzug mit über 1000 Beteiligten.

■ Auskunft: Tourismus-Information
Schulstr. 6a
29640 Schneverdingen
✆ 0 51 93/9 31 80
Fax 0 51 93/9 31 84

■ Heider Marktfrieden

Drei Tage mittelalterliches Markttreiben am ersten Juli-Wochenende zur Erinnerung an die Zeit des 15. und 16. Jh., als Dithmarschen freie Bauernrepublik und beim Heider Markt absoluter Frieden garantiert war; mit traditionellen Speisen wie Mehlbüddel und Kohlsuppe. Dazu gibt es ein Freiluftspiel im Amphitheater, alte Trachten und Kostüme werden gezeigt.

■ Auskunft:
Verkehrsverein Heide
Postfach 1780
25737 Heide
✆ 04 81/69 91 17
Fax 04 81/6 52 11

■ Heringstage in Kappeln

An Himmelfahrt und den darauffolgenden Tagen feiert Kappeln seine Heringstage.

■ Auskunft: Stadt Kappeln
Postfach 1226
24372 Kappeln
✆ 0 46 42/1 83 69
Fax 0 46 42/1 83 28

■ Holsteiner Pferdetage

Alljährlich kommen hier im November rund 80 Hengste und 50 Reitpferde zur Versteigerung. Auch für Pferdefreunde, die nicht selber kaufen wollen, ein Erlebnis.

■ Auskunft und Veranstalter:
Holsteiner Verband
Westerstr. 93
25336 Elmshorn
✆ 0 41 21/9 37 29

Klosterfest Cismar

Beim Klosterfest in Cismar gibt es Stände traditioneller Handwerker wie Töpfer, Schmiede, Sticker und dazu Live-Musik. Das Fest findet jeweils am zweiten August-Wochenende statt. Es beginnt freitags und dauert bis zum Sonntag.

■ Auskunft: Kurverwaltung
Grömitz
Kurpromenade
13739 Grömitz
✆ 0 45 62/2 56-2 56 oder -2 57
Fax 0 45 62/2 56-2 70

Kutterregatten

Eine ganze Reihe von Küstenorten veranstaltet Kutterregatten. Eine der größten findet in Büsum statt.

■ Auskunft: Kurverwaltung
Büsum
Postfach 1154
25757 Büsum
✆ 0 48 34/9 09-1 14
Fax 0 48 34/65 30

Musik- und Volksfest in Albersdorf

Albersdorf ist zu Pfingsten regelmäßig Schauplatz eines Volks- und Musikfestes.

■ Auskunft: Fremdenverkehrsamt
Albersdorf
Postfach 165
25765 Albersdorf
✆ 0 48 35/78 14
Fax 0 48 35/78 42

Ochsenmarkt in Wedel

Seit mehr als 500 Jahren wird beim Ochsenmarkt in Wedel Ende April in großem Stil Vieh gehandelt. Jedes Jahr sind es rund 600 Rinder – Schwarzbunte, Rotbunte und Charolais –, die einen Käufer suchen. Los geht's in aller Früh, um 6 Uhr (bis 12 Uhr). Ochsen, Bullen, Kühe und Färsen wechseln per Handschlag den Besitzer. Danach trifft man sich auf dem Jahrmarkt.

■ Auskunft: Stadtverwaltung
Wedel
Herr Franck
Rathausplatz 3–5
22880 Wedel
✆ 0 41 03/7 07-2 47

Reitertage auf Schloß Breitenburg

Ein ganz spezielles Ereignis für Pferdeliebhaber aus ganz Deutschland sind die Reitertage an einem Wochenende im Juni oder Juli im Schloßpark des Herrenhauses Breitenburg.

■ Auskunft: Schloß Breitenburg
25524 Schloß Breitenburg
✆ 0 48 28/2 93

Ringreiten

Im gestreckten Galopp und mit einer Lanze bewaffnet holen die Wettkämpfer kleine Ringe von den Bäumen. Ursprünglich diente das Ringreiten als ritterliche Übung für den Kampf gegen Dänen und Holsteiner. Es findet immer Anfang Juni statt.

■ Auskunft: Tourist-Information
Großstr. 27
25813 Husum
✆ 0 48 41/8 98 70

FESTE UND VERANSTALTUNGEN

■ Roland-Schützentage in Bad Bramstedt

Schützen aus dem weiten Umkreis treffen sich nach Pfingsten, also Ende Mai/Anfang Juni, in Bad Bramstedt zu diesem traditionsreichen Schützenfest.

■ Auskunft: Verkehrsbüro
Bad Bramstedt
Bleek 17–19
24576 Bad Bramstedt
✆ 0 41 92/5 06 27

■ Schipperhöge Lauenburg

In den ersten Januartagen findet in Lauenburg alljährlich die Schipperhöge statt. Dabei überbringt die in ein buntes Flickenkleid gewandete ›Lustige Person‹ den Lauenburgern die Neujahrswünsche der im Pestjahr 1635 gegründeten ›Schifferbrüderschaft Lauenburg‹. Damit verbunden ist ein Rundgang durch die Stadt an der Elbe, bei dem Hunderte von Kindern den ›Hanswurst‹ (den man bei strenger Strafe nicht so nennen darf) begleiten und dabei mit Süßigkeiten bedacht werden.

■ Auskunft: Verkehrsamt
Lauenburg
Amtsplatz 6
21481 Lauenburg
✆ 0 41 53/59 09 81

■ Sonnenwende in Cismar

Das Sonnwendfest in Cismar steht in der skandinavischen Tradition. Es wird immer an einem Samstag um den 21. Juni veranstaltet. Dazu findet neben dem großen Holzfeuer ein Trachtenfest mit Musik statt.

■ Auskunft: Siehe Klosterfest in Cismar, S. 20.

■ Töpfermarkt in Kellinghusen

Kellinghusen ist berühmt für seine Fayencen, und so findet alljährlich im August ein großer Töpfermarkt im Ort statt.

■ Auskunft: Fremdenverkehrsamt
Hauptstr. 18
25548 Kellinghusen
✆ 0 48 22/39 31
Fax 0 48 22/39 30

NATUR

IN FREIER WILDBAHN – Tier- und Wildparks

Die beste Möglichkeit, Tiere in relativer Freiheit zu erleben, bietet sich in den zahlreichen Tier- und Wildparks. Auf unterschiedlich großen Flächen werden dabei Tiere aller Art präsentiert. Die Palette reicht vom kleinen Streichelzoo bis zum Garten der Schmetterlinge. In manchen Parks, wie im Wildpark Eekholt, kann man vor allem einheimische Tiere ungestört in ihrer natürlichen Umgebung beobachten. Gerade für Stadtkinder, die Tiere meist nur aus dem Fernsehen kennen, ist so eine ungefährliche Begegnung mit leibhaftigen Schweinen oder Rehen ein einmaliges Erlebnis. Natürlich gibt es auch Tierparks, die sich auf exotische Tierarten kaprizieren. Löwen oder Bären im Gehege haben mit einer Landpartie allerdings wirklich nicht mehr viel zu tun.

1 Greifvogel-Gehege Bispingen

In der natürlichen Umgebung der Lüneburger Heide kann man einheimische Greifvögel aus nächster Nähe kennenlernen. Geleitet wird das Greifvogel-Gehege Bispingen von der Tochter des verstorbenen Hamburger Zoologen und Falkners Ernst A. Laage, der in der Hansestadt vor vielen Jahren eine ›Forschungs- und Lehrstätte für Taggreifvögel und Eulen‹ gegründet hatte, um Falken, Adler oder Eulen vor dem Aussterben zu

Im Bauerngarten hat eine jede Pflanze ihren Nutzen

bewahren. Nach seinem Tod siedelten Frigga Steinmann-Laage und ihr Mann mit den Greifvögeln nach Bispingen um.

■ Auskunft: Greifvogel-Gehege Bispingen
An der B 209
29646 Bispingen
℡ 0 51 94/78 88

Führungen: 1. Mai–30. Juni sowie 1.–31. Oktober Mi, Sa und So 15 Uhr, 1. Juli–30. September tägl. 15 Uhr. Die Führungen dauern etwa 90 Minuten.

Eintritt: Erwachsene 7 DM.

Anfahrt: Das Greifvogel-Gehege Bispingen liegt an der B 209 zwischen Amelinghausen und Soltau bei Kilometerstein 19,1.

2 Wildpark Eekholt

Dieser vorbildliche Wildpark, einer der interessantesten Schleswig-Holsteins, hat (auch) ein pädagogisches Ziel. Es gibt nicht nur 400, teilweise vom Aussterben bedrohte Tierarten zu sehen, sondern gleichzeitig werden die Wechselbeziehungen zwischen diesen Tierarten und ihrem Lebensraum in gut beschilderten Lehrschauen deutlich gemacht. Im Wildpark Eekholt bemüht man sich außerdem um die Nachzucht gefährdeter Tierarten.

■ Auskunft: Wildpark Eekholt
24623 Großenaspe
℡ 0 43 27/10 33
Fax 0 43 27/12 32

Geöffnet: Tägl. 9 Uhr bis zur Dunkelheit.

Eintritt: Erwachsene 8,50 DM, Kinder 4,50 DM.

Anfahrt: A 7 bis Bad Bramstedt, weiter auf der B 206 Richtung Bad Segeberg; kurz nach dem Flughafen Hartenholm links Richtung Wildpark.

3 Wildpark Trappenkamp

Dieses Wildfreigehege ist mit über 500 ha eines der größten Europas. Es wurde Mitte der 70er Jahre vom Land Schleswig-Holstein angelegt. Die Besucher können das Wild in seiner natürlichen Umgebung von Aussichtsplattformen aus beobachten, ohne die Tiere zu stören. Rund 50 km Wanderwege führen durch den Wildpark Trappenkamp.

Auskunft: Wildpark Trappenkamp
Das Waldhaus
24635 Daldorf
✆ 0 43 28/14 30

Geöffnet: Stets zugänglich; bei Einbruch der Dunkelheit muß man das Gelände aber verlassen.

Eintritt: Frei.

Anfahrt: B 432 bis Bad Segeberg, weiter auf der B 404 Richtung Kiel. Der Wildpark Trappenkamp liegt 15 km hinter Bad Segeberg.

4 Haustierpark Warder

Dieser Tierpark ist der erste und einzige Schutzpark für selten gewordene Haustierrassen in Deutschland. Auf etwa 40 ha tummeln sich rund 700 Tiere aus 120 Nutztierrassen. Dazu gehören das Rotbunte Schwein, das von den Dänen eigens in ihren Landesfarben gezüchtet wurde, das Schwäbisch-Hallische Schwein, Lockengänse oder weiße Parkrinder aus England. Einen besonderen Spaß für die Kinder bietet der Streichelhof. Hier gibt es kleine und große Ziegen sowie Ferkel zum Anfassen, Streicheln und Füttern. Der etwas schmucklose Tierpark könnte allerdings einige Anpflanzungen zwischen den Gehegen gut vertragen.

Auskunft: Tierpark Warder
Langwedeler Weg 11
24646 Warder am Brahmsee
✆ 0 43 29/12 80

Geöffnet: Tägl. 9–18 Uhr.

Eintritt: Erwachsene 6 DM, Kinder 3,50 DM.

Anfahrt: A 7 Richtung Flensburg bis Ausfahrt Warder.

5 Garten der Schmetterlinge

Der Sachsenwald ist das größte Waldgebiet Schleswig-Holsteins und ein beliebtes Ziel bei Wanderern und Ausflüglern. Fürstin Elisabeth von Bismarck hat hier 1985 den Garten der Schmetterlinge in Friedrichsruh errichten lassen, eine sehr seltene Gartenform, die sich ganz an den Bedürfnissen der geflügelten Bewohner orientiert. In zwei temperierten Hallen wurden ideale Lebensbedingungen für Schmetterlinge geschaffen. Eine Halle ist den heimischen Arten vorbehalten, die andere prächtigen exotischen Exemplaren. Hunderte von bunten Schmetterlingen fliegen durch die Luft, sitzen auf den

Pflanzen oder saugen Nektar aus den Blüten. Nirgendwo sonst kann man lebende Schmetterlinge aus so geringer Entfernung beobachten. Unter den Exoten sind viele seltene Arten, von denen manche bis zu 20 cm groß werden. Über die Schmetterlinge und ihre Lebensgewohnheiten wird ausführlich informiert. Gerade für Großstadtkinder ist der Schmetterlingsgarten ein faszinierendes Erlebnis. In Schaukästen können sie sogar die Verwandlung von der Raupe zum Schmetterling beobachten. Neben dem Schmetterlingsgarten gibt es noch einen Duftgarten mit aufeinander abgestimmten duftenden Pflanzen und einen asiatischen ›singenden Wassergarten‹ mit Klangspielen zum Plätschern des Wassers.

■ Auskunft:
Garten der Schmetterlinge
Am Schloßteich
21514 Aumühle-Friedrichsruh
✆ 0 41 04/60 37

Geöffnet: Von Ostern-Ende Oktober 9–18 Uhr.

Eintritt: 7 DM.

Anfahrt: A 24 Richtung Berlin bis Abfahrt Reinbek, rechts abbiegen in Richtung Reinbek, ab der 2. Ausfahrt des Zubringers ist der Weg nach Aumühle ausgeschildert.

MIT DEM FERNGLAS AUF DER PIRSCH – Exkursionen

In Niedersachsen und Schleswig-Holstein gibt es eine Reihe von naturkundlich und geschichtlich interessanten Orten. Teilweise sind sie frei zugänglich, zum Teil muß man sich aber auch für Exkursionen vorher beim Wissenschaftlern oder im jeweiligen Naturschutzzentrum anmelden. Auf alle Fälle sollte man neben echtem Interesse auch Zeit mitbringen.

6 Vogelbeobachtung am Elbe-Außendeich

Ornithologische Führungen kann man in den unter Naturschutz stehenden großen Brut- und Rastplätzen vieler Vogelarten am Außendeich der Elbe östlich der Oste mitmachen. Man sollte sich dafür möglichst schriftlich beim Vogelwart anmelden.

■ Auskunft und Anmeldung:
H. Krethe
Osterende 1
21734 Oederquart
✆ 0 47 79/88 02

Anfahrt: Über die A 7, durch den Elbtunnel bis zur Ausfahrt Waltershof. Auf der Landstraße Richtung Stade. Vor Stade rechts ab Richtung Wischhafen. In Freiburg (Elbe) links nach Oederquart.

7 Naturkundliche Wanderung im Vogelschutzgebiet ›Grüne Insel‹/Katinger Watt

An Führungen zu zwei versteckten Beobachtungsständen und dem Beobachtungsturm kann man teilnehmen, wenn man sich beim Naturzentrum Katinger Watt anmeldet.

■ Auskunft: Naturzentrum
Katinger Watt
Lina-Hähnle-Haus
Katingsiel 14

25832 Tönning/Ortsteil Kating
✆ 0 48 62/80 04

Tourist-Information Tönning
Am Markt 1
25382 Tönning
✆ 0 48 61/91 06

Geöffnet: April–Oktober tägl.
9–18 Uhr.

Anfahrt: A 23 bis Lohe-Rickelshof, weiter auf der B 203 bis Wöhrden, dann Landstraße Richtung Wesselburen und St. Peter-Ording. Nach dem Eidersperrwerk geht es rechts ab Richtung Tönning, dann sofort wieder rechts nach Kating zum Lina-Hähnle-Haus. Ins Katinger Watt selbst geht es gleich nach dem Sperrwerk rechts.

8 Storchendorf Bergenhusen

Von Mitte April bis Mitte August kann man in Bergenhusen bis zu zehn besetzte Storchennester beobachten. Die Störche finden in den feuchten Niederungen Stapelholms reichlich Nahrung und kehren deshalb immer wieder hierher zurück. Ganz in der Nähe, in Süderstapel, gibt es eine Storch-Auffangstation, in der Tierarzt Dr. Wulf Hansen verletzte oder kranke Störche wieder aufpäppelt.

■ Auskunft: Naturschutzbund
Bergenhusen
Goosstroot 1
24861 Bergenhusen
✆ 0 48 85/5 70

Geöffnet: April–August tägl.
10–18 Uhr.

Anfahrt: A 7 bis Rendsburger Kreuz, weiter Richtung St. Peter-Ording (B 202) bis Norderstapel, dort rechts nach Bergenhusen.

9 Himmelmoor

Die größte Hochmoorfläche Schleswig-Holsteins findet man in der Nähe von Quickborn – das Himmelmoor. Die Moorlandschaft ist durchzogen von den Schienen der Torfbahn.

■ Auskunft:
Tourismus-Information
Stadtverwaltung Quickborn
Rathausplatz
25451 Quickborn
✆ 0 41 06/61 10

Anfahrt: A 7 bis zur Abfahrt Quickborn, weiter Richtung Gronau, Hemdingen oder Renzel. Das Gebiet ist schwer zugänglich.

10 Schnaakenmoor

Am Rand des Forstes Klövensteen bei Rissen kann man durch das 12 000 Jahre alte Schnaakenmoor wandern, das heute unter Naturschutz steht und in dem sich sogar noch Kreuzottern tummeln.

■ Anfahrt: Über die Elbchaussee (im Verlauf Blankeneser bzw. Wedeler Landstraße) bis Hamburg-Rissen. Am Ortseingang in Höhe der Tankstelle nach rechts in den Klövensteenweg. Parkplatz im Wald. Linker Hand Waldwege ins Schnaakenmoor.

11 Naturpark Lewitz

Im Landschaftsschutzgebiet zwischen dem Schweriner und dem Neustädter See wechseln sich Wie-

EXKURSIONEN

Das Himmelmoor

sen- und Waldlandschaften auf 12 000 ha Fläche ab. Die Gegend ist nur dünn besiedelt. Man kann viele Kilometer auf schmalen Alleen durch diese wunderschöne Landschaft fahren, ungestört durch das Schutzgebiet wandern, reiten oder es von der Müritz-Elde-Wasserstraße aus entdecken. Die Lewitz war noch vor 100 Jahren weitgehend ein Sumpfgebiet, heute ist die Landschaftssenke zwischen Schwerin und Ludwigslust von zahlreichen Kanälen durchzogen. In der Lewitz kann man Gänse, Schwäne und Störche in großen Ansammlungen finden, und die Flora des Gebiets hat Seltenheitswert.

■ Auskunft: Wiesenmeisterei
Friedrichsmoorsche Allee 1
19306 Neustadt-Glewe
OT Tuckhude
✆ 03 87 57/2 38 00

Anfahrt: A 24 Richtung Berlin bis Abfahrt Neustadt-Glewe, dem ›Tor zur Lewitz‹. Weiter Richtung Parchim in die Lewitz hinein.

12 Naturschutzgebiet Lüneburger Heide

Die Lüneburger Heide war das erste deutsche Naturschutzgebiet. Es wurde schon 1921 eingerichtet – nicht zuletzt auf Initiative des Egestorfer Pastors Wilhelm Bode. Es ist 22 km lang, bis zu 15 km breit und hat eine Fläche von 23 000 ha oder 230 Mio m². Darin finden sich Moore und Heide, Wälder, Wiesen und Äcker mit einer einzigartigen Flora und Fauna. Zum Naturschutzgebiet gehören aber nicht nur Pflanzen und Tiere, sondern beispielsweise auch Baudenkmale wie alte niedersächsische Hallenhäuser der Heidbauernzeit. Im Naturschutzgebiet Lüneburger Heide gibt es nur ganz wenige Straßen und Dörfer, doch durchziehen es zahlreiche Wanderwege.

■ Auskunft: Haus der Natur
Döhle
Dorfstr. 38
21272 Egestorf
✆ 0 41 75/16 15

Richtiges Verhalten im Wald

- Wer im Wald wandert oder Tiere beobachtet, sollte einige Verhaltensweisen berücksichtigen, um vor allem die Brut und Aufzucht nicht zu stören und die Jungtiere zu schützen.

- Vor allem in der Jahreszeit, in der die Jungen aufgezogen werden, also von Anfang März bis Ende Juni, sollte man auf den Wegen bleiben und das Wild nicht stören.

- Hunde gehören nicht nur in Tollwutgebieten an die Leine.

- Jungwild darf man nicht anfassen, es wird sonst von den Eltern nicht mehr angenommen.

- Beim Skilanglauf sollte man in den Loipen bleiben, um Wildfütterungen einen großen Bogen machen und diese nur aus der Ferne beobachten.

- Im Wald herrscht wegen der Waldbrandgefahr Rauchverbot.

- Die eigenen Abfälle sollte man tunlichst wieder mit nach Hause nehmen. Immer wieder ersticken Wildtiere an aufgefressenen Plastiktüten.

- Von Wildtieren sollte man auch beim Fotografieren und Filmen Abstand halten, sonst verstört man sie völlig, und sie geben unter Umständen ihre Brutplätze auf.

Hans-Forte-Haus
Niederhaverbeck
29646 Bispingen
✆ 0 51 98/3 79

Seume-Haus
Wilsederstr. 23
21274 Undeloh
✆ 0 41 89/2 94

Anfahrt: A 7 Richtung Hannover bis zur Abfahrt Egestorf, weiter Richtung Hanstedt bis nach Sahrendorf. Von dort nach Undeloh und Wilsede.

13 Archäologischer Lehrpfad Fischbeker Heide

Vorgeschichtliche Grabplätze und die Besiedlung des Gebiets von der jüngeren Steinzeit bis in die Eisenzeit dokumentiert ein archäologischer Lehrpfad mit 20 Stationen in der Fischbeker Heide bei Neugraben.

■ Geöffnet: Mai–Ende September.

Anfahrt: Durch den Elbtunnel, auf der A 7 bis zur Ausfahrt Hamburg-Heimfeld, dann auf der B 73 bis zur Fischbeker Heide.

14 Megalithgrab in Karlsminde

Vor viereinhalbtausend Jahren wurde hier unweit der Ostsee ein Großsteingrab mit drei Dolmen errichtet, das einen Durchmesser von fast 60 m hat. Die Anlage wurde 1978 restauriert.

■ Anfahrt: A 7 bis Rendsburg-Büdelsdorf, weiter auf der B 203 nach Eckernförde, dort die nördliche Küstenstraße der Eckernförder Bucht in Richtung Waabs fahren. Nach 5 km rechts ab nach Karlsminde. Das Grab liegt kurz vor Karlsminde links der Straße.

Die längste Hecke der Welt – Knicks

Wenn ein Süddeutscher durch Schleswig-Holstein fährt, wundert er sich für gewöhnlich. Da ist nichts mit ›plattem Land‹ oder Norddeutscher Tiefebene. Nördlich und nordöstlich von Hamburg ist die Landschaft hügelig und sanft gewellt. Selten reicht der Blick zum Horizont, und die höchste Erhebung, der Bungsberg, ist immerhin 168 m hoch.

Aber noch etwas wird dem Fremden auffallen: Hecken durchziehen dieses Hügelland. Grüne Bänder zwischen Sonnenblumen, Raps und Getreide, die sich der Landschaft anpassen und wie ein Netz über das Land geworfen zu sein scheinen. Knicks heißen diese jahrhundertealten dichten Hecken, die seit 1766 – einem Befehl von Christian VII. König von Dänemark und Herzog von Schleswig und Holstein folgend – die Äcker, Weiden und Felder der Bauern begrenzten und trennten.

Für die Ökologen sind diese Wallhecken ein Glücksfall. Sie bieten einer Menge von Tieren Unterschlupf. 7000 verschiedene Tierarten hat man in den Knicks gezählt. Manche von ihnen könnten ohne die Hecken kaum überleben. Für Vögel und Ungezieferfresser wie den Igel oder Raubinsekten wie den Marienkäfer bieten sie den idealen Lebensraum.

Gleichzeitig ist dieses Getier das beste Schädlingsvertilgungsmittel, das die Natur sich ausgedacht hat. Und das den Bauern enorm viel Geld für Schädlingsbekämpfungsmittel spart.

Knicks haben einen ganz eigenen Aufbau: An ihrem Rand wird ein Graben ausgehoben, der die Felder entwässert. Dann wird ein Wall aus Feldsteinen, dem Aushub der Gräben und Bruchholz aufgeschüttet, der auf der Krone knapp 2 m Breite hat. Auf ihm wachsen, ein- oder mehrreihig, verschiedene Sträucher, Gehölze und einzelne Bäume. Ihrem Ursprung als Grenzmarkierungen entsprechend, verwendeten die Bauern für die Knicks früher meist dornige Sträucher wie Brombeeren, Schlehe oder Weißdorn.

Die Knicks, die nach dem Landschaftspflegegesetz ausdrücklich geschützt sind, übernehmen auch eine andere wichtige Funktion: Sie geben den Feldern Windschutz und verhindern die Bodenerosion.

Knicks sind ›künstliche Natur‹, sie wurden von Menschen angelegt und sind allein nicht überlebensfähig. In einem Knick, den man sich selbst überließe, würden sich mit der Zeit einzelne Bäume durchsetzen und eine lichte Baumreihe entstünde. Aus diesem Grund müssen die Wallhecken etwa alle zehn Jahre ›geknickt‹ (daher der Name) werden. Man schneidet das Holz bis auf kurze Stümpfe nieder und hält die Hecken so niedrig und dicht.

Das Knicken von Hecken bietet einen barbarischen Anblick, und wer sich nicht auskennt, ist schnell geneigt, einen Umweltfrevel zu vermuten. Dabei verhilft die Motorsäge den Knicks zum Überleben. Als die Knicks in den 60er Jahren vernachlässigt wurden, weil sie bei der ›modernen‹, hochtechnisierten Landwirtschaft nur störten, ging ihre Gesamtlänge von 75 000 km im Jahr 1950 auf heute knapp 50 000 km zurück. Und dabei ist die Wiederanlage von Knicks, mit der man vor ein paar Jahren begonnen hat, schon eingerechnet.

Zum Nutzen und zur Zierde – Gärten zum Besichtigen

Rund um Hamburg findet sich eine Reihe wunderschöner Gärten und Parks. Viele der Gärten befinden sich in Privatbesitz und sind daher nicht zu besichtigen, allenfalls kann man im Vorüberfahren ihre Blütenpracht bewundern. Wer im Mai und Juni durchs Land reist, entdeckt üppige Rhododrongärten, im Sommer blühen in den Bauerngärten Norddeutschlands die verschiedenartigsten Stauden vom Rittersporn über den Phlox bis zu Levkojen, und natürlich haben Rosen eine große Tradition. Zu einer Landpartie paßt besonders der Besuch eines dieser Bauerngärten, von denen leider nur relativ wenige noch ihre traditionelle Form bewahrt haben.

Ihren Ursprung haben die Bauerngärten im frühen 9. Jh.: 812 erließ Kaiser Karl der Große sein »Capitulare de villis et curtis imperialibus«, in dem exakt 73 Nutzpflanzen und 16 verschiedene Obstbäume aufgezählt wurden, die in den kaiserlichen Gütern Verwendung finden sollten. Karl der Große hörte dabei eifrig auf den Rat seines Freundes, des Kalifen Harun al-Raschid. So ist es nicht verwunderlich, daß eine große Zahl der aufgeführten Pflanzen südlicheren Gefilden entstammt.

Vier Jahre nach dem Erlaß des Capitulare entstand im Kloster von St. Gallen ein Gartenplan, an dem sich alle zukünftigen Benediktinerklöster zu orientieren hatten. Er enthält 49 Nutzpflanzenarten – die im übrigen auch alle im Capitulare genannt werden – und den traditionellen Bauerngartengrundriß mit dem Wegkreuz.

Der klassische Bauerngarten wurde durch seine Funktionen definiert: Da gab es einen Ziergarten vor dem Haus, einen Obsthof mit Apfel- und Birnbäumen, einen ›Kohlhof‹ für Blumen und Gemüse und den sogenannten Grashof, eine Wiese, auf der die Wäsche gebleicht wurde und das Gras fürs Kleinvieh wuchs. Hecken, Knicks, Mauern oder weißgestrichene Staketenzäune friedeten die Gärten ein, Buchsbaum pflanzte man um die Beete. Alles was in solch einem Bauerngarten wuchs, hatte einen Zweck zu erfüllen – und sei es einen ästhetischen. Alfred Lichtwark, der berühmte frühere Direktor der Hamburger Kunsthalle, beschrieb die Bauerngärten »als klassische Verbindung von Blumen- und Gemüsegärten«, in denen Blumen die Wege säumen, »damit man beim Wandeln den Blüten nahe ist. Der Raum hinter den Beeten wird für das Gemüse verwendet«.

In den Bauerngärten wächst neben Obst und Gemüse eine Vielzahl alter, heimischer Blumen und Kräuter. Osterglocken und Dichternarzissen, Schneeglöckchen, Tulpen, Bauernrosen und Dahlien, Maiglöckchen, Spiräe, Studentenblume, Goldweiderich, Akelei und Wiesenstorchschnabel kommen ebenso vor wie Liebstökkel, Pfefferminze, Zitronenmelisse oder Bohnenkraut.

Im folgenden seien die schönsten Gärten im Norden benannt.

15 Gut Krieseby

Zwischen Rieseby und Sieseby an der Schlei steht das Gut Krieseby, dessen Geschichte bis ins 15. Jh. zurückreicht. Der Garten hinter dem schlichten einstöckigen Herrenhaus ist einer der wenigen erhaltenen Barockgärten in Schleswig-Holstein. Die ganze Anlage ist allerdings nicht protzig und prunkvoll, sondern eher einfach und zurückhaltend. Aber gerade das macht ihren Reiz aus. Beeindruckkend eine 250jährige Lindenallee und eine mächtige Eiche, deren Alter auf 800 Jahre geschätzt wird. Sehr hübsch ist die weiße Holzbrücke, die über die Teichanlagen hintern Haus zu einer kleinen Roseninsel führt. Vor dem Torhaus steht ein alter Bauernkarren mit Biokartoffeln und hausgemachter Marmelade zum Mitnehmen. Die Familie vertraut auf die Ehrlichkeit der Käufer und hat nur eine Kasse neben die Kartoffeln gestellt, in die man das abgezählte Geld legt.

■ Auskunft: Gut Krieseby
24354 Rieseby
☎ 0 43 55/2 12

Geöffnet: Besichtigung nur für Gruppen nach Anmeldung.

Anfahrt: A 7 Richtung Flensburg bis zur Ausfahrt Rendsburg, weiter über Groß-Wittensee nach Eckernförde. Von dort über die B 203 Richtung Kappeln, dann links ab nach Rieseby, von dort weiter Richtung Kappeln zum Gut Krieseby.

16 Hennstedt: Bauerngarten

Der Bauerngarten in Hennstedt nördlich von Heide ist 1983 nach traditionellem Vorbild rekonstruiert worden. Obwohl er sich in Privatbesitz befindet, steht er jedermann offen. Die Anlage erinnert an einen alten Klostergarten mit einem Rondell in der Mitte. In diesem Garten hat man aus der ganzen Gegend alte Staudensorten zusammengetragen, und heute blühen dort Goldlack, Kaiserkrone, Akelei, Märzenbecher, Eisenhut, Schwertlilie und Dreimasterblume. Aus dem nahen Rosenparadies Meldorf stammt eine Reihe Alter Rosen.

■ Auskunft: Werner Peters
An der Kirche
25779 Hennstedt/Dithmarschen
☎ 0 48 36/5 36

Anfahrt: A 23 bis Heide, weiter auf der B 5 Richtung Lunden. In Weddingstedt rechts ab nach Fedderingen und Hennstedt.

17 Louisenlund

Louisenlund war einst Sommerresidenz der Schwester des Dänenkönigs Christian VII. Die Gutsanlage am Ufer der Schlei ist umgeben von einem herrlichen Landschaftspark mit viel Wald. Vom weißen Herrenhaus aus hat man durch eine Schneise freie Aussicht aufs Wasser. Auf dem Gelände, das durch seine Gesamtkonzeption mit den zahlreichen Gebäuden und dem etwas höhergelegenen Hof Louisenlund besticht, befinden sich mehrere alte Lindenalleen. Ansonsten dominieren im Park freie Formen. Links hinter der Toreinfahrt öffnet sich der Blick über weite Felder mit einem malerischen einzeln stehenden Baum. Louisenlund beherbergt heute ein Internat.

■ Geöffnet: Die Anlage ist frei zugänglich.

Anfahrt: Von Schleswig über die B 76 Richtung Eckernförde. Auf halber Strecke geht es links ab nach Ahrensberg und Louisenlund.

18 Ellerhoop-Thiensen: Arboretum und Bauerngarten

Der Baumpark und Bauerngarten Ellerhoop-Thiensen, eine künstlich angelegte Oase, der es gleichwohl nicht an Schönheit und Zauber fehlt, wurde 1956 als Arboretum angelegt und 1980 vom Kreis Pinneberg übernommen. Heute breitet sich rund um den schönen, 1664 gebauten und 1984 renovierten Münsterhof ein 17 ha großer Garten mit rund 2200 verschiedenen Pflanzenarten und -sorten aus, der seinesgleichen sucht. Gleichzeitig ist dieser Garten mitten in der holsteinischen Knicklandschaft ein Musterbeispiel dafür, wie man Menschen auf didaktisch sehr geschickte Weise etwas über Pflanzen und Gärten beibringen kann. So gesehen ist der Baumpark und Bauerngarten Ellerhoop-Thiensen beinahe schon so etwas wie ein Schulgarten. Wer wenig Zeit und/oder Geduld hat, geht gleich an der ersten Weggabelung nach links, wo sich die volle Pracht des nach historischem Vorbild angelegten Bauerngartens entfaltet. Dicht an dicht stehen hier Königskerzen und Pfingstrosen, Rittersporn und Phlox, Heil- und Nutzpflanzen, eingefaßt von Buchsbaum. Spezialität des Parks ist die Sammlung von Gehölzen, von Apfelbäumen, Kirschen und Ebereschen – der Garten liegt schließlich im größten Baumschulgebiet der Welt. Daneben gibt es unter anderem noch einen ökologischen Lehrpfad, eine künstliche Hochmoorlandschaft und den Schulgarten mit seinen alten, inzwischen fast verschwundenen Nutzpflanzen wie Flachs, Dinkel, Buchweizen oder Pferdebohnen. Eigentlich hat der Baumpark und Bauerngarten Ellerhoop-Thiensen das ganze Jahr über etwas zu bieten, aber am schönsten sind die Blüte Hunderttausender Blumenzwiebeln von Februar bis Mai und der neue Blauregentunnel, der ebenfalls im Mai blüht.

■ Auskunft: Arboretum Baumpark Ellerhoop-Thiensen
Thiensen 17
25373 Ellerhoop
✆ 0 41 20/2 18

Geöffnet: Im Sommer tägl. 9–21 Uhr, im Winter bis ca. 18 Uhr.

Eintritt: 3 DM.

Anfahrt: A 23 bis Ausfahrt Tornesch, dann über Oha nach Ellerhoop, an der ersten Kreuzung nach rechts, nach 500 m links.

19 Ruhwinkel: Ökoland re-natur

Eigentlich ist das Ökoland re-natur in Ruhwinkel bei Bornhöved so etwas wie eine Ausstellung. Die Firma re-natur nutzt es, um ihre ökologischen Materialien und Techniken wie etwa ihre Sumpfbeetklärstufen vorzustellen. Das Schaugelände am Ufer des Schierensees ist gleichwohl eine wahre Freude für alle Garteninteressierten. Hier finden sich in unmittelbarer Nähe zwei Bauerngärten, ein Geflügelhof mit Hühnern, Enten und Gänsen auf einer Streuobstwiese, die besagten Pflanzenkläranlagen, eine beeindruckende Sammlung von Findlingen, einige Gebäude mit begrünten Dächern und vor allem ein Landschaftsgarten mit Obstwiese, Kleingehölzen, einem Weiher und einem geologischen Pfad. Dieser 7000 m² große Landschaftsgarten soll Gemeinden anregen, ähnliche Biotop-Bereiche für den Arten- und Naturschutz auch auf ihrem Gebiet anzulegen. Auf dem Gelände selbst kann man eine Reihe von Wasserpflanzen kaufen, die eigentliche re-natur-Gärtnerei liegt aber an der B 430 zwischen Bornhöved und Plön kurz hinter Bornhöved. Dort bekommt man auch Kräuter und Stauden aus Schloß-, Klöster- und Bauerngärten.

■ Auskunft: Ökoland re-natur
☏ 0 43 23/60 01

Gärtnerei: Plöner Str. 10
24619 Bornhöved
☏ 0 43 23/65 80

Geöffnet: Ganzjährig; Führungen nach Anmeldung.

Anfahrt: Zum Ökoland re-natur: B 404 bis Bornhöved. Von dort weiter nach Ruhwinkel. Das Ökoland in Ruhwinkel ist ganzjährig geöffnet.

20 Tating: Hochdorfer Garten

Der Hochdorfer Garten in Tating (Eiderstedt) ist mitsamt dem dazugehörigen Haubarg per Testament seiner letzten Eigentümer 1904 zum öffentlichen Dorfpark geworden, der Haubarg allerdings wurde 1954 verkauft. Der Garten gliedert sich in zwei Teile, deren einer im französischen Barockstil gestaltet ist, während der andere eine Art Englischer Park mit einer 1880 gebauten künstlichen Ruine ist. Besonders schön sind im Frühjahr die Krokus- und Narzissenwiesen des Gartens, der ansonsten besonders durch seine Vielfalt an Bäumen, darunter Ahorn, Birken, Walnuß, Magnolien und Sträuchern auffällt. Allerdings wäre diesem prächtigen Garten etwas mehr liebevolle Pflege und Zuwendung zu wünschen.

Geöffnet: Immer geöffnet.

Anfahrt: A 7 bis Autobahnkreuz Rendsburg, dann weiter Richtung St. Peter-Ording (B 202). Der Garten liegt in Tating direkt an der B 202.

21 Wagersrott (Angeln): Holländerhof

Der Holländerhof in Wagersrott (Angeln) beherbergt eine Vielzahl alter Rosen sowie insgesamt rund 120 verschiedene Blumen. Dazu kommen 18 Gemüse und fünf Kräuterarten. Dieser älteste Hof Angelns mit seinem moosbewach-

Der Schloßpark Ludwigslust

senen Reetdach ist auch ein kleines Volkskundemuseum. Eine kleine Allee führt auf das flache langgestreckte Haus zu, von dem aus man einen herrlichen Blick über die Hügellandschaft Angelns hat. Der Garten hinter dem Haus ist sehr gepflegt und wahrlich eine Oase.

Ein kleiner Tip am Rande: Wenn man von Wagersrott weiter Richtung Wittkiel fährt, führt kurz vor dem dortigen Ortseingangsschild ein Weg rechts zu einem Herrenhaus, in dem sonnabends und sonntags von 14.30 bis 18 Uhr ein Café geöffnet hat.

▪ Auskunft: Holländerhof
Wagersrott
24392 Wagersrott
✆ 0 46 41/22 92

22 Schloßpark Ludwigslust

Rund um das 1772–76 erbaute Residenzschloß Ludwigslust, in dessen Goldenem Saal zwischen Mai und September festliche Konzerte veranstaltet werden, erstreckt sich der große Schloßpark. Er ist eine Mischung aus barocken Elementen und einem Landschaftsgarten im englischen Stil, unter anderem mit einer künstlichen Ruine. Ursprünglich war der Garten geometrisch mit barocken Alleen, Kaskaden und Kanälen angelegt, aber der berühmte Gartengestalter Peter Joseph Lenné erweiterte den Schloßpark Mitte des 19. Jh. nach englischen Vorbildern. Lenné ließ eine Reihe seltener Pflanzen in den Park bringen, und auch in diesem Jahrhundert kamen noch weitere dendrologische Spezialitäten dazu. Vor allem im Frühjahr ist der Park ein wahrer Genuß. Er gilt zu Recht als einer der schönsten Norddeutschlands.

■ Auskunft: Staatliches Museum Schwerin
Schloß Ludwigslust
Postfach 77
19282 Ludwigslust
✆ 0 38 74/2 81 14
Fax 0 38 74/4 71 08

Geöffnet: 1. Mai–31. Oktober
Mo 14–16 Uhr und nach Vereinbarung.

Anfahrt: A 7 bis zur Abfahrt Schleswig, auf der B 201 bis Süderbrarup, links nach Norderbrarup, rechts ab nach Wagersrott. Der Holländerhof liegt dann gleich am Ortseingang auf der rechten Seite.

Geöffnet: Der Goldene Saal und 13 Zimmer der Festetage sind Di–So von 10–17 Uhr geöffnet, zwischen Ostern und Mitte Oktober eine Stunde länger. Park- und Schloßführungen. Der Park selbst ist stets zugänglich.

Anfahrt: Über die A 24 Richtung Berlin bis zur Abfahrt Ludwigslust. Im Ort den Schildern zum Schloß folgen. Parkplätze gibt es vor dem Schloß.

Wie man einen Bauerngarten anlegt

Ein Bauerngarten benötigt viel Pflege, Sonne, Wärme und Wasser, schließlich stammen die meisten seiner Pflanzen ursprünglich aus wärmeren Gegenden. Das ist auch der Grund, warum die meisten seiner typischen Pflanzen im Herbst und Winter weniger interessant sind. In der klassischen Aufteilung wird das Rechteck des Gartens durch ein Wegkreuz geviertelt, in dessen Mitte ein Brunnen steht, so daß die Wege zum Wasserholen nach allen Seiten hin möglichst kurz sind. Die einzelnen Teile des Gartens sind von niedrigem Buchs gesäumt, den man bei den Gärtnereien im Frühjahr und Herbst als kleine Pflänzchen quasi als Meterware bekommt.

Rund um den Garten gehört ein Zaun; wobei Drahtzäune ein Sakrileg sind. Ein Holzzaun ist zwar teurer und macht mehr Arbeit, dafür sieht er aber auch besser aus. In der Luxusvariante ist der Bauerngarten von einer Mauer umgeben – gerade in kälteren, windigen Gegenden ein guter Schutz. Die Steine speichern die Sonnenwärme und geben sie gleichmäßig wieder ab. Deshalb ist es in einem so geschützten Garten meist um einige Grad wärmer als außerhalb. Es ist erstaunlich, was unter solchen Bedingungen auch in nördlichen Breiten alles gedeiht.

Die Wege im Garten kann man der Einfachheit halber zunächst nur festtreten, auf Dauer ist ein fester Belag aber sinnvoll, um bei Regen nicht im Schlamm zu waten. Am einfachsten ist ein Belag aus Kies, der nur aufgeschüttet wird. Sinnvollerweise kommt unter den Kies eine dünne Zementschicht, die zum einen verhindert, daß sich die Steinchen in den Boden hinunterarbeiten und zum anderen Unkraut von unten abhalten. Welche Größe die Steinchen haben sollen, ist Geschmackssache, man bekommt sie in Baustoffhandlungen in den unterschiedlichsten Sortierungen.

Wer es noch solider mag, kann seine Wege auch mit alten Ziegeln, Natursteinplatten oder Holz pflastern. Das kostet Geld und macht viel Arbeit, sieht aber schön aus.

Nun aber zum Wichtigsten, den Blumen, Kräutern und Gemüsen im Garten. In einem Bauerngarten stehen sie als Mischkultur alle zusammen, ergänzen und helfen sich gegenseitig. Ein Bauerngarten bietet eine grandiose Vielfalt an Pflanzen, die für den Gärtner oder die Gärtnerin einen großen Vorteil hat: Anders als in Monokulturen halten sich Schädlinge in Grenzen. Wie steht so schön in einem Gartenbuch: »Schädlinge müssen in Mischkulturen weit laufen, bis sie zur nächsten eßbaren Pflanze kommen – vorbei an Gewächsen, die sie gar nicht mögen und ständig verfolgt von ihren natürlichen Feinden.«

Zu den schönsten Pflanzen für einen Bauerngarten gehören Rittersporn und Phlox, Madonnen- und Schwertlilie, Gladiolen, Bartnelke und Ringelblume. Dazu kommen Stockrose, Kapuzinerkresse und der Eibisch, Schneeglöckchen, Narzissen, Osterglocken, Dahlien und natürlich Tulpen, Spiräen, Eisenhut und Akelei. Nicht zu vergessen: die Rosen. Stauden wie Phlox oder Rittersporn breiten sich aus und kommen immer wieder. Man muß ab und an einen Teil von ihnen abstechen, sonst stehen sie zu dicht und werden anfällig für Krankheiten.

Der Bauerngarten

Ein Bauerngarten soll einen hohen Nutzwert haben und den bekommt er nicht zuletzt durch seine Kräuter, die auch auf wenig Raum Platz finden. Berühmt für ihre Kräutergärten waren schon vor Jahrhunderten die Klöster. Die Nonnen und Mönche wußten genau, was sie mit ihren Kräutern anfangen konnten, kannten jede Heilpflanze und besaßen so ihre eigene Naturapotheke. Zu den wichtigsten und gebräuchlichsten Heil- und Gewürzkräutern gehören Schnittlauch und Petersilie, wobei bei letzterer die glatte Petersilie wegen ihres stärkeren Aromas der gekräuselten Form vorzuziehen ist. Feinen Dill, Salbei und Liebstöckel kann man ebenso selbst ziehen wie Zitronenmelisse, Pfefferminze, Bohnenkraut, Sellerie, Meerrettich oder Borretsch.

In einen Bauerngarten gehören nur die feineren Gemüse, der Rest, wie Kartoffeln oder Kohl, fand einst seinen Platz auf dem Acker. Vor dem Haus pflanzt man Buschbohnen, Möhren, Erbsen, Kopfsalat, Gartenkresse, Lauch, Rettich, Knoblauch, Zwiebeln und Kohlrabi, Spinat und Mangold.

Der Bauerngarten Ellerhoop

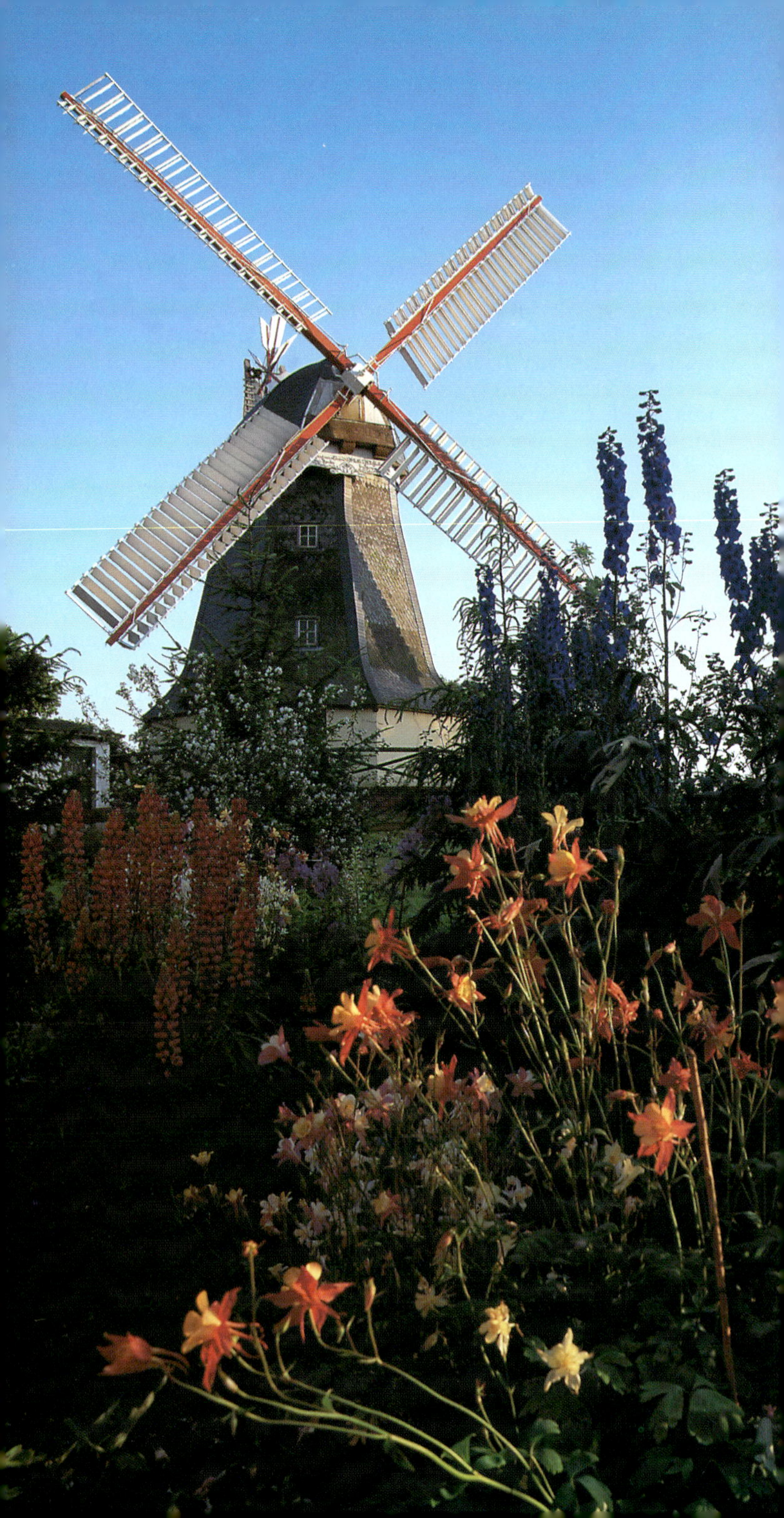

BESICHTIGUNGEN

AUS ALTEN ZEITEN – Museen rund ums Landleben

Wer etwas darüber erfahren will, wie früher auf dem Lande gelebt wurde, muß die kleinen Heimatmuseen besuchen, die sich viele Gemeinden leisten. Hier finden sich nicht die Zeugnisse der großen Weltgeschichte oder die Schätze der Herrscher, sondern Relikte aus dem Leben der ganz normalen Menschen, ihrer Arbeitswelt und ihrer Kultur. In diesen kleinen Dorfmuseen erfährt man mehr als aus allen Büchern über frühere Zeiten, die Probleme der kleinen Leute, über Baugeschichte, Landwirtschaft und den Kampf ums tägliche Brot. Die meisten dieser Museen sind aus privaten Sammlungen entstanden oder weil es irgendwer irgendwann für wichtig hielt, daß auch zukünftige Generationen noch sehen und erfahren können, wie ihre Vorväter lebten. Ein Besuch dieser Sammlungen lohnt sich fast immer. Darüber hinaus gibt es einige größere Sammlungen wie das Freilichtmuseum Molfsee, wo in einem ganzen Dorf das frühere Leben auf dem Land originalgetreu dargestellt wird.

1 Das Alte Land

Eine Art Museum ohne festes Haus ist das Alte Land. Gästeführerinnen in Altländer Tracht zeigen Besuchern von März bis September die Kirchen und eine Reihe von historischen Bauernhäusern im Alten Land. Sie wissen auch über die Traditionen und Bräuche der Gegend bestens Bescheid.

■ Auskunft: Altländer Gästeführungen
Info-Büro
Westerjork 49 (Museum)
21635 Jork
✆ 0 41 62/13 33
Fax 0 41 62/17 30

Geöffnet: Das Museum ist tägl. 10.20–12.30 Uhr geöffnet.

2 Göhrde: Waldmuseum

Das Gebäude, in dem heute das Waldmuseum untergebracht ist, gehörte als ›Celler Stall‹ zum Jagdschloß und bot 79 Pferden für die großen Jagden der deutschen Kaiser und Könige Platz. 1837 wurde es renoviert und war fortan Wohnung für Forstbeamte. Das einzigartige Museum zeigt die Entwicklung der Jagd, Präparate des jagdbaren Wilds der Göhrde mit seinen Trittsiegeln, Präparate des Raubwilds vom Fuchs bis zum Dachs und den Hannoverschen Schweißhund, den ständigen Begleiter der Jäger.

■ Auskunft: Waldmuseum Göhrde
König-Georg-Allee 6
29473 Göhrde

Geöffnet: 1. März–31. Oktober Di-Sa 14–17 Uhr, So 10–12 und 14–17 Uhr, im Winter nur nach telefonischer Vereinbarung unter
✆ 0 58 55-6 75.

Die Worpsweder Mühle

Anfahrt: Von Lüneburg über die B 216 nach Göhrde, am Jagdschloß Göhrde links in die Straße nach Dübbekold, die König-Georg-Allee, einbiegen. Parkplatz auf der linken Seite.

3 Freilichtmuseum am Kiekeberg bei Rosengarten

20 Gebäude aus der nördlichen Lüneburger Heide und der Winsener Marsch wurden hier am Kiekeberg originalgetreu wiederaufgebaut und zu einer Art Dorf samt Drogerie, Honigspeicher und Backofen zusammengestellt. Dieses Freilichtmuseum erzählt die Geschichte der Landwirtschaft, der Schmiede und der Stellmacherei in der Gegend.

■ Auskunft: Freilichtmuseum am Kiekeberg
21224 Rosengarten
✆ 0 40/7 90 17 60

Geöffnet: Di–Fr 9–17, Sa und So 10–18 Uhr, im Winter Di–Fr 10–16 Uhr.

Anfahrt: A 7 durch den Elbtunnel Richtung Hannover bis zur Ausfahrt Marmstorf, ab dort ausgeschildert.

4 Meldorf: Dithmarscher Landesmuseum

Das älteste und größte Museum Dithmarschens wurde schon 1872 gegründet. Gesammelt und ausgestellt werden bäuerliches Kulturgut, Bauernstuben des 16., 17. und 18. Jh., Modelle zur Landgewinnung und zum Deichbau.

■ Auskunft: Dithmarscher Landesmuseum
Bütjestr. 4
25704 Meldorf
✆ 0 48 32/72 52

Geöffnet: März–Oktober Di–Fr 9–17.30, Sa und So 11–16 Uhr, November–Februar Di–Sa 9–17.30 Uhr. 15. September–5. Oktober geschlossen.

Anfahrt: A 23 bis zur Abfahrt Albersdorf, von dort auf der Landstraße nach Meldorf.

5 Meldorf: Landwirtschaftsmuseum

Die Landwirtschaft ist im Umbruch, die Industrialisierung hat auch hier Einzug gehalten. Das Pferd wurde schon Anfang unseres Jahrhunderts von Traktor und Mähdrescher abgelöst, die Chemie hat Einzug auf dem Bauernhof gehalten, die Tätigkeiten von Bauer und Bäuerin haben sich nachhaltig verändert. Diesem Wandel von 1850 bis heute widmet sich das Landwirtschaftsmuseum in Meldorf. Dem Museum angegliedert ist das 1907 von Albersdorf nach Meldorf umgesetzte Dithmarscher Bauernhaus nebenan mit seiner Einrichtung aus dem 17. und 18. Jh.
  Das Landwirtschaftsmuseum Meldorf ist Teil des Dithmarscher Landesmuseums.

■ Auskunft: Landwirtschaftsmuseum Meldorf
Jungfernstieg 4
25704 Meldorf
✆ 0 48 32/33 80

Geöffnet: März–Oktober Di–Fr 9–17, Sa und So 11–16 Uhr. Das Bauernhaus bleibt von November bis Februar geschlossen.

MUSEEN RUND UMS LANDLEBEN

Als ein riesengroßes ›Freilichtmuseum‹ entpuppt sich das Alte Land

6 Molfsee: Freilichtmuseum

Eine Landpartie in besonders konzentrierter Form kann man in die Nähe von Kiel machen. In Molfsee ist in den letzten 35 Jahren ein Freilichtmuseum entstanden, das das ländliche Leben Schleswig-Holsteins illustriert. Auf einem Gelände von 67 ha stehen inzwischen fast 70 verschiedene Gebäude, die jeweils typisch für einzelne Landesteile sind. So findet man in diesem weitläufigen Museumsdorf mehrere Windmühlen unterschiedlichen Typs sowie diverse alte Höfe und Katen, die hier nach ihrer Restaurierung original wiederaufgebaut wurden. Man hat auch versucht, diese Häuser in eine Landschaft einzupassen, die ihrem ursprünglichen Standort entspricht. Auf dem Gelände des Dorfs gibt es so auch mehrere Seen und Teiche. Die besondere Attraktion des Freilichtmuseums Molfsee sind aber die Darstellungen einzelner Handwerke. Wie früher wird in einem Steinofen, der mit Buchenholz beheizt wird, Brot gebacken, die älteste genossenschaftliche Meierei Schleswig-Holsteins arbeitet in Molfsee, und die dorfeigene Weberei verarbeitet die Wolle der Schafe, die vor der Tür grasen. Denn auch das gibt es in diesem Bilderbuch-Dorf: eine Unzahl lebender Tiere wie Kühe, Pferde und Geflügel aller Art.

■ Auskunft: Freilichtmuseum Molfsee
Hamburger Landstraße
24113 Kiel-Molfsee
✆ 04 31/6 55 55

Geöffnet: April–Mitte November Di–Sa (im Juli und August auch Mo) von 9–17, So 9–18 Uhr. Im Winterhalbjahr nur So von 10 Uhr bis zur Dämmerung.

Anfahrt: A 7 und A 215 Richtung Kiel bis zur Ausfahrt Blumenthal, dort auf die B 4 wechseln und knapp 5 km weiter bis Molfsee.

Ein Dorf wird zum Museum

»Früher stand hier mein Misthaufen«, Heinrich Mahrt grinst und zeigt mit einer flüchtigen Handbewegung auf die frisch geharkte Fläche an der Unewatter Dorfstraße. Auf Landwirtschaft deutet an dieser Stelle rein gar nichts mehr hin. So aufgeräumt und kahl erinnert das kleine Stückchen Land eher an einen staubigen Großstadtflecken als an Schleswig-Holsteiner Dorfidylle.

Heinrich Mahrt hat seinen Misthaufen an die Kulturstiftung des Kreises Schleswig-Flensburg verpachtet, und die hat große Pläne für das Dorf. Denn statt der Mistkarren werden hier seit drei Jahren Touristen durchgeschleust, zur Unewatter Buttermühle, der Christesen Scheune und dann weiter bis zum Marxenhaus. Vorbei an den mächtigen Hofanlagen der einst wohlhabenden Unewatter Bauern.

Das Leben in Unewatt hat sich verändert. Das verschlafene Dorf am Rand der Flensburger Förde ist samt seinen Einwohnern zum ›Museumsdorf und Landschaftsmuseum Angeln‹ aufgestiegen. Heinrich Mahrt und die anderen Altunewatter wurden zu Museumsbürgern. »Ganz freiwillig und im eigenen Interesse«, wie Mahrt betont. Die Entscheidung fiel per Abstimmung, ganz demokratisch. Und dennoch konnte sich so mancher Dorfbewohner noch nicht daran gewöhnen, fortan Hauptdarsteller und Ausstellungsobjekt im Bühnenstück »Museumsdorf« zu spielen.

Der Bauer zum Anfassen, handzahm und in voller Lebensgröße, aber bitte nicht füttern. Die Ängste der Unewatter sind nicht unbegründet. Wenn sich die großen Reisebusse durch die enge Dorfstraße zwängen, um auf dem Parkplatz der Gastwirtschaft einen Schwall Touristen in die ländliche Umgebung zu entlassen, dann wird es mit einem Mal unruhig und das Dorf gleicht einem großen Ameisenhaufen. Emsig wandern die Neuankömmlinge in Gruppen die Dorfstraße hinab, von einem Gebäude zum nächsten. Die Privatsphäre der Bewohner ist ein längst gebrochenes Tabu. Gartenzäune und Pforten hatten Hochkonjunktur. Die Unewatter rüsteten auf, um den eigenen Grund gegen neugierige Blicke zu verteidigen.

Alles wird genau betrachtet, jede Scheune, jeder Stall, jeder Garten lockt die Besucher. Schließlich sind sie gekommen, um zu sehen, um sich an früher zu erinnern und um den Kindern zu zeigen, wie ›idyllisch‹ das Leben auf dem Dorf einst war. Touristen auf der Suche nach der verlorenen Zeit, nach Überschaubarkeit und Geborgenheit. Kleine Lebensräume, bar jener Anonymität der Großstädte. Von Dorfidylle und landschaftlicher Schönheit, einem einfachen Leben und netten Nachbarn träumt so mancher Stadtbewohner und gibt sich einer Illusion hin.

Ein Trugschluß, der sich für den oberflächlichen Betrachter Unewatts nur bestätigt. Alles scheint in wunderbarer Ordnung. Die Häuser sind herausgeputzt, die Menschen geben sich freundlich, wenn auch distanziert. Man wandelt ungetrübt durch das Dorf, staunt über altes landwirtschaftliches Gerät in der Christesen Scheune und lernt, wie in der Buttermühle gebuttert wurde. Von den Härten und der Mühsal des ländlichen Lebens, vom Struk-

Ein Dorf als Museum

turwandel, der Aufgabe der Höfe und dem Verfall eines ganzen Dorfes erfährt man erst, wenn man sich die Zeit für ein Gespräch mit den Bewohnern nimmt.

Das Museumsprojekt hat Unewatt sanft aus seinem Dauerschlaf geweckt. Nachdem die Höfe unrentabel geworden waren, starb das Dorf langsam aus. Die Meierei, der Kaufmann und die Gastwirtschaft schlossen ihre Pforten. Die jungen Leute wanderten in die nahegelegenen Städte ab. Zurück blieben die Alten, die versuchten, Haus und Hof, so gut es eben ging, über Wasser zu halten. »Das Leben war ganz schön trostlos damals«, erinnert sich Mahrt.

Ein sterbendes Dorf am Rande der Republik. Doch hinter dem unscheinbaren Äußeren entdeckten die Mitarbeiter der Kulturstiftung ein wahres Kleinod dörflicher Baukunst. Henning Bachmann, Leiter der Kulturstiftung, spricht von einem »bauhistorischen Glücksfall« und meint damit die fast komplett erhaltene Bausubstanz aus dem 19. Jh. Kleine Bauernkaten, große Hofanlagen, deren Fassaden an städtische Bürgerhäuser erinnern, dazwischen eingestreut Ställe und Scheunen, eine ehemalige Gastwirtschaft, die Meierei und die Stellmacherei, alles zusammen in schlechtem Zustand.

Mit dem Konzept zum ›Museumsdorf und Landschaftsmuseum Angeln‹ plante Bachmann die Wiederbelebung des Dorfes. Häuser wurden mit Geldern aus dem Topf der Städtebauförderung renoviert – natürlich streng nach denkmalpflegerischen Gesichtspunkten und unter Aufsicht eines Architekten.

Glück im Unglück für Bauer Christesen. Für ihn kam das Museumsprojekt gerade recht. Mühsam hatte er sich durchgeschlagen und dabei nicht immer eine glückliche Hand bewiesen. Dann kam es noch dicker: Die große Hofscheune samt Schweinestall brannte lichterloh bis auf die Grundmauern nieder. Den Wiederaufbau hätte er allein nicht finanzieren können. Heute steht die Scheune wieder an ihrem angestammten Platz, allerdings mit einer neuen Funktion. Sie dient als Ausstellungsraum. Stolz führt Christesen die Besucher durch das Gebäude, vorbei an allerhand historischem landwirtschaftlichen Gerät. Die Treppe hinauf gelangt man in das riesige Dachgeschoß. An den Außenwänden entlang ziehen sich große Stellwände, die die Fotoausstellung des 83jährigen Heimatfotografen Asmus Remmer zeigen.

In der Gastwirtschaft fließt wieder das Bier aus dem Zapfhahn. Das Dorf hat wieder einen Mittelpunkt. Einen Ort, an dem man sich zusammensetzt, auf einen Klönschnack und ein Glas Bier. Zweimal in der Woche gibt es eine große Kaffeetafel für die Touristen. 50 bis 70 Leute hocken bei gutem Wetter auf den blanken Holzbänken des Krögers Hans-Peter Hansen. Das Geschäft brummt, doch die Unewatter halten sich an solchen Tagen zurück. »Der Gastwirt macht prima Essen«, schwärmt Asmus Remmer. »Aber wenn die Reisebusse auf dem Parkplatz stehen, geh' ich da nicht rein – ist mir zu voll.« Erst, wenn die Reisebusse das Schild ›Ortsausgang‹ passiert haben, finden sich die Unewatter wieder in ihrem Krug ein. Sie haben sich schneller an die Annehmlichkeiten des neuen Dorflebens gewöhnt als an die damit einhergehenden Touristen.

Beatrice von Rosenberg

7 Unewatt: Museumsdorf und Landschaftsmuseum Angeln

Ein komplettes Dorf – und seine Bewohner – werden zum Museum (siehe auch S. 42/43).

■ Auskunft: Landschaftsmuseum Angeln
Unewatt
24977 Langballog
✆ 0 46 36/10 21

Geöffnet: Mai–einschließlich September Di–So 10–16, April und Oktober Fr–So 10–16 Uhr (geöffnet sind dann die vier Museumsinseln).

Anfahrt: A 7 nach Flensburg, dann durch Flensburg auf die B 199, auf dieser ca. 11 km weiter Richtung Gelting.

ZU EHREN DER KUNST – Künstlermuseen

Kunst entsteht nicht nur in der Stadt, viele Künstler zog es aufs Land, wo sie freier und unabhängiger arbeiten konnten. Das beste Beispiel dafür ist das Künstlerdorf Worpswede, wo eine einmalige Landschaft um die Jahrhundertwende eine Reihe erstklassiger Maler zu ungeheuren Höhenflügen inspirierte. Aber nicht nur Maler, auch Dichter und Musiker haben auf dem Land gewirkt. Und die Orte, in denen sie geboren wurden oder gelebt haben, haben ihnen oftmals ein Denkmal gesetzt, ihr Geburtshaus zum Museum gemacht oder eine Bibliothek in ihren originalgetreu restaurierten Arbeitsräumen eingerichtet.

Wer ein solches Künstlermuseum besucht, dem erschließt sich auf besondere Weise die Situation, in der große Kunstwerke entstanden sind – die Lebens- und Arbeitsverhältnisse der Künstler hatten in den meisten Fällen erheblichen Einfluß auf das Werk. Wer winzige Dichterstuben oder zugige Ateliers gesehen hat, gewinnt ein völlig neues Verhältnis zur Kunst.

8 Husum: Theodor-Storm-Haus

Von 1866 bis zu seinem Tod im Jahr 1888 lebte der Dichter Theodor Storm in diesem Bürgerhaus mit Sprossenfenstern und Biedermeiersofas in Husum, der Stadt, die der Dichter einst so beschrieb: »Es ist ein schmuckloses Städtchen, meine Vaterstadt; sie liegt in einer baumlosen Küstenebene, und ihre Häuser sind alt und finster. Dennoch habe ich sie immer für einen angenehmen Ort gehalten.« In Storms Zeit in der Wasserreihe 31 entstanden über 20 Erzählungen, von denen »Pole Poppenspäler« wohl die berühmteste ist. Wohn- und Arbeitszimmer des populärsten deutschen Dichters des sogenannten poetischen Realismus sind noch mit dem Originalmobiliar ausgestattet und können besichtigt werden. Dazu gibt es ein Archiv und eine wissenschaftliche Studienbibliothek.

■ Auskunft: Theodor-Storm-Haus
Wasserreihe 31
25813 Husum
✆ 0 48 41/66 62 70

KÜNSTLERMUSEEN

Geöffnet: April–Oktober Di–Fr 10–12 und 14–17 Uhr, Sa, So und Mo 14–17 Uhr. November–März Di, Do und Sa 15–17 Uhr.

Anfahrt: A 7 bis zur Abfahrt Schleswig/Schuby, dann über die B 201 nach Husum.

9 Jesteburg: Bossard-Haus

Das Bossard-Haus, oder genauer die Kunststätte Bossard, ist ein einmaliges Avantgarde-Ensemble mitten auf einer Waldlichtung bei Jesteburg-Lüllau. Der Schweizer Künstler Johann Michael Bossard (1874–1950) errichtete sich am Nordrand der Lüneburger Heide ein Gesamtkunstwerk, wie man es hier in der bodenständigen Abgeschiedenheit der Nordheide nie und nimmer vermuten würde. Auf einem 30 000 m² großen Grundstück baute der Allround-Künstler zunächst ein Wohn- und Atelierhaus, später daneben einen Kunsttempel. Bossard war Maler, Architekt, Grafiker und Bildhauer zugleich, und so wenig, wie er sich auf ein Fachgebiet einengen ließ, so wenig läßt sich seine Kunst auf einen Stil reduzieren. Da mischen sich Jugendstil und Expressionismus mit Themen der nordischen Götterwelt zu einer wahrhaft eigenständigen Melange aus Bildern, Skulpturen und architektonischen Wunderdingen, die den Besucher mit ihrem Überschwang an Eindrücken fast überfordern. Zu den herausragendsten Räumen im Wohn- und Atelierhaus gehören Bossards früheres Atelier, der sogenannte Edda-Saal mit seiner Galerie und den schweren Bronzetüren, ferner der Eros-Saal, das Musikzimmer, in dem selbst der Flügel bemalt ist, und das Kinderzimmer mit seinen Märchenthemen. Der Kunsttempel mit seinem faszinierenden Licht ist als eine Art großer Schrein wie ein Heiligtum für die Kunst geplant und ausgeführt. Der Tempel mit seinem eigentümlichen Dach ähnelt einer Kirche. Im Innern verweist auch das aufklappbare ›Bilderbuch‹ gegenüber dem Eingang auf die Nähe zu einem religiösen Triptychon.

Bossard selbst sah seinen Tempel so: »Den Heidewanderern ... soll zum Naturgenuß der weiten Ebene und des hohen Himmels des niederdeutschen Landes der Atem Gottes, wie er am reinsten und doch menschennahesten aus dem großen, einheitlichen Kunstwerk quillt, eine schönheitliche Quelle, eine Stätte innerer Einkehr errichtet werden.«

■ Auskunft: Bossard-Haus
Frau Schaade
Bossardweg 95
21266 Jesteburg
✆ 0 41 83/51 12

Geöffnet: Di–So 11–13, 15–17 Uhr.

Eintritt: Frei, Spenden sind willkommen.

Anfahrt: A 7 Richtung Hannover bis zur Abfahrt Thieshope, dann über Asendorf nach Jesteburg, dort links in den Schierhorner Weg, weiter links Richtung Hassel, dann links in den Bossardweg.

10 Hebbel-Museum in Wesselburen

Eines der interessantesten Museen des Landes, das Hebbel-Museum, kann man in Wesselburen besuchen, der Stadt, in der der Poet

Vogelers Barkenhoff in Worpswede

und Dramatiker Friedrich Hebbel am 18. März 1813 geboren wurde. Es ist das Haus, in dem Hebbel acht Jahre lang von 1827 bis 1835 lebte und schrieb. In dem weißgestrichenen Haus mit den dunkelgrünen Sprossenfenstern, der alten Kirchspielvogtei, ist unter anderem sein Schreibzimmer in der ursprünglichen Ausstattung zu sehen. Das aus einer privaten Sammlung entstandene Museum besitzt außerdem eine Spezialbibliothek über Leben und Werk Hebbels mit 4000 Bänden, die man nach Vereinbarung benutzen kann.

■ Auskunft: Hebbel-Museum
Österstr. 6
25764 Wesselburen
✆ 0 48 33/20 79

Geöffnet: Mai–Oktober
Di–Fr 10–12 und 14–17 Uhr,
Sa und So 10–12 und 15–17 Uhr.
November–April Di und Do
14–17 Uhr.

Anfahrt: A 23 bis zur Abfahrt Heide-West, dann über die B 203 bis Wöhrden, rechts ab nach Wesselburen (oder ab Heide-West über Nebenstraßen).

11 Museen in Worpswede

Als Künstlerkolonie ist Worpswede bekannt geworden, und so gibt es in Worpswede denn auch nicht nur ein Museum zu sehen, nein, irgendwie ist der ganze Ort Museum. Zum Ende des 19. Jh. von den Malern Fritz Mackensen, Otto Modersohn und Hans am Ende gegründet, stießen später Fritz Overbeck, Heinrich Vogeler und Paula Becker(-Modersohn) dazu. In Vogelers Barkenhoff traf sich die Künstlergemeinde, wurden Konzerte, Tanz- und Theaterabende gegeben. Heute sind die Bilder dieser legendären Künstler in der ›Großen Kunstschau‹ neben dem Café Worpswede ausgestellt, während in der Kunsthalle auch die Bilder zeitgenössischer Worpsweder Maler wie Pit Morell oder Tobias Weichberger zu sehen sind. Das Café Worpswede neben der Großen Kunstschau – im Volksmund ob seiner eigenwilligen Gestaltung auch Café Verrückt genannt – ist übrigens ein Entwurf des Bildhauers und Architekten Bernhard Hoetger. Spannend ein Besuch im Bahnhof, den Heinrich Vogeler, der Allround-Könner, entworfen hat. Neues gibt es in den Atelierhäusern ›Vor den Pferdeweiden‹ zu sehen, wo junge Stipendiaten aus aller Welt für eine Zeitlang leben und arbeiten können.

■ Auskunft: Fremdenverkehrsgesellschaft
27726 Worpswede
✆ 0 47 92/95 01 21

Große Kunstschau
Lindenallee 3
27726 Worpswede
✆ 0 47 92/13 02

Worpsweder Kunsthalle
Bergstr. 17
27726 Worpswede
✆ 0 47 92/12 77

Barkenhoff
Ostendorffer Str. 10
27726 Worpswede
✆ 0 47 92/39 68

Der ›Bonze des Humors‹ in Worpswede – ein Werk von Bernhard Hoetger

Residenzen ohne Hofstaat – Herrenhäuser

Wer durch Schleswig-Holstein fährt, findet dort eine Art Baudenkmale, die es sonst kaum in Deutschland gibt: die berühmten Herrenhäuser. Es sind in den meisten Fällen Herrensitze voller Pracht und dennoch ohne allzu aufdringlichen Protz, die Zeugnis davon geben, wie früher hier im Norden geherrscht und gewirtschaftet wurde.

Viele von ihnen entstanden in der Kolonisationszeit, dem 13. Jh., als von Wassergräben umgebene ritterliche Wehrbauten. Drei Jahrhunderte später wollten die reichgewordenen Adligen zeigen, was sie besaßen und bauten an die Stelle ihrer trutzigen Häuser neue, elegantere Wohnsitze, wie sie sie auf Reisen in ferne Länder gesehen hatten. Zum Teil holten sie sich dazu sogar Handwerker aus dem Ausland, etwa italienische Maler, die ihre Räume ausstatteten.

Bei allem Sinn fürs bessere Leben vergaßen die Herren eines freilich nicht: Auch die neuen Hausanlagen mußten nicht nur schön, sondern auch zweckmäßig für eine große Landwirtschaft sein. Fast alle alten Herrensitze sind deshalb, unabhängig von ihrem Baustil, nach dem gleichen Prinzip aufgebaut: Seitlich vor dem Herrenhaus stehen die sogenannten Kavaliershäuser und die Scheune. Hinter dem Haupthaus erstreckt sich ein Park, der entweder dem französischen Barockstil oder später, der Mode entsprechend, dem Stil englischer Landschaftsgärten nachempfunden wurde. Hinter den Kavaliershäusern gab und gibt es Gärten mit allem, was man in der Küche so braucht. Als Riegel gegenüber dem Herrenhaus steht das sogenannte Torhaus, das den heutigen Gutsherren so oft Probleme bereitet, weil seine Durchfahrt für die modernen Mähdrescher und Traktoren nicht groß genug ist.

Wenn man von einigen protzigen Prachtbauten reicher Hamburger im 19. Jh. absieht, war das 18. Jh. die Blütezeit der Herrenhausarchitektur. Denn die nach dem Ende der mittelalterlichen Rechtsgleichheit zwischen Bauern und Adligen eingeführte Leibeigenschaft der Bauern, die bis 1804 dauerte, sicherte den Reichtum der Herren. Das System der Zeitpachtdörfer hielt die Bauern mancherorts sogar noch bis zum Ende des Zweiten Weltkriegs in Abhängigkeit.

Entscheidend für den langdauernden Wohlstand der Güter war aber auch das adlige Prinzip der Erbfolge, das den Besitz ungeteilt auf den ältesten männlichen Erben überschrieb und so eine Zersplitterung der großen Güter lange verhinderte. Die unverheirateten Töchter der schleswig-holsteinischen Ritter (und derer gab es reichlich, denn adlige Männer waren knapp, weil sie im Krieg oder bei Streithändeln getötet wurden) wurden dagegen in – meist ziemlich weltliche – Klöster, wie etwa Preetz, eingekauft, wo es für sie nicht einmal eine Präsenzpflicht gab. Erst durch die Kostenexplosion und die Bodenreform nach dem Krieg wurden die Güter geteilt. Dennoch weisen die meisten adligen Güter heute noch 500 bis 2000 ha Bodenfläche auf, ein Vielfaches der durchschnittlichen Fläche eines ›normalen‹ Bauernhofes.

140 der früher 300 Herrenhäuser stehen noch, viele von ihnen sind

seit bis zu 600 Jahren in Familienbesitz, auch wenn so mancher Hausherr ins praktischere und besser heizbare Kavaliershaus umgezogen ist und sein großes Haus als Firmen-Repräsentationssitz, als Hotel oder Ähnliches verpachtet hat. Nur durch ihren Einfaltsreichtum konnten viele Besitzer ihre Häuser bis heute halten, während ringsum Herrenhäuser abgetragen, umgebaut oder völlig vernachlässigt wurden. Der eine Hausherr hält in seiner Scheune auf zwei Stockwerken Puten, der andere machte Platz für einen Golfclub, der dritte läßt Gäste im Schloßteich gegen Gebühr angeln, und wieder andere vermieten ganze Zimmerfluchten an stadtmüde Wochenendausflügler oder an Antiquitätenhändler.

So haben Schleswig-Holsteins Herrensitze viele ihrer ursprünglichen Funktionen verloren. Zwei Dinge aber sind ihnen gemein: Sie sind Zeugnisse einer – historisch überlebten – ländlichen Lebensart und ihr Grundbesitz ist ein Segen für die Landschaft. Die großen Güter sind seit Jahrhunderten mit der Landschaft verwachsen und gelten als ›Rettungsinseln des Landschaftsschutzes‹, weil sie große zusammenhängende Flächen erhalten.

Über die Hälfte der Herrenhäuser Schleswig-Holsteins befinden sich in Privatbesitz und sind normalerweise nicht zu besichtigen. Einige von ihnen öffnen für das Schleswig-Holstein-Musik-Festival (s. S. 102 f.) ihre Tore oder zumindest die ihrer Scheunen. Bei dieser Gelegenheit kann man ungestört durch die herrlichen Anlagen streifen und diese auf sich wirken lassen. Am schönsten ist das bei den sogenannten Musikfesten auf dem Lande (im Rahmen des Schleswig-Holstein-Musik-Festivals): dann kann man das ganze Wochenende bei den Herrenhäusern verbringen. Einige der großen Herrenhäuser sind nach Voranmeldung für Gruppen zu besichtigen (Preis pro Person: um die fünf DM). Es müssen dafür aber mindestens 15 bis 20 Personen zusammenkommen. Wer alleine ist, kann versuchen anzurufen und sich an eine Gruppe anzuhängen, das klappt meistens. Anders als Museumsführungen sind die Besichtigungen in den Herrenhäusern mitunter eine sehr persönliche Sache, und man erfährt viel über die Familien und ihre Art, gestern und heute zu leben.

12 Altenhof

In der Endmoränenlandschaft unweit der Ostsee bei Eckernförde steht das Herrenhaus des Guts Altenhof. Die Straße zum Haus führt in zahllosen Kurven durch einen dichten Wald, ehe rechts der großzügige, gepflasterte Vorhof auftaucht. Der Bau selbst, eines der bedeutendsten Beispiele schleswig-holsteinischer Herrenhäuser des 18. Jh., wirkt trist und wenig einladend – es fehlt ihm vor allem etwas frische Farbe. Im rechten Seitenflügel ist heute der Golfclub Altenhof untergebracht, dessen Areal sich bis in den Park unmittelbar hinter dem Herrenhaus erstreckt. Viel Privatsphäre bleibt den Bewohnern da nicht. Gäste, die das Herrenhaus besichtigen, erwartet eine beeindruckende Sammlung gut erhaltener Möbel, Gemälde, Stukkaturen und Gobelins im Gartensaal. Das meiste davon geht auf Cay Friedrich Reventlow zurück, den wohl bedeutendsten Besitzer Altenhofs.

Das Gut umfaßt heute rund 1000 ha, von denen 370 ha landwirtschaftlich genutzt werden, der Rest ist Wald.

■ Auskunft: 24340 Gut Altenhof
✆ 0 43 51/4 13 34

Geöffnet: Besichtigung eventuell möglich.

Anfahrt: A 7 und A 215 nach Kiel, weiter auf der B 76 Richtung Eckernförde. Kurz vor Eckernförde geht es links nach Altenhof.

13 Breitenburg

Schloß Breitenburg wurde liebevoll restauriert und ist besonders Pferdefreunden durch die Breitenburger Reitertage ein Begriff. Der Schloßpark ist hervorragend gepflegt. Neben dem Schloß, zu dem auch ein Gestüt gehört, liegt der Golfclub Schloß Breitenburg, für den sich insbesondere die temperamentvolle Hausherrin engagiert. Gezeigt werden in Breitenburg nur die Repräsentationsräume, da das Schloß bis heute von der Familie Rantzau bewohnt wird. Aber dennoch gibt es einiges zu sehen. Da dient eine Kanonenkugel Wallensteins als Türstopper in der Kapelle, in der Bibliothek steht das Hammerklavier, auf dem Mozart die Zauberflöte komponiert haben soll, und in der Thorwaldsengalerie reihen sich die Erstabgüsse zahlreicher Werke des berühmten dänischen Bildhauers. Ein von der französischen Königin Anna, der Mutter des Sonnenkönigs, bestickter Ofenschirm ist ebenso zu besichtigen, wie der Globus des Prager Astronomen Tycho Brahe. Und dennoch hat Schloß Breitenburg nichts Musea-

les. Hier werden die Besucher nicht hinter dünnen roten Seilen dicht gedrängt durch die Räume geschleust. Die Führung findet in lockerer Atmosphäre statt und bietet jedem Besucher die Möglichkeit, sich nach Herzenslust umzusehen.

■ Auskunft: Schloß Breitenburg 25524 Breitenburg
✆ 0 48 28/2 93

Geöffnet: Besichtigung für Gruppen nach Absprache Mai September.

Anfahrt: A 23 Richtung Husum bis zur Abfahrt Lägerdorf, weiter Richtung Lägerdorf und Itzehoe, 2 km nach dem Ortsende von Lägerdorf links ab.

14 Emkendorf

Das dreiflügelige Herrenhaus Emkendorf gilt als einer der schönsten frühklassizistischen Profanbauten Schleswig-Holsteins und wird entsprechend gepflegt. Besucher rutschen auf Stoffüberziehern durch die museumsartigen Prachträume. Die mächtigen Säulen in der Halle sind aus falschem Marmor, die Motive der Gemälde erinnern an italienische Vorbilder. Julia und Friedrich Reventlow hatten Emkendorf 1791 umbauen lassen und holten dafür eigens den Maler Giuseppe A. Pellicia aus Padua, der zusammen mit dem Baumeister Carl Gottlob Horn die Ausgestaltung Emkendorfs prägte. In Emkendorf waren einst so berühmte Männer wie Klopstock und Matthias Claudius zu Gast. Nach letzterem ist ein kleines, weißes Haus in der Nähe benannt, in dem er sein Wiegenlied »Der

Mond ist aufgegangen« geschrieben haben soll. Wer es sehen will, wandert durch den prächtigen englischen Park, einem Schild Richtung Hasensee folgend. Geht man den Weg geradeaus, kommt man zu mehreren Wohngebäuden, mit dem Matthias-Claudius-Haus am Ende. Ein kleiner Trampelpfad am Ende der Mauer führt rechts zum See. Der etwa 20minütige Rundweg endet wieder im Park. In der großen, 1745 gebauten Kornscheune findet jedes Jahr der große Erntedankgottesdienst statt, im Herrenhaus während des Sommers regelmäßig Konzerte.

■ Auskunft: Herrenhaus
Emkendorf
24802 Emkendorf
Tel. 0 43 30/4 63

Geöffnet: Nach Vereinbarung eines Besichtigungstermins.

Anfahrt: A 7 Richtung Flensburg bis zur Abfahrt Warder. Von Warder windet sich eine schmale Straße durch die hügelige Landschaft des Naturparks Westensee bis nach Deutsch Nienhof (das gleichnamige Gut ist leider nicht zu besichtigen). Links ab geht es in eine mit mächtigen Kastanien und Eichen bestandene Allee, die über Liethberg nach Emkendorf führt.

15 Hoyerswort (Gemeinde Oldenswort)

Wie ein kleiner Juwel liegt Hoyerswort inmitten der bäuerlich geprägten Landschaft mit ihren wuchtigen Haubargen. Das urige Gebäude ist das einzige Herrenhaus, das die Halbinsel Eiderstedt aufzuweisen hat. Erbaut wurde es in den Jahren 1591–94, und bis heute hat sich der Renaissancebau kaum verändert. Leider ist aber die Zugbrücke über die Wehrgräben, die Haus und Hof vor ungebetenen Besuchern schützte, vor einiger Zeit durch eine normale Brücke ersetzt worden. Besonders sehenswert sind der zweigeschossige Saal mit dem Sandsteinportal an der Ostseite des Hauses und die Bibliothek im Vorsaal.

■ Auskunft: Familie Hamkens
Gut Hoyerswort
25870 Oldenswort
✆ 0 48 64/3 59

Geöffnet: Nach Rücksprache mit Familie Hamkens. In der Nebensaison vermieten die Hamkens fünf Ferienwohnungen ab 75 DM/Tag.

Anfahrt: Über die A 23 Richtung Heide, weiter über die B 5a und die B 202 Richtung Husum. Bei Rotenspieker links Richtung Oldenswort bis Hoyerswort.

16 Kletkamp (Landkreis Plön)

Fast schloßartig und etwas aus der Art geschlagen mutet das frühklassizistische Herrenhaus Kletkamp an. Zum einen liegt das an dem vorstehenden Mittelbau, zum anderen an der Höhe des Gebäudes, das mit seinen ehemals fünf, heute vier Geschossen andere Herrensitze deutlich überragt. Die Anlage der mittelalterlichen Wasserburg läßt sich noch erkennen. Das Herrenhaus wurde durch zum Teil noch erhaltene Wassergräben von der Vorburg, dem heutigen Wirtschaftshof, getrennt. Das Herrenhaus wurde im Inneren mehrfach umgebaut, wobei die meisten

Das Gut Kletkamp

Umbauten auf den Anfang des 19. Jh. zurückgehen. Interessant auch das für Schleswig-Holstein typische Torhaus. In Kletkamp weiß man, wie man heutzutage das nötige Kleingeld für den Unterhalt einer solchen Anlage zusammenbringt. Die beiden oberen Stockwerke wurden zu Ferienappartements umgebaut, Angler können hier das ganze Jahr Karpfen, Aal, Schlei, Braß, Barsch oder Hecht aus dem Wasser ziehen, in der Weinstube des Guts gibt's einen guten Schoppen, am Wochenende locken Kaffee und Kuchen, und zum Mitnehmen werden Wild und Räucherfisch offeriert.

Siehe auch Einkaufen, S. 125, und Landhotels, S. 184 f.

■ Auskunft: Gut Kletkamp
24327 Kletkamp
✆ 0 43 81/9 08 10
Fax 0 43 81/9 08 88

Geöffnet: Führungen für Gruppen ab 20 Personen nach Vereinbarung.

Anfahrt: A 1 Richtung Puttgarden bis zur Abfahrt Neustadt/Nord, weiter über Schönwalde Richtung Lütjenburg. Von der Autobahnabfahrt sind es knapp 25 km, bis es rechts zum Gut Kletkamp abgeht.

17 Knoop (Gemeinde Altenholz bei Kiel)

Das Herrenhaus Knoop gilt als eines der Hauptbauwerke des Klassizismus in Schleswig-Holstein. In den acht Jahren von 1792 bis 1800 schuf der dänische Architekt Axel Bundsen im Auftrag von Caroline und Friedrich Baudissin das Herrenhaus, so wie wir es heute kennen. Die ursprüngliche Wasserburg aus der Rantzauschen Zeit, Anfang des 16. Jh., wurde damals abgerissen. Zur gleichen Zeit begannen die Umbaumaßnahmen in Emkendorf (s. S. 50 f.), für die Carolines Schwester Julia Reventlow zwei bedeutende italienische Künstler verpflichtet hatte. Da der Umbau in Emkendorf nicht rechtzeitig fertig wurde, ging der junge Maler Giuseppe A. Pellicia zuerst nach Knoop und malte unter anderem den Speise- und den Gartensaal aus. Einen Großteil des

Inventars von Knoop nahmen englische Besatzungstruppen nach dem Krieg mit. Dank der aufwendigen Renovierung in den Jahren 1954/55 ist das Herrenhaus Knoop wieder in gutem Zustand. Ohne die vielen Möbel und Bilder sind die Säle aber bis heute leer geblieben.

■ Auskunft: Gut Knoop
24161 Altenholz
✆ 04 31/36 10 12

Geöffnet: Besichtigungen für Gruppen ab 15 Personen nach Vereinbarung.

Anfahrt: A 7 und A 215 bis Kiel, weiter zur B 503 Richtung Dänischenhagen, die nächste Ausfahrt nach der Hochbrücke über den Nord-Ostsee-Kanal runter und weiter nach Knoop.

18 Seedorf (Landkreis Bad Segeberg)

Das dreigeschossige Torhaus des Herrenhauses Seedorf erinnert an die Backsteinbauten der holländischen Renaissance. An den Seiten ragen zwei Treppentürme auf. Im zweiten Geschoß, neben dem

Rittersaal, gibt es zwei imposante Kamine. Seit der Renovierung steht das Gebäude als Gemeindehaus auch Besuchern offen. Das 1697 errichtete Herrenhaus selbst, ursprünglich Sitz der Familie Blome, ist leider normalerweise nicht zu besichtigen. Eine Möglichkeit, trotzdem einmal einen Blick ins Innere zu werfen, bieten die 20 Hauskonzerte, die hier jährlich stattfinden.

■ Auskunft: Bürgermeister Frank
✆ 0 45 55/4 78

Familie Maronn
✆ 0 45 55/8 88

Anfahrt: A 1 und B 404 bis Bad Segeberg, weiter auf der B 432 bis Gnissau, links ab Richtung Bosau, in Berlin halblinks Richtung Kembs, nach 1 km links nach Seedorf.

IN SCHLICHTER ANMUT – Dorfkirchen

Es sind selten die großen, prächtigen Kathedralen, die uns staunen machen. Zu glänzend ihr Prunk, zu sehr machen sie sich wichtig, zu weit entrückt sind sie vom Glauben. Die kleinen, schlichten, meist romanischen Kirchen sind es, die beeindrucken und nachdenklich machen. Sie lassen uns die Vergänglichkeit spüren. Erdverwachsen, stark und trutzig vermitteln sie nach vielen Jahrhunderten noch ein Gefühl des Schutzes, der Geborgenheit. Sie haben, wie ihr Gott, noch menschliche Dimensionen, versuchen nicht, die Gläubigen klein zu machen. Diese Kirchen waren Zufluchtsorte, stabiler gebaut als die Bauernhäuser. Sie stehen an erhöhter Stelle und trotzen allen Gefahren von Mensch und Natur.

[19] Basilika zu Altenkrempe

»Räuberhöhle« nannte ein Chronist die von Slawen besiedelte Gegend. Mit dem Bau der Kirche begann hier um 1190 die Missionierung. Bis heute hat die Kirche ihre ursprüngliche Form bewahrt. Sie zählt zu Recht zu einem der schönsten Beispiele ostholsteinischer Kirchenbaukunst. Weniger homogen ist die Innenausstattung: barocker Altar von 1741, Kanzel mit Akanthusornament und den vier Evangelisten vom Ende des 17. Jh. und zwei Steinepithaphien mit dem Wappen der Familie von Buchwaldt.

■ Auskunft: Kirchenbüro
Milchstraße 18
23730 Altenkrempe
✆ 0 45 61/44 17

Anfahrt: A 1 Richtung Puttgarden bis zur Ausfahrt Neustadt-Nord, etwa 2 km weiter nach Altenkrempe.

[20] Klosterkirche zu Bordesholm

Einen schöneren Bauplatz für ein Kloster hätte das Augustiner Chorherrenstift kaum finden können. Schon von weitem ist der Turm der Klosterkirche zu sehen. Die bedeutende Klosteranlage stand einst auf einer kleinen Insel am Nordrand des Bordesholmer Sees. Heute ist die Kirche das einzige noch erhaltene Gebäude. Der berühmte, von Hans Brüggemann gearbeitete Bor-

DORFKIRCHEN

desholmer Altar wurde schon 1666 in den Schleswiger Dom gebracht. Dennoch bietet die dreischiffige Backstein-Hallenkirche reichlich Sehenswertes. So zum Beispiel das vollständig erhaltene Chorgestühl von 1509 oder das Bronzegrabmal des Herzogehepaars Friedrich und Anna von Gottorf.

■ Auskunft: Klosterpastorat
24582 Bordesholm
✆ 0 43 22/27 65

Anfahrt: A 7 Richtung Flensburg bis zur Ausfahrt Bordesholm unmittelbar hinter dem Autobahndreieck Bordesholm, etwa 6 km bis nach Bordesholm.

21 St. Stephanus in Egestorf

Die heutige Kirche entstand nach dem Dreißigjährigen Krieg 1645. Wesentlich älter ist der hölzerne Glockenturm von St. Stephanus, der nebenan getrennt von der Kirche steht. Er stammt aus dem 14. oder 15. Jh. Es war Wilhelm Bode, der Pastor dieser Kirche, der die Menschen in der Heide vor gut 100 Jahren in die moderne Zeit führte. So gründete er eine Spar- und Darlehenskasse für seine Gemeinde, sammelte Geld für eine Viehversicherung und sorgte dafür, daß eine hygienische zentrale Wasserversorgung installiert wurde. So sehr er sich für Neuerungen einsetzte, so sehr sorgte er sich auch um den Bestand des Bewahrenswerten. Er kämpfte um die Erhaltung der einmaligen Heidelandschaft, und ohne ihn wäre der Naturschutzpark Lüneburger Heide vermutlich nie entstanden. Außerdem war er Mitbegründer des Bauernhausmuseums in Wilsede, genannt ›Dat ole Huus‹.

■ Auskunft: Pfarrhaus
Sudermühler Weg 1
21272 Egestorf
✆ 0 41 75/4 68

Geöffnet: Im Sommer offen; im Winter nur an den Wochenenden. Schlüssel im Pfarrhaus.

Anfahrt: A 7 Richtung Hannover bis zur Abfahrt Egestorf.

22 Spätromanische Backsteinkirche in der Nähe des Herrenhauses Haseldorf

Zwischen dem Herrenhaus Haseldorf und der Kirche besteht seit jeher eine enge Verbindung, denn die Kirche stand immer unter dem Schutz der jeweiligen Besitzer von Haseldorf. Die räumliche Nähe der beiden Bauten macht die Patronatsfunktion besonders deutlich. Vom Herrenhaus her erreicht man die Mitte des 13. Jh. errichtete Kirche über eine kleine Brücke. In der backsteinernen Kirche finden sich dann auch noch die ehemalige Gutsloge von 1731 sowie zahlreiche Sandsteingrabsteine der früheren Gutsherren. Um der reichen Innenausstattung gerecht zu werden, sollte man sich ein bißchen Zeit nehmen. Im Gegensatz zum Herrenhaus selbst ist der Gutspark von Haseldorf öffentlich zugänglich. Sehr schön ist auch ein Spaziergang auf dem alten Elbdeich, zu dem man durch eine Tür am Marktplatz bei der Kirche kommt.

■ Auskunft: Kirchenbüro
Marktplatz 4
25489 Haseldorf
✆ 0 41 29/2 41

Geöffnet: Besichtigung nur nach Anmeldung (Mo–Do 8–12 Uhr).

Romanische Dorfkirche St. Laurentius in Lunden

Anfahrt: A 23 bis Tornesch, weiter nach Uetersen und dann über Haselau nach Haseldorf. Oder auf der B 43 bis Holm, von dort nach links Richtung Twielenflether Strand, vorher rechts ab und über Hetlingen nach Haseldorf.

23 St. Marien zu Heiligenstedten

Über die Grabsteine hinweg sieht man kleine Boote auf der Stör dümpeln. Bis 1826 lag die Kirche im Bereich des Außendeichs auf einer eigenen Wurth. Dann wurden die Deichlinien neu gezogen und der Deich erhöht, so daß man heute einige Stufen hinabsteigen muß, um in das Innere der Kirche zu gelangen. Das Baujahr läßt sich nicht genau datieren, vermutlich liegt es um die Jahre 810–830. Sicher ist, daß St. Marien schon im Mittelalter als Taufkirche, neben Schenefeld (Kreis Steinburg), Hamburg und Meldorf, eine besondere Bedeutung genoß.

Die schlichte Kirche birgt einige Sehenswürdigkeiten, wie den um 1580 geschnitzten Flügelaltar, das bronzene Taufbecken von M. H. Benninck aus dem Jahr 1638 oder die Madonna im Strahlenkranz.

■ Auskunft: Pfarramt
Hauptstraße 1
25524 Heiligenstedten
✆ 0 48 21/7 51 20 (Schlüssel)

Geöffnet: Di, Fr 8–12, Mi 14–18, Do 8–10 Uhr.

Anfahrt: A 23 bis Itzehoe, dann die B 206 Richtung Wilster bis Heiligenstedten.

24 St. Wilhadi bei Ihlienworth im Hadelner Land

Mit Booten schipperten die alten Hadler zum Gottesdienst in der Feldsteinkirche. Den Anleger bildeten die steinernen Treppenstufen am Friedhof. Der Name der Kirche erinnert an den angelsächsischen Missionar Willehad, den ersten Bischof von Bremen, der im 8. Jh. in dieser Gegend predigte. Ihren besonderen Charme erhält die Kirche aus dem frühen 13. Jh. durch die mit Rankwerk und Familienwappen bemalte Holzdecke und den Willehad-Altar. Der Orgelprospekt wird auf das Jahr 1730 datiert. Der hölzerne Glockenturm steht frei neben der Kirche.

■ Auskunft: Pfarramt
Hauptstr. 9
21775 Ihlienworth
✆ 0 47 55/2 14

Hier erhält man auch den Schlüssel.

Anfahrt: B 73 über Stade und Hemmoor bis Wingst, dort links ab nach Ihlienworth.

25 Dorfkirche in St. Jürgen bei Lilienthal

Die Kirche liegt völlig abgeschieden auf einer Warft in der Wümmeniederung und ist das Inbild dessen, was man sich unter einer kleinen Dorfkirche gemeinhin so vorstellt. Sie wurde im 13. Jh. gebaut und besteht neben dem Kirchenschiff aus einem Westturm, einem Chorquadrat und der Apsis.

■ Auskunft: ✆ 0 42 92/12 76

Geöffnet: Immer offen.

Anfahrt: A 1 bis zum Bremer Kreuz, weiter A 27 Richtung Bremerhaven bis zur Ausfahrt Bremen-Horn-Lehe. Weiter nach Lilienthal. Unmittelbar nach der Brücke über die Wümme scharf links und immer am Wümmedeich entlang durch die phantastische Moorlandschaft. Am Höftdeich rechts abbiegen Richtung Osterholz-Scharmbeck. Kurz vor der Hauptstraße liegt linker Hand die Kirche.

26 St. Laurentius in Lunden

Über weite Teile Dithmarschens bis hin nach Nordfriesland reicht der Blick vom Turm der schlichten romanischen Lundener Dorfkirche. Eine Rarität ist der Geschlechterfriedhof. Auf den 66 großen Sandsteinplatten finden sich die Namen und Wappen der alten freien Bauernfamilien der ehemaligen Republik Dithmarschen. Einer der insgesamt 13 Grabkeller unter der Feldsteinkirche ist zu besichtigen.

■ Auskunft: Kirchenbüro
Claus-Harm-Str. 8–10
25774 Lunden
✆ 0 48 82/2 81

Geöffnet: Im Sommer offen.

Anfahrt: A 23 bis Heide, dort weiter auf der B 5 nach Lunden.

27 Kirche in Osterhever

Sie ist eine von 18 Kirchen auf der Halbinsel Eiderstedt, von denen die älteste aus dem Jahr 1103 stammt. Die zahlreichen Kirchen der Gegend zeugen zum einen vom Wohlstand der Eiderstedter Bauern, der aus der großen wirtschaftlichen Bedeutung der Halbinsel für den Fernhandel herrührte, als auch von der Zersplitterung der Gemeinden, die in den landschaftlichen Gegebenheiten ihre Ursache hatte. Die Kirchen stehen auf künstlich aufgeschütteten Warften,

die von weiter her nur schwer zu erreichen waren, da ganz Eiderstedt von zahlreichen Prielen, Wasserläufen und Kanälen durchzogen war. Die Kirche in Osterhever wurde 1113 errichtet. Ihr hölzerner Glockenturm sitzt wie bei der im gleichen Jahr erbauten Kirche in Poppenbüll im Johanniskoog direkt auf dem Kirchenschiff auf. Im Inneren fällt besonders der Altar von 1520 ins Auge.
Siehe auch Sportliches, S. 87 ff.

■ Auskunft: Kirchenbüro
✆ 0 48 65/2 11

Geöffnet: Mai-Oktober tägl.; sonst Schlüssel im Pastorat ausleihen.

Anfahrt: A 23 Richtung Heide, weiter über die B 5a und die B 202 Richtung Husum. Bei Tönning auf die B 200 bis Garding, dort rechts nach Mühlendeich und Osterhever.

28 St. Katharinen in Probsteierhagen

Die nach der hl. Katharina benannte Kirche unter den wunderschönen alten Bäumen der 1700-Einwohner-Gemeinde ist ein frühgotischer Feldsteinbau aus der Mitte des 13. Jh. Leider wurde das Kirchenschiff Ende des 18. Jh. von J. A. Richter im Barockstil umgestaltet, und auch der Altar stammt aus Barockzeiten. Kanzel und Orgel sind aus dem Jahr 1716. Auf dem Kirchenschiff sitzt ein kleines, spitzes Glockentürmchen.

■ Auskunft: Kirchenbüro
Alte Dorfstr. 49
24253 Probsteierhagen
✆ 0 43 48/3 75

Geöffnet: Tägl.

Anfahrt: A 7 und A 215 nach Kiel. Dort der Beschilderung zum Ostufer folgen. In Brodersdorf rechts nach Probsteierhagen abbiegen.

29 St. Martin in Raven

Die schlichte, helle Kirche liegt auf einer Anhöhe und ist nur von der Dorfseite her zu erreichen. Im Inneren des Backsteinbaus aus dem 15. Jh. dominiert der mittelalterliche Schnitzaltar aus dunklem Eichenholz. Er wird dem Lüneburger Hans Snitker d. Ä. zugeschrieben. Das wohl älteste Kunstwerk ist eine der beiden Glocken in dem im 16. Jh. angebauten Turm. Sie wurde 1309 von Meister Ulricus gegossen. Unterhalb der Kirche liegt ein hübscher kleiner Friedhof.

■ Auskunft: Pfarramt
Kirchenweg 7
21388 Soderstorf
✆ 0 41 72/2 30

Geöffnet: Tagsüber.

Anfahrt: A 7 Richtung Hannover bis zur Ausfahrt Egestorf, dann östlich über Lübberstedt nach Eyendorf, dort rechts nach Raven.

30 St. Catharinen zu Westensee

Die wuchtige Dorfkirche lohnt eine nähere Betrachtung. Sie besticht im Inneren durch ihre Schlichtheit. Die alte Holzdecke, der Steinfußboden und die weißgekalkten Wände lassen die üppige Innenausstattung um so stärker wirken. Besonders beeindruckend sind der spätgotische Altarschrein, die Renaissancekanzel und die spätromanische Granittaufe. An der rechten

Wand des Kirchenschiffs, am Chorbogen, befindet sich das Grabmonument Daniel Rantzaus. Eine ähnliche lebensgroße liegende Figur existiert in der Kapelle von Schloß Breitenburg.

■ Auskunft: Kirchenbüro
Dorfstr. 1

24259 Westensee
☏ 0 43 05/7 44

Geöffnet: 1. Mai-30. September tägl. 9-19 Uhr.

Anfahrt: A 7 Flensburg bis zur Abfahrt Warder, von dort etwa 8 km bis Westensee.

FÜR GOTT UND DIE WELT – Klöster

Die Klöster im Norden waren selten abgeschiedene Orte der Kontemplation. Sie dienten häufig zur Versorgung unverheirateter Töchter des Adels und waren durchaus weltlich orientiert. Einige von ihnen, wie das Kloster Preetz, herrschten über ganze Landstriche und waren entsprechend wohlhabend.

31 Kloster Cismar bei Grömitz

Im Hinterland der Ostsee, abseits der überfüllten Badestrände, liegt das ehemalige Benediktinerkloster Cismar, zu dem in seiner besten Zeit 25 Dörfer und sieben Mühlen gehörten. Im Zuge der Reformation wurde das Kloster 1560 in ein herzogliches Schloß umgewandelt. Einige der ursprünglichen Gebäude wurden abgerissen und so die gesamte Anlage grundlegend verändert. Die heilige Johannisquelle, die das Kloster einst zu einem begehrten Wallfahrtsort werden ließ, ist heute wieder im Gewölbekeller zu besichtigen. Sehenswert ist der handgeschnitzte Schreinaltar in der Klosterkirche. Die ehemalige Laienkirche beherbergt seit 1987 eine Dependance des Landesmuseums, in der häufig bedeutende Kunstausstellungen gezeigt werden.

■ Auskunft: Schleswig-Holsteinisches Landesmuseum
Kloster Cismar
Bäderstr. 42
23743 Cismar
☏ 0 43 66/10 80

Geöffnet: (Museum und Brunnenkeller) 31. März–Mitte/Ende Oktober Di–So 10–17 Uhr. Führungen durch Kirche und Keller i. a. Mi, Sa 17 Uhr, Auskunft hierfür: ☏ 0 43 66/12 88 (Herr Wiese).

Anfahrt: A 1 Richtung Lübeck/Puttgarden bis zur Ausfahrt Lensahn. Rechts nach Cismar.

32 Kloster Nütschau

Wie so viele Herrenhäuser in Schleswig-Holstein geht auch Nütschau auf die Familie Rantzau zurück. Das 1577 von Heinrich Rantzau errichtete Gebäude besteht aus drei einzelnen weißen Giebelhäusern, die zu einem Gesamtkomplex zusammengefügt wurden. Hoch über dem Mittelteil des Hauses thront ein spätbarockes Holztürmchen, das die sonst so strenge Fassade etwas auflockert. Nütschau dient den Benediktinern seit 1951 als Kloster. Vorhof, Kirche und einige der Klosterbauten sind für Besucher zugänglich.

■ Auskunft: ☏ 0 45 31/5 00 40

Geöffnet: Kirche und Vorhof sind stets offen.

Anfahrt: A 1 Richtung Lübeck bis zur Ausfahrt Bargteheide, dort auf die B 404 Richtung Bad Segeberg. 4 km hinter der Kreuzung mit der B 75 liegt rechter Hand Nütschau.

33 Klosteranlage Preetz

Wäre da nicht die stattliche Klosterkirche, man müßte annehmen, es handele sich um eine Wohnanlage inmitten eines großzügigen Parkgeländes. In Kloster Preetz, 1211 von Graf Albrecht von Orlamünde gegründet, lebten bis zu 70 Benediktinerinnen in hübschen Einzelhäusern statt in dunklen Klosterzellen. Die dreischiffige Klosterkirche, eine Stutzbasilika, stammt aus der Zeit 1325–40. Besonders erwähnenswert ist das gotische Nonnen- bzw. Stiftsdamen-Chorgestühl. Die Rückwand der elfsitzigen Westreihe des Gestühls besteht aus reichgeschnitzten Giebeln.

■ Geöffnet: Kirchenführungen finden vom 15. Mai–15. September tägl. 11, 14 und 16 Uhr statt. Treffpunkt vor der Klosterkirche in Preetz. Außerhalb der Führungen ist nur das Klostergelände zugänglich.

Anfahrt: A 7 und A 215 bis Kiel, dort auf die B 76 Richtung Plön bis Preetz.

34 Kloster Zeven

Schon 1141 wurde das Benediktinerinnenkloster vom nahen Heeslingen nach Zeven verlegt. 90 Jahre später bekam das Kloster aus Corvey Reliquien von St. Vitus und wurde damit auch bis zu seiner Auflösung 1632 zum Wallfahrtsort. Besonders schön ist die schlichte romanische Klosterkirche mit ihrer wertvollen, aber nicht protzigen Innenausstattung und dem barocken Hut auf dem Turm. Im erstklassig renovierten Kloster findet man ein Museum mit wechselnden Ausstellungen. Rund um das Kloster liegt ein sehr gepflegter kleiner Landschaftspark mit einigen schönen alten Eichen. Am Park entlang fließt die Ahe, an deren Ufer man auf ausgeschilderten Rundwegen ausgiebige Wanderungen starten kann.

■ Auskunft: Samtgemeinde Zeven 27404 Zeven
☏ 0 42 81/71 60

Geöffnet: Do 14–17.30, So 15–17 Uhr (Kloster und Museum).

Anfahrt: A 1 Richtung Bremen bis zur Abfahrt Sittensen und weiter nach Zeven.

Mit der Kraft des Wassers und des Windes – Mühlen

Sie heißen ›Hoffnung‹, ›Ursula‹ oder ›Gott mit uns‹: Fast 1000 Mühlen prägten die Landschaft Schleswig-Holsteins seit Beginn des 19. Jh. Heute sind davon nur noch 86 übriggeblieben. Und von denen, die bis heute stehen, drehen sich die allerwenigsten noch. Viele sind ihrer faszinierenden Technik beraubt, sind Museen oder Gaststätten geworden, eine ganze Reihe wird von Privatleuten bewohnt. Mit wenigen Ausnahmen sind die Schleswig-Holsteiner Mühlen sogenannte Holländermühlen. Wer eine Mühle besichtigen will, tut sich am einfachsten im Freilichtmuseum Kiel-Molfsee (s. S. 41), wohin gleich vier Wind- und eine Wassermühle gebracht und wiederaufgebaut wurden. Einen wirklichen Eindruck von der Bedeutung der Mühlen und ihrer landschaftsprägenden Wirkung bekommt man aber erst, wenn man eine der wenigen noch funktionsfähigen Mühlen in Schleswig-Holstein und Niedersachsen besichtigt, die noch an ihrem ursprünglichen Platz stehen.

Die im folgenden aufgeführten Wind- und Wassermühlen rund um Hamburg sind grundsätzlich alle für Besucher geöffnet; allerdings lassen sich nicht immer Öffnungszeiten angeben. Oft muß man auf gut Glück versuchen, ob gerade jemand zu Hause ist.

■ Artlenburg (Landkreis Lüneburg): Windmühle

Die Mühle ist wie ihre Vorgänger seit 1833 im Besitz der Familie Brügmann. Derzeit wartet sie auf ihre Restaurierung, da die Flügel bei einem Sturm zerstört wurden.

■ Geöffnet: Besichtigung nach Absprache mit Herrn Brügmann im Wohnhaus hinter der Mühle.

■ Bardowick (Landkreis Lüneburg): Windmühle

Voll funktionsfähig ist die alte Holländermühle in Bardowick aus dem Jahr 1813 in der Nähe der B 4. Sie wurde erst vor kurzem von Grund auf renoviert. Diese Mühle mahlt nicht nur 300 Tonnen Getreide im Jahr, sondern liefert auch Strom ins örtliche Netz!

■ Geöffnet: Zur Besichtigung werktags ganztägig geöffnet, sonst nach Absprache mit Herrn Meyer im Wohnhaus.

■ Barlt: Windmühle

Man hat eine gute Chance, die Windmühlenflügel des unterbauten Galerieholländers, erbaut um 1870, namens ›Ursula‹ in Bewegung zu sehen.

■ Barmstedt: Wassermühle

■ Borstel bei Jork: Windmühle

1856 wurde die Galerieholländer-Windmühle ›Aurora‹ (s. Foto S. 62) auf dem Borsteler Deich gebaut, und zwar an der Stelle, an der früher bereits zwei Windmühlen gestanden hatten. 1981 kaufte der Landkreis die halbverfallene Mühle, ließ sie funktionstüchtig restaurieren und richtete dort ein Fremdenverkehrsbüro ein. Jetzt wird

Windmühle in Borstel bei Jork

hier manchmal für die Touristen mit Windkraft Korn gemahlen.

■ Geöffnet: Mai tägl. 10–14 Uhr, Juni–September Sa 13–17, So 12–16 Uhr oder nach Vereinbarung unter ☏ 0 41 62/63 95.

■ Bünzen/Aukrug: Wassermühle

Die 450 Jahre alte Wassermühle liegt etwas versteckt und von der Zeit vergessen zwischen einem modernen Hof und dem Betrieb eines Bauunternehmers. Wasserrad und Mühlrad sind erhalten, oberhalb staut sich der Mühlteich, dicht bewachsen mit Schilf und Seerosen. Eine kleine Idylle in dem sonst eher modernen Dorf Bünzen.

■ Buxtehude-Ovelgönne: Wassermühle

Die Mühle aus dem Jahr 1674 ist heute noch funktionstüchtig. Zwischen April und Oktober wird hier manchmal für die Besucher mit Wasserkraft Korn gemahlen.

■ Geöffnet: So 10.30–12, 15–17 Uhr.

■ Dellstedt: Windmühle

1926 erbaut.

■ Eddelak: Windmühle

›Gott mit uns‹ hat man diese Holländermühle mit Unterbau und Windrose von 1865 getauft.

■ Fredenbeck: Wassermühle

400 Jahre alt ist die Wassermühle von Fredenbeck.

■ Auskunft: ☏ 0 41 49/2 64

Geöffnet: Nach Vereinbarung.

■ Hanerau-Hademarschen: Wassermühle

■ Hemmingstedt: Windmühle

1858 gebaut.

■ Hohenfelde: Wassermühle
■ Hollern-Twielenfleth: Windmühle

■ Auskunft: Müller Noodt ☏ 0 41 41/78 18

Geöffnet: Die ›Windsbraut‹ (lat. *venti amica*) ist nach Voranmeldung beim Müller zu besichtigen.

MÜHLEN

■ Husberg: Windmühle

Ursprünglich 1838 gebaut.

■ Kollmar: Windmühle

Kellerholländer, geschlossenes Ensemble mit Müllerhaus, Speicher und Stall, gebaut 1815.

■ Krokau: Windmühle

1872 gebaut.

■ Geöffnet: Jeden 1. So im Monat 13–16 Uhr, Anfang Juni-Anfang Oktober jeden So 13–17 Uhr.

■ Kuddewörde: Wassermühle

Die Wassermühle aus dem 17. Jh. trägt heute den Namen Grander Mühle und wird als Gaststätte genutzt.
 Siehe auch Landgasthöfe, S. 152, und Landhotels, S. 186.

■ Langenrade: Windmühle

Gute Chance, daß sich die Flügel der ursprünglich 1860 errichteten Mühle drehen.

■ Lauenburg: Windmühle

Die Windmühle von 1870 ist heute Gaststätte, Hotel und Museum.

■ Auskunft: ✆ 0 41 53/25 21

Geöffnet: Museum tägl. 10–18 Uhr, für Gäste des Hauses auch auf Wunsch. Führungen durch einen echten Müller. Gaststätte tägl. 12–23 Uhr, März-Oktober 10–23 Uhr. Im Januar geschlossen.

Die Grander Mühle in Kuddewörde

■ Marner Neuenkoogsdeich: Windmühle

Manchmal drehen sich die Windmühlenflügel der ursprünglich 1876 gebauten Mühle noch.

■ Mulsum bei Stade: Windmühle

›Anna Maria‹ hat man die Holländergalerie-Windmühle in Mulsum getauft. Sie ist Schauplatz des Mulsumer Mühlenfests, das alle zwei Jahre Ende Mai veranstaltet wird.

■ Auskunft: ✆ 0 47 62/29 05

■ Oldendorf (Landkreis Lüneburg): Wassermühle

Die zwei Turbinen der Wassermühle, die in der vierten Generation der Familie gehört, mahlen mit moderner umweltfreundlicher Technik Vollkorn- und Spezialprodukte.

■ Auskunft: Mühlenförderverein e. V. Lüneburg / Herr Engel
Oldendorfer Mühle
21385 Oldendorf/Luhe
✆ 0 41 32/3 42

Geöffnet: Grundsätzlich jederzeit geöffnet, möglichst vorherige telefonische Anmeldung, sonst auf gut Glück.

■ Pötrau: Wassermühle

■ Salzau: Wassermühle

■ Schönberg: Windmühle

1827 gebaut.

■ Soderstorf (Landkreis Lüneburg): Wassermühle

1427 wurde diese Mühle auf einer kleinen Luhe-Insel zum ersten Mal erwähnt. Das jetzige Gebäude wurde 1821 erbaut. Seit dem 17. Jh. befindet sich die Mühle in Familienbesitz. Das Wasserrad hat einen Durchmesser von sechs Metern.

■ Auskunft: Frau Vogt
Soderstorf Nr. 4
21388 Soderstorf
✆ 0 41 32/3 18

Geöffnet: Nach Absprache mit Frau Vogt oder auf gut Glück.

■ Tangsehl (Landkreis Lüneburg): Wassermühle

Die Mühle stammt ursprünglich von 1353 und wurde gerade vollständig renoviert.

■ Auskunft: Herr Bausch
Tangsehl Nr. 1
21369 Tangsehl
✆ 0 58 55/4 08

Geöffnet: Nach Absprache mit Herrn Bausch oder einfach auf gut Glück.

■ Weddingstedt: Windmühle

Ursprünglich 1832 gebaut.

■ Worpswede: Windmühle

Funktionsfähige Erdholländer-Windmühle, die 1838 an der Stelle einer früheren Bockmühle errichtet wurde. Die Mühle, häufiges Motiv

Moderne Windräder auf Eiderstedt

Worpsweder Maler, wurde nach dem Tod des letzten Müllers 1984 restauriert und ist jetzt für Besichtigungen geöffnet.

■ Auskunft: Worpsweder Kunsthalle
✆ 0 47 92/12 77

Geöffnet: Für Gruppen jederzeit nach Voranmeldung. Ansonsten bei Beginn des schönen Wetters (etwa Mitte Mai) bis in den Herbst Sa und So 10–18 Uhr.

■ Windenergiepark Westküste

In der Nähe von Friedrichskoog stehen auf einer Fläche von etwa 14 ha 36 moderne Windräder im Windenergiepark Westküste im Kaiser-Wilhelm-Koog. Sie dienen der Energienutzung und der Erforschung der Windenergie und stehen an der Stelle, an der in den 70er Jahren der GROWIAN gebaut wurde, die erste Großwindanlage Deutschlands, die später wegen technischer Mängel stillgelegt und abgerissen wurde.

Neben den Windrädern kann man sich im Informationszentrum über die Nutzung der Windenergie aufklären lassen.

■ Auskunft: Windenergiepark Westküste im Kaiser-Wilhelm-Koog
Sommerdeich 14b
25709 Kaiser-Wilhelm-Koog
✆ 0 48 56/5 11 oder
0 43 31/18-24 65

Geöffnet: Für Besucher von Anfang April-Ende September tägl. 10–17 Uhr.

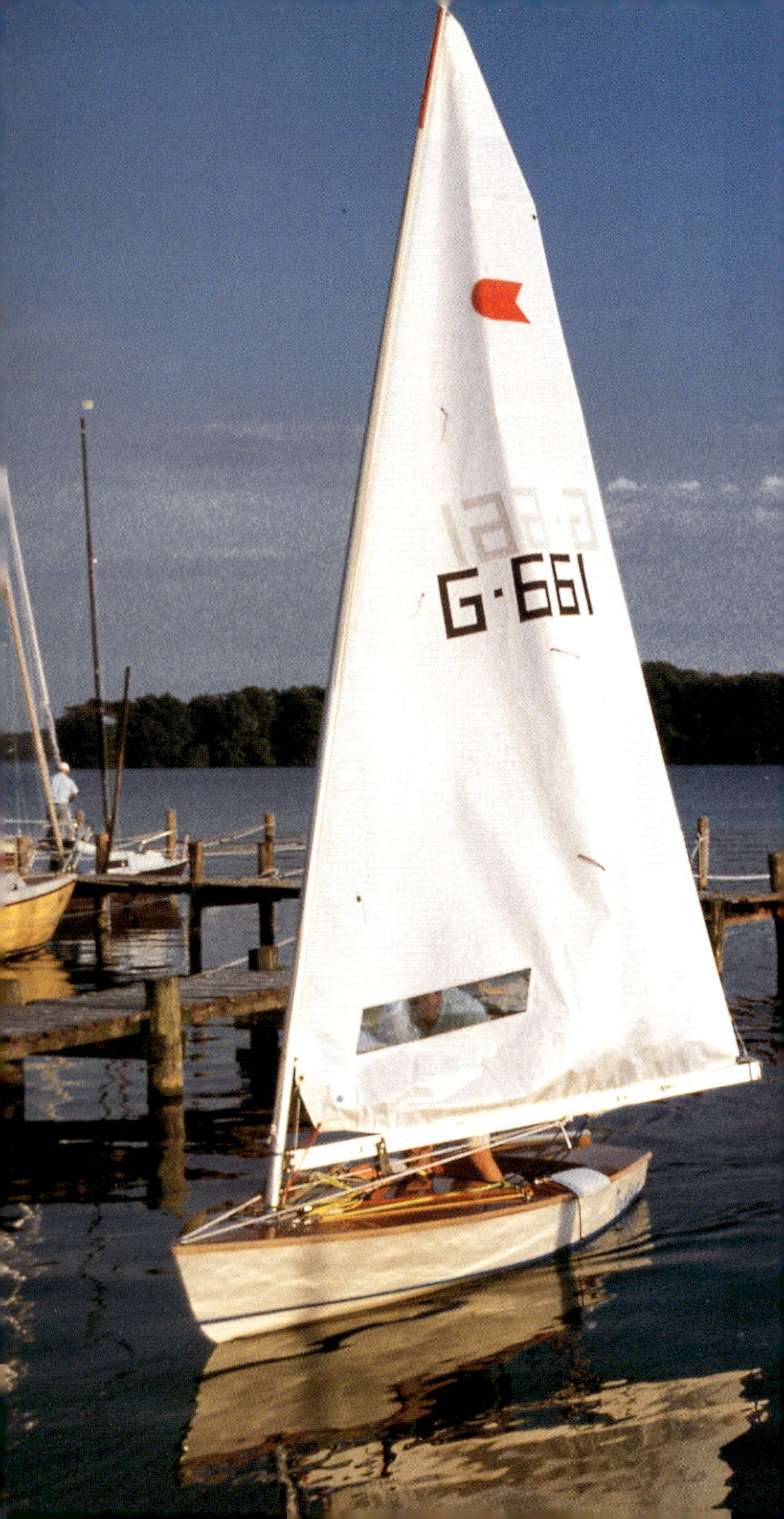
G-661

ERHOLUNG

KÜHLES NASS – Badeseen

Was wäre ein Sommertag ohne ein erfrischendes Bad in kühlem Wasser. Sicher, Nord- und Ostsee sind schnell zu erreichen, aber insbesondere am Wochenende auch hoffnungslos überlaufen. Romantische Stimmung mag da nicht so schnell aufkommen, zumal die Wasserqualität doch recht häufig zu wünschen übrig läßt. Meßwerte sind eine Sache, der eigene Augenschein eine andere. Und wer liest, was alles in der Nordsee verklappt wird, mag seine Zehen da nicht so gern hineinhalten. Vor dem inneren Auge taucht alsbald das Traumbild vom verwunschenen Waldsee auf, an dessen Ufer die Libellen schwirren, wo die Fische springen und über dem die Kraniche ihre Kreise ziehen. Allein, das Wunschbild bleibt meist ein solches, und die Realität besteht aus künstlich angelegten Badeteichen und Baggerseen, in denen sich die Algen explosionsartig vermehren und auf denen am Sonntagabend ein dünner Film von Sonnenmilch schwimmt. Und selbst wenn die Idylle perfekt erscheint, heißt das noch lange nicht, daß das Wasser von Düngemitteln und Abwässern wirklich frei ist. Zwar liefern alle Bundesländer einen jährlichen Bericht über den Zustand ihrer Badegewässer bei der Europäischen Union ab, über den aktuellen Zustand sagen diese Berichte allerdings wenig aus, und in jedem Sommer müssen einige Seen in der Hamburger Umgebung fürs Baden gesperrt werden. Sind zum einen die Seen ökologisch belastet, so sind auf der anderen Seite die Badegäste auch eine Belastung für die Seen. Wildes Parken, Müll, der sich am Ufer türmt – da geht auch die letzte Idylle schnell verloren. Es gilt also, den Schaden so gering zu halten wie möglich. Und mag der See auch noch so einladend sein: Badeverbote sollte man einhalten. Um der Natur und der eigenen Sicherheit willen. Wer sich auf der Suche nach einem stillen Eckchen durchs Schilf kämpft, zerstört die Natur, die er angeblich so liebt.

1 Barumer See, Barum (Landkreis Lüneburg)

Zum Barumer See fährt man durch eine idyllische flache Landschaft mit kurvigen Straßen, zahlreichen Flüßchen, Seen, Kanälen und Birken am Wegesrand. Schönster Ort am Weg ist St. Dionys. Der Barumer See selbst erstreckt sich längs des Ortes Barum und ist auf der dem Ort abgewandten Seite zum Baden zugänglich. Es gibt sogar einen Parkplatz. Von der Badestelle aus sieht man die Höfe auf der anderen Seite, nebenan muhen die Kühe auf der Weide, und das Schilf raschelt im Wind.

Anfahrt: A 1 und A 250 nach Winsen/Luhe. Am Autobahnende weiter auf der B 4 Richtung Lüneburg. Auf halber Strecke bei Wittorf links Richtung St. Dionys und Barum abbiegen. Im Ort Barum an der großen Kreuzung links

Der Plöner See

Richtung Tespe und nach der Brücke rechts auf den Parkplatz.

2 Birkensee, Weertzen

Der Birkensee ist ein kleiner, flacher, warmer Moorsee mit einem rundum zugänglichen Ufer. Am hinteren Ende sind im Wald versteckt ein großer Parkplatz und ein Kiosk zu finden. Zum Baden kommen fast nur Leute aus dem Ort mit ihren Kindern, Fremde sind selten, großer Trubel auch. Man liegt auf sattem, grünen Rasen und schaut in den Himmel oder den Enten zu. Da die Bäume am Westufer weit genug entfernt stehen, hat man am Ostufer bis zum späten Abend Sonne.

Anfahrt: A 1 bis Sittensen, von der Straße zwischen Sittensen und Zeven geht es am Ortsende von Weertzen links ab bis ans Ende der asphaltierten Straße.

3 Bokeler See

Das Wasser des 20 ha großen, von Schilf und Bäumen umsäumten Bokeler Sees ist sauber und erfrischend. An diesem Moorsee gibt es eine öffentliche Badestelle mit aufgeschüttetem Sandstrand, Kiosk, Toiletten, Liegewiese und Wasserrutsche. Die DLRG paßt auf, daß nichts passiert. Es geht ganz flach ins Wasser, das Badegelände ist im See mit einer Bojenkette abgesperrt. Besonders hübsch ist der Blick auf die nahegelegene Ausflugsgaststätte Bokel-Mühle.

Eintritt: 3 DM.
Anfahrt: A 23 Richtung Heide bis zur Abfahrt Hohenfelde; dann 8 km östlich nach Bokel. Badestelle zwischen Bokel und Barmstedt am Nordostufer des Sees. Parkplätze an der Straße.

4 Dutzower See

Eine neue Pflasterstraße verbindet Ost und West am Dutzower See. Wo einst der Eiserne Vorhang hing, tun sich jetzt malerische Ecken auf. Früher von beiden Seiten freiwillig oder unfreiwillig gemieden, lockt heute der Dutzower See zum Bade. Ein schöner, sauberer See von Schilf umsäumt, ruhig und ohne Surfer oder Segler, die die Schwimmer bedrängen. Der Dutzower See liegt so abseits, daß nur Einheimische und Zufallsgäste hierher kommen. Boote dürfen übrigens nicht zu Wasser gelassen werden.

Anfahrt: B 208 von Ratzeburg weiter Richtung Gadebusch. Nach der alten Grenze rechts ab nach Dutzow. Im Ort auf der neuen Straße rechts Richtung Kittlitz. Am See kommen zunächst linker Hand ein Parkplatz, eine kleine Badestelle und ein Weg, der am See entlang führt. Wenn man 100 m auf der Straße nach Kittlitz weiterfährt, entdeckt man eine größere Naturbadestelle.

5 Flögelner See

Ein ganzes Stück hinter Bremervörde, für einen Tagesausflug von Hamburg aus also eigentlich fast schon zu weit, liegt der Flögelner See, auf dem man im Gegensatz zu vielen anderen Badeseen auch surfen kann und darf. Leider gibt es an diesem romantischen großen See kaum eine Möglichkeit, ans Wasser zu gelangen. Es bleiben der kleine Strand direkt vor dem

BADESEEN

Wirtshaus in Flögeln und der Strand des Campingplatzes am gegenüberliegenden Ufer. Ansonsten versperren Schilf und Privatgrundstücke den Zugang zum See.

■ Anfahrt: Von Bremervörde über Bederkesa nach Flögeln. Parkplatz neben dem Restaurant.

6 Grabauer See

Ein See für heiße Tage. Zwischen den hohen Bäumen, die bis ans Wasser des Sees stehen, tut sich eine Lücke im Schilf auf. Der Grabauer See westlich von Bad Oldesloe ladet zum Bade. Zwar gibt es keine Liegewiese, sondern nur eine einzelne Bank. Unter den Bäumen läßt sich aber leicht ein schattiges Plätzchen finden. Im Gegensatz zu den meisten anderen Stellen am See kann man hier bequem ins Wasser waten.

■ Anfahrt: A 1 Richtung Lübeck bis zur Ausfahrt Bargteheide. Von dort weiter auf der B 404 Richtung Bad Segeberg. Einen guten Kilometer hinter der Kreuzung mit der B 75 geht es links nach Glinde und Grabau. In Grabau fährt man links zum Dorfkrug und weiter Richtung Sülfeld. Kurz hinter dem Ortsausgangsschild von Grabau ist rechts ein kleiner Parkplatz im Wald. Man geht den ausgeschilderten Reitweg ca. 500 m bis zum See hinunter.

7 See bei Hennstedt im Naturpark Aukrug

Wenn man von Hennstedt aus den Schildern zum Hotel Seelust (siehe auch Landgasthöfe, S. 143, und Landhotels, S. 183) folgt, kommt noch vor dem Hotel nach etwa 2 km rechts ein Feldweg, der für Autos gesperrt ist. Dort kann man das Auto am Straßenrand parken. Folgt man dem Feldweg einige hundert Meter, so entdeckt man einen sehr romantischen See mit einer winzigen Badestelle, etwas aufgeschüttetem Sand, einem Steg und einem hölzernen Toilettenhäuschen. Für alle Wasserratten, denen es nicht so sehr darauf ankommt, lange ungestört in der Sonne zu braten, ist dieser kleine See einer der schönsten, die wir entdecken konnten.

■ Anfahrt: A 7 Richtung Flensburg bis zur Ausfahrt Neumünster, weiter auf der B 430 bis Aukrug, dort links nach Hennstedt.

8 Köhlerteich bei Hanstedt (Landkreis Harburg)

Vom Schild ›Waldbad‹ darf man sich nicht täuschen lassen. Dahinter verbirgt sich ein gefliestes Freischwimmbad im Wald. Aber ein paar hundert Meter weiter, da kann man wirklich im Wald baden. Die beiden Teiche auf dem Köhlerhüttengelände im Landschaftsschutzgebiet Garlstorfer Wald bei Hanstedt sind ideal zum Baden. Der erste See ist rundum von Wiesen und schattenspendenden Bäumen umgeben, und zwei Stege erleichtern den ›Einstieg‹. Rund um den Teich stehen Parkbänke, es gibt einen Grillplatz und ähnliches mehr. Am linken hinteren Ende führt ein kleiner Weg zum zweiten Teich, wo man ungestörter ist, aber leider weniger Platz fürs Sonnenbaden hat. Beide Teiche sind von Schilf umstanden, und auf ihnen schwimmen Seerosen. Baden ist täglich bis 22 Uhr erlaubt.

▪ Anfahrt: A 7 Richtung Hannover bis zur Ausfahrt Thieshope. Weiter über Brackel nach Hanstedt. Im Ort links Richtung Ollsen. Ein paar hundert Meter hinter dem Abzweig zum Waldbad und zum Reiterzentrum ist links ein Parkplatz beim Köhlerhüttengelände.

9 Owschlager See

Südlich von Owschlag findet man den nach dem Ort benannten See. Der Natursee ist fast vollständig von Schilf umgeben und deswegen nur an einer Stelle öffentlich zugänglich. Am Südende des Sees liegt eine Badestelle, an der es zwar Abfallkörbe, aber keine Toiletten und dergleichen gibt. Von dort hat man einen schönen Blick Richtung Dorf und Hotel.

▪ Anfahrt: A 7 Richtung Flensburg bis zur Abfahrt Owschlag, weiter nach Owschlag. Von hier über die Ostseite des Sees und den Steinsiekener Weg zum Badestrand. Oder: Parken am Hotel Försterhaus. Am hinteren rechten Ende des Parkplatzes führt ein hübscher Fußweg (ca. 1 km) am Westufer entlang ›Zum Badestrand‹.

10 Pinnsee bei Mölln

Über allen Wipfeln ist Ruh'. So viel Ruh', daß wirklich nur noch die Vögel im Wald zu hören sind. Es knackt im Unterholz. Ein herabfallender Tannenzapfen? Ein Reh? Oder ein Pilzsammler? Wer sich auf den Weg zum Pinnsee macht, hört völlig ungewohnte Geräusche, ja, er lernt, neu zu hören. Denn der See liegt mitten im Wald. Nur ein Forstweg führt zum und um den See. Romantischer kann ein Waldsee nicht sein. Und im Gegensatz zu vielen anderen Seen in der Gegend um Mölln und Ratzeburg darf man hier baden. Es ist sogar ein kleiner Badestrand aufgeschüttet worden. Aber vor dem Vergnügen kommt die Arbeit. Einen guten Kilometer muß man seine Badesachen vom Parkplatz hertragen. Oder man fährt gleich mit dem Fahrrad. Die Mühe lohnt. Kein tropischer Sandstrand kann so schön sein, wie dieses verwunschene Fleckchen Schleswig-Holstein. Sonnenanbeter werden allerdings die gewohnte Liegewiese vermissen. Viel Platz zum Lagern gibt es nicht, dafür Schatten, den Duft des Waldes, das saubere Wasser und die Stille.

▪ Anfahrt: A 24 bis zur Abfahrt Talkau, dann nach Mölln, weiter Richtung Sterley, rund 2 km hinter Mölln führt ein Weg nach Fredeburg und zum Parkplatz im Wald. Von dort ca. 1 km zu Fuß zum Pinnsee.

11 Pipersee

Man stelle sich vor: ein kleiner, stiller See, Wald drumherum, linker Hand ein altes Bootshaus, ein Badesteg. Man lagert idyllisch unter schattigen Bäumen. Der Pipersee. Ein Badesee, wie man ihn sich wünscht. Wer seine Ruhe will, geht rechts noch ein Stückchen am See entlang und bettet sich dort ins Moos. Auf dieser Seite ist der Pipersee relativ leicht zugänglich. Kinder können an der Badestelle gefahrlos ins Wasser gehen, ein kleiner Sandstrand ist aufgeschüttet. Einziger Nachteil des Sees: Auf der anderen Straßenseite ist ganz

BADESEEN

Badefreuden am Schaalsee bei Zarrentin

in der Nähe ein Campingplatz, allerdings mit eigenem See.

▪ Anfahrt: A 24 bis zur Abfahrt Talkau, dann auf der B 207 nach Mölln, weiter nach Sterley, von dort Richtung Mustin. Auf halbem Weg führt die kurvige Straße zwischen dem Schaalsee und dem Pipersee hindurch. An exakt dieser Stelle, kurz hinter dem Restaurant Zum Fuchsbau ist links die Badestelle und rechts ein Parkplatz.

12 Großer Plöner See

Eine herrliche, wenn auch im Sommer nicht gerade einsame Stelle zum Baden gibt es auf der Prinzeninsel im Großen Plöner See. Am Ende der Halbinsel, die man nur zu Fuß (2 km) oder per Boot erreichen kann, ist eine große Lichtung, auf der ein Landgasthof, das Niedersächsische Bauernhaus, steht (siehe auch Landgasthöfe, S. 160 f.). Rechts vorne an der Lichtung ist das Prinzenbad, eine Badestelle mit Strandcafé, DLRG-Station, Toiletten und einer naturkundlichen Ausstellung eingerichtet worden. Vom Strand aus hat man einen tollen Blick auf den Plöner See und seine Inseln.

▪ Anfahrt: B 432 bis Bad Segeberg, weiter auf der B 404 bis Bornhöved und von dort auf der B 430 bis Plön. Der Parkplatz vor der Prinzeninsel ist kurz vor Plön auf der rechten Seite. Von da zu Fuß weiter.

13 Schaalsee

Der Schaalsee war einst Grenzgebiet zur DDR und sein östliches Ufer für ›Ossis‹ wie ›Wessis‹ unerreichbar. Nur wenige versteckte Wege führen auf der östlichen Seite an den idyllischen See mit seinen zahllosen Buchten. Am einfachsten ist der Zugang an der öffentlichen Badestelle bei Zarrentin, sehr viel hübscher ist der Ausblick aber schon vom kleinen

Badestrand im ebenfalls leicht erreichbaren Seedorf. Vorteil hier: das Lokal mit Garten am See. Manchmal allerdings weht ein leichter Hauch von Schweinezucht über die Bucht. Wer Zeit hat, sucht sich am besten am Ostufer ein lauschiges Plätzchen, an dem er noch kaum auf Mitschwimmer trifft.

▪ Anfahrt: A 24 bis zur Ausfahrt Zarrentin. In Zarrentin muß man sich entscheiden: entweder für Seedorf (Richtung Mölln) und das Westufer oder für das Abenteuer am Ostufer mit Orten wie Techin, Hakendorf oder Sandfeld.

14 Westensee

Der Naturpark Westensee bei Kiel umfaßt insgesamt neun Seen, die fast alle zum Baden geeignet und freigegeben sind. Auf der Strecke von Westensee nach Felde liegt rechter Hand ein kleiner Parkplatz. Von dort führt eine steile Treppe den Hang hinunter. Folgt man dem anschließenden Weg, stößt man auf eine Wiese mit der Badestelle, an der selten größerer Trubel herrscht. Die Wiese ist ein wunderschöner Platz für ein Picknick, der Blick auf den von Wiesen und Bäumen eingerahmten See ist malerisch. Da der Westensee hier nur ganz langsam tiefer wird, ist die Badestelle auch für Kinder bestens geeignet. Weitere Tips: die Winzlinge Emkendorfer Dörpsee und Vollstedter See sowie zwei weit größere, der Pohlsee (ca. 68 ha) und der Brahmsee (ca. 96 ha), der durch Alt-Bundeskanzler Helmut Schmidt einst bekannt wurde. Wer seiner Nase vertraut und dem Geruch der Grillwürstchen folgt, findet die Badestelle der Gemeinde Warder am Brahmsee schnell. Hier gibt es neben dem Imbiß eine Planschzone mit Rutsche für Kinder und eine etwas weiter draußen im See liegende Plattform mit Sprungbrett. Die Idylle des nur wenig umbauten Sees läßt sich allerdings weit besser genießen, wenn man sich beim Bootsverleih ein Ruderboot mietet und zur Mitte des Sees hinausrudert.

▪ Anfahrt: A 7 Richtung Flensburg bis zur Abfahrt Warder.

WAS MAN FÜR EIN PICKNICK BRAUCHT – Die Ausstattung

Ohne ein vernünftiges Picknick ist eine Landpartie nur die Hälfte wert. Damit man es sich unterm Apfelbaum gemütlich machen kann, sollte man eine große Decke mitnehmen. An ›Werkzeug‹ braucht man ein scharfes Messer, mindestens ein normales Messer zum Brote schmieren, einen Flaschenöffner, ein paar Holzbrettchen und Pappbecher. Die klassischen englischen Picknickkörbe sind zwar eine Wohltat fürs Auge, man kann sie wegen ihres Gewichts allerdings nicht weit schleppen. Diese Weidenkörbe wurden ursprünglich ja auch dafür erfunden, bei Autopannen nicht zu verhungern. Man unterschied sie in ›kalte‹ und in ›warme‹ Picknickkörbe mit einem mitgeführten Rechaud, um den Tee zu wärmen.

Nirgends schmeckt es besser als unter freiem Himmel. Nur – man muß auch die richtigen Sachen im Korb haben, um das Picknick genießen zu können. Hier eine Liste geeigneter Delikatessen, die sich ohne Mühe transportieren, trinken und essen lassen:

■ Getränke

Champagner
Grüner Veltliner
Leichter Rotwein
Weizenbier
Mineralwasser
Eistee

■ Hauptspeisen

Backhendl
Frikadellen
Kartoffelsalat
Gebratenes Stubenküken
Gebeizter Lachs
Parmaschinken und Melone
Roastbeef
Pastete
Geräucherte Forelle
Eingelegtes Gemüse
Spargelsalat
Salami
Luftgetrockneter Schinken
Frischkäse mit Kräutern
Ziegenkäse

■ Zutaten und Beilagen

Brot
Butter
Salz
Pfeffer
Senf
Radieschen
Tomaten
Gurken

■ Nachtisch

Apfelstrudel
Erdbeeren mit Schokomousse
Frisches Obst
Obstsalat
Grießflammeri mit Himbeersauce
Zwetschgenkuchen

Picknick – Ein Sommernachtstraum

Picknick: Was ist denn das für ein unsolides Wort? Kein Mensch kann es erklären, ableiten schon gar nicht. Aufpicken, mitnehmen, zusammenklauben, da etwa liegt es. In Großbritannien bezeichnete man damit um 1800 sowohl einen Sommerhut als auch eine Gedichtsammlung. »Ursprünglich eine modische Form der Geselligkeit, bei der jeder Anwesende seinen Anteil am Proviant mitzubringen hatte; heute eine gesellige Vergnügung, verbunden mit einem Ausflug auf das Land und einer Mahlzeit im Freien. Entscheidend war früher der individuelle Beitrag; heute ist es die *al fresco*-Form der Mahlzeit.« So definiert das »Oxford English Dictionary« in gewohnter Nüchternheit. Nüchtern aber wollen hochgestimmte; vergnügungsentschlossene Picknickplaner überhaupt nicht sein. Schon die Vorbereitungen eines gekonnten Picknicks beflügeln routinierte Ausflügler. Als erstes wird der große Korb aus dem Keller geholt und aufgefrischt. Noch Mückenblut auf der Tischdecke? Sandkörner im Salzstreuer? Welke Löwenzahnkrümel zwischen dem Besteck? Oder Fett- und Käsespuren vom letzten Mal auf schlampig gespülten Tellern?

»Eine Picknickgesellschaft sollte vornehmlich aus jungen Männern und Frauen bestehen; zwei oder drei alte Mannspersonen können jedoch zugelassen werden, wenn sie sehr gut gelaunt sind; ein paar angenehme Kinder; und eine – nur eine – liebe alte Dame, der die Gesellschaft zuvor tunlichst die Überwachung der Organisation anvertraut und ihr diesbezüglich diktatorische Vollmachten übertragen hat …« (Chamber's Journal, 5. Juni 1857).

Sodann stellt sich die nur mit inspirierter Verhandlungstaktik zu klärende Frage: Wohin? Und was soll es zu essen geben? In Glyndebourne gehört Räucherlachs zum Pausenpicknick, beim Pferderennen in Ascot muß es immer Kaviar sein, in Wimbledon ißt man Erdbeeren, und wenn in Henley gerudert wird, trinken die Herrschaften Pimm's mit Gurke. Bei uns haben alle Hunger, und jeder auf etwas anderes. […]

Ja, und dann heißt es vorher immer: »Das ist viel zuviel«, und hinterher ist kein Krümel mehr übrig. Endlich geht es los, und fortan kann die zu bukolischem Genuß fest entschlossene Picknickgesellschaft nichts von alledem irritieren, was John Betjeman, der englische Dichter, an möglichem Mißgeschick aufzählte:

»Sand in den Sandwiches, Wespen im Tee, nasse Badeanzüge, das Platschen von Blasentang und Fliegen, viel zu viele.«

Bald wird die große Decke ausgebreitet. Während Männer über störrische Sonnenschirme und fehlkonstruierte Korkenzieher fluchen, lassen es sich die Frauen nicht nehmen, mit Sinn für das Dekorative Schüsseln, Teller, Besteck, Gläser und gestreifte Servietten zu arrangieren. Dann aber wird geschwatzt und gegessen, getrunken und geklatscht, während die Kinder blaue Libellen jagen, mit dem Brennglas experimentieren und die eben geleerte Salatschüssel zum Dampfer umbauen.

Die Ausrüstung verrät ein System feinster gesellschaftlicher Abstimmungen. Heute wird ein gefüllter Picknickkorb bei Ikea für 30 Mark

PICKNICK

verramscht, während die Luxusausführungen, wo jedes Wedgwood-Tellerchen mit eigenem Lederriemen gehalten und ausgeklügelte Thermotechnik geboten wird, lokker bei 1200 Mark ansetzen. Schon die Ausrüster der Vorzeit waren allesamt dem Wahn der Vollständigkeit verfallen, der ein Licht wirft auf die Obsessionen der Benutzer: es könnte etwas fehlen, an dessen Bequemlichkeit der ambulanten Bourgoisie höchst gelegen ist. Auch beim Picknick will der Mensch sich frei fühlen in der Natur, ohne auf die Errungenschaften der Zivilisation zu verzichten.

Wunder der Raumausnutzung: In manchen der Körbe aus geflochtener Weide verbergen sich ganze Küchen *en miniature*, mit Geschirr, Besteck, Flaschen, Behältern aus Aluminium und sogar mit Kesseln für die rettende Tasse Tee unterwegs.

Freilich lehrt die Erfahrung, daß in Wirklichkeit immer etwas fehlt (siehe auch »Drei Mann in einem Boot«). Dosenöffner, Salz oder Senf, und das ist gut so: denn sonst käme der draußen so herrlich von den Zwängen der Seßhaftig- und Häuslichkeit befreite Mensch wohl nie zurück in sein geheiligtes Alltagskorsett. Auch eheliche Unstimmigkeiten vermag die frische Luft nicht gänzlich auszuräumen:

»Ich selbst liebe Picknick und finde, ›al fresco‹ schmeckt alles noch einmal so gut. Leider findet mein Mann das überhaupt nicht. Er hat nämlich eine kindliche Abneigung – beinahe würde ich von Furcht sprechen, wenn ich nicht wüßte, daß er ein tapferer Soldat und Gentleman ist – gegen Wespen. Und obgleich ich für alle Freunde hübsche kleine Broschen in Form von Weintrauben vorbereitet habe, deren Blätter aus gefärbten Sodawürfeln gegen Wespenstiche bestehen, weigert sich Addle, so etwas anzustecken, und drischt statt dessen lieber mit der ›Times‹ um sich (und besteht darauf, das Blatt zum Picknick mitzunehmen, obwohl es meiner Ansicht nach die Idylle vollkommen ruiniert), was Tiere nur zu ermutigen scheint. ›Wirklich, mein Lieber‹, habe ich ihm einmal gesagt, ›du benimmst dich wie ein Zweijähriger.‹ ›Ich wünschte, ich wäre zwei‹, antwortete er. ›Dann hätte ich überhaupt nicht mitgedurft.‹« (Mary Dunne, Lady Addle at Home, 1945).

Kein Picknick ohne Panne, bemerkte schon die berühmte Kochbuchautorin Jane Grigson. Wo die Idylle so herbeigesehnt wird, ist die Farce nie fern. Und wiederum sind es häufig Frauen, denen die Sache plötzlich auf die Nerven geht. Wilhelmine Buchholz, Heldin von Julius Stindes Roman »Die Familie Buchholz« (1884–86), führte beredte Klage:

»Viele Leute schwärmen ja sehr für Landpartien, aber ich muß sagen: ohne Brautpaare und ohne Kinder, die sind nur Ballast und verbubanzen die schönsten Fahrten, und abgespannt wird man auch von solchen Touren in Gesellschaft, weil einer immer auf den anderen aufpassen muß und einer meistens gesucht wird.«

Die Ernüchterung währt meist nicht lang, längstens bis zum nächsten Frühling; dann haben wir alles Mißgeschick vergessen und auch, wie es im Korb aussah, als die Thermoskanne leckte. Godfrey Smith, distanzierter Kenner der britischen Seelen, gibt zu: »Im Grunde ist ein Picknick nichts weiter als eine formlose Mahlzeit auf dem grünen Rasen. Am Tisch zu essen wie die Franzosen wäre sicher logischer und weniger chaotisch. Aber das wäre eben kein *Picnic*.« Richtig.

Anna von Münchhausen

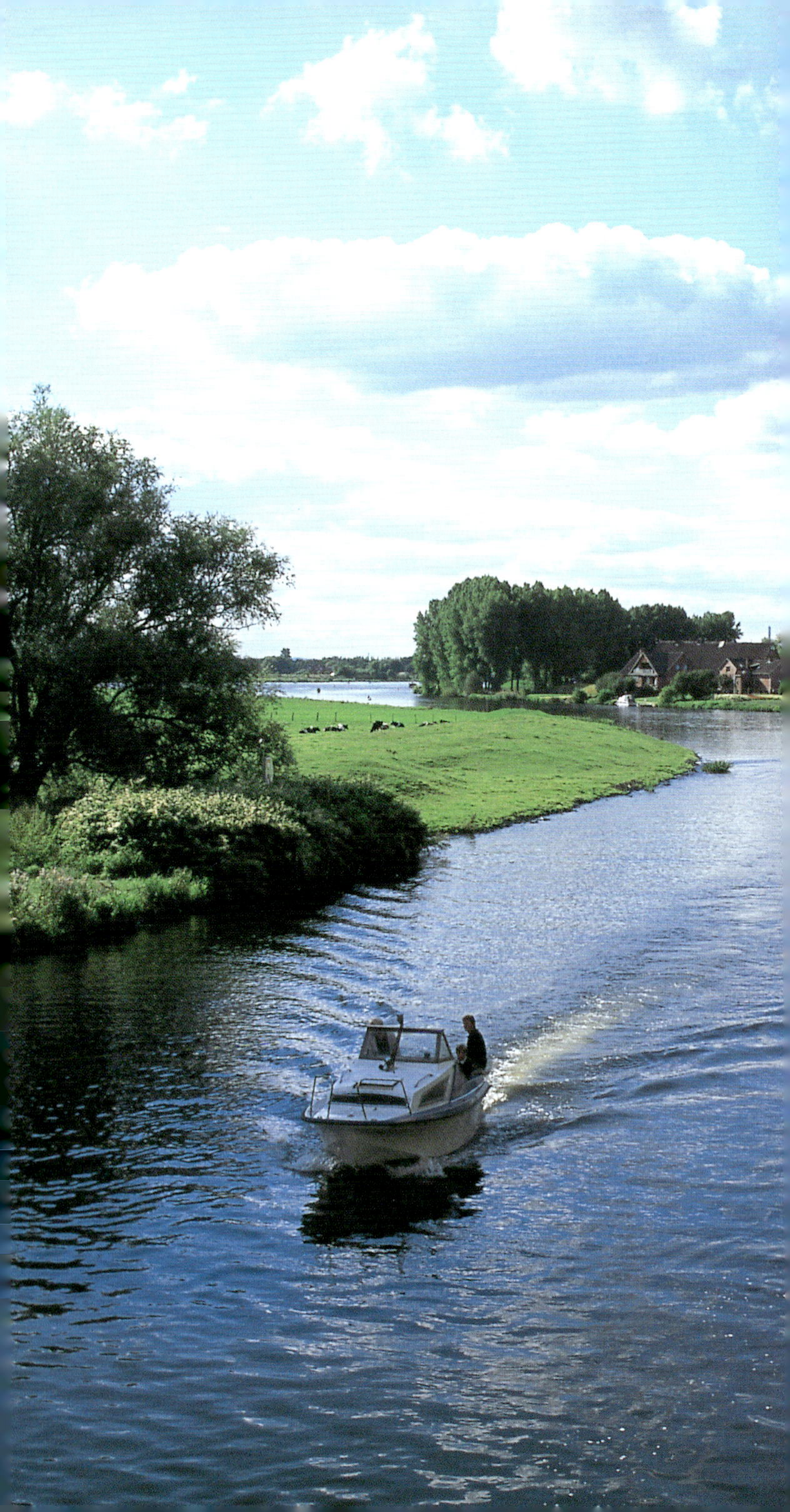

UNTERWEGS

Auf kleiner Fahrt – Schiffsfahrten

Über Flüsse und Seen zu schippern, ist ein Vergnügen, das auf fast allen größeren Gewässern angeboten wird. Besonders reizvoll ist dieses Vergnügen dann, wenn es sich entweder um ein ungewöhnliches Schiff wie den Raddampfer Kaiser Wilhelm handelt oder wenn man mit dem Schiff quasi über Land fährt, wie man es im Alten Land erleben kann. Dort geht es sozusagen zwischen den Häusern hindurch, und das ganze Gebiet erschließt sich einem von Deck aus.

■ Nach Buxtehude und Stade

Jeden Sonntag um 10 Uhr fährt von den Landungsbrücken (Brücke 6) ein Schiff der Este-Reederei durchs Alte Land nach Buxtehude und zur Schwedenfestung Stade. Andere Schiffe der Reederei fahren Richtung Oberelbe nach Lauenburg. Zurück geht es mit dem Bus.

■ Auskunft: Este-Reederei
Hangkamp 4
21640 Horneburg
✆ 0 41 63/57 98

Preis: 27,50 DM für eine 8–10stündige Tagestour inklusive Frühstück.

■ Zur Kirschblüte ins Alte Land

Die Firma HADAG offeriert Barkassenfahrten (zur Kirschblüte) ins

Bootspartie auf der Elbe

Alte Land. Eine Hin- und Rückfahrt dauert eineinhalb Stunden. Los geht's ab St. Pauli-Landungsbrücken (Brücke 3).

■ Auskunft: HADAG
St. Pauli Fischmarkt 28
20359 Hamburg
✆ 0 40/3 11 70 70

Preis: Hin-/Rückfahrt Erwachsene 20, Kinder (4–16 Jahren) 10 DM.

Abfahrten: Ostern–Anfang September Mo–Fr 10.30, 14.30 Uhr, Sa, So und feiertags 10.30, 11.30, 14.30, 15.30 Uhr.

■ Nach Buxtehude und Cranz

Hein Mehrkens fährt mit der Barkasse MS Plummslucker von Blankenese auf Elbe und Este nach Buxtehude – und dann geht's mit Pferd und Wagen weiter nach Cranz. Am Gasthof Altes Fährhaus legt jeweils zur vollen Stunde eine Fähre ab, mit der man zurück nach Blankenese kommt.

■ Auskunft: Hein Mehrkens
Obstmarschenweg 13
21635 Jork-Königreich
✆ 0 41 62/71 81

Abfahrten: Vorherige Anmeldung nötig, Abfahrtstage und -zeiten telefonisch erfragen.

Preis: Erwachsene bis Cranz 30 DM, Kinder von 4–14 Jahren 20 DM. Hinzu kommt die Fähre Cranz – Blankenese.

Nostalgie auf der Elbe

Mit dem ältesten Raddampfer Deutschlands, der noch mit Kohlen befeuerten 90jährigen Kaiser Wilhelm kann man von Lauenburg aus ganz nostalgisch die Elbe rauf und runter dampfen. Die Inneneinrichtung des Dampfers ist original erhalten geblieben.

■ Auskunft: Verkehrsamt
21481 Lauenburg
☎ 0 41 53/59 09 81

»HOL ÜBER« – Kleine Fähren

Ja, es gibt sie noch, die kleinen Fähren, mit denen man über Bäche und Flüsse setzen kann, ohne lange Umwege in Kauf nehmen zu müssen. Rentabel sind sie fast alle nicht mehr, aber aus Gründen der Nostalgie wurden einige wieder zum Leben erweckt, und so mancher Freizeit-Fährmann rudert am Wochenende gegen die Strömung an.

Neben den historischen Fähren gibt es an einigen Stellen im Land auch sehr praktische moderne Fähren, die einem das Leben leichter machen. Dazu kommen ungeahnte Einsichten und Blickwinkel, die man vom Wasser aus hat, und außerdem ist es irgendwie immer aufregend, über schwankende Anleger auf so eine offene Fähre zu rollen, sich für ein paar Minuten eine frische Brise um die Nase wehen zu lassen und leichterdings ans andere Ufer zu gelangen.

■ Historische Fähre Kronsnest

In Kronsnest an der Krückau gibt es die einzige handbetriebene Fähre in ganz Schleswig-Holstein. Mit ihr kann man am Wochenende samt Fahrrad über das Flüßchen nach Seestermühe übersetzen. Der Flußübergang war jahrhundertelang Teil eines Handelswegs. Nachdem der Fährbetrieb 1967 eingestellt werden mußte, weil die Arbeit sich nicht mehr lohnte und die Menschen lieber 20 km Umweg mit dem Auto in Kauf nahmen, sorgte der Verein Kronsnester Fähre 1993 dafür, daß die Fähre wieder in Betrieb genommen wurde.

Ein kleiner, nach historischem Vorbild gebauter 4 m langer Eichenkahn quert die hier je nach Wasserstand bis zu 4 m tiefe und bis zu 40 m breite Krückau. Der Fährmann, der den Hol över bis zu sechs Personen mitnehmen darf, ›wriggt‹ dabei mit einem ›Riemen‹ – eine schwierige Technik, bei der der Fährmann eine ›8‹ ins Wasser malt. Nebenbei muß er vor allem die Strömung genau berechnen.

■ Auskunft: Verein Kronsnester Fähre
Kirchdorf 32
25335 Neuendorf
☎ 0 41 21/2 13 22

Anfahrt: Vom Bahnhof Elmshorn über die Schulstraße bis zum Klärwerk. Dort links ab zur Krückau.

Preis: Für Erwachsene 2 DM.

Zeiten: Anfang Mai–Ende September an Wochenenden und Feiertagen 9–13 und 14–18 Uhr.

Fähre über den Elbe-Lübeck-Kanal

Eine hübsche alte Seilfähre überquert den fast 100jährigen Elbe-Lübeck-Kanal beim Ort Siebeneichen zwischen der Abfahrt Hornbek der A 24 Richtung Berlin und Büchen. Am anderen Ufer ist allerdings wenig Spektakuläres zu sehen, schließlich war die Gegend vor der Wende fast schon Niemandsland.

Auskunft: Touristik-Information Büchen
Gemeinde Büchen
Amtsplatz
21514 Büchen
✆ 0 41 55/80 09-25

Preis: Einfache Fahrt Erwachsene 2 DM.

Fährzeiten Büchen: 1. April–31. Oktober tägl. 9–19.30 Uhr.

Fähre über die Wümme bei Lilienthal

Eine winzige Fähre quert die Wümme direkt beim Gasthaus Zur Schleuse am Truperdeich in Lilienthal. Maximal sieben Fahrgäste werden in dem Holzkahn namens Hol ober für 50 Pfennig je Person (Fahrrad 1 DM) ans andere Ufer übergesetzt.

Fährzeiten: Auf Abruf – und nur in den Sommermonaten – vom 1. Mai–30. September.

Schleifähre bei Missunde

An der schmalsten Stelle der Schlei, wo diese gerade 200–300 m breit ist, quert eine moderne Autofähre. Am Ostufer kann man im Terrassencafé Miss Sunde beschaulich auf die nächste oder übernächste Fähre warten.

Preis: 0,50 DM/ Person einfache Fahrt.

Fährzeiten: Mo–Fr 6–23, Sa 6–24, So 7–23 Uhr.

Ein paar Kilometer weiter nördlich führt übrigens eine einspurige Brücke von Rieseby nach Lindau, die sich Eisenbahn- und Autoverkehr teilen!

Schwebefähre in Rendsburg

Einmalig auf ihre Art ist die Schwebefähre über den Nord-Ostsee-Kanal bei Rendsburg. Die Fähre hängt an Stahltrossen unter der 42 m hohen Eisenbahnhochbrücke. Sie ist auch für Autos zu benutzen und wie alle Kanalfähren kostenlos.

Auskunft: Verkehrsverein
Postfach 344
24755 Rendsburg
✆ 0 43 31/2 11 20

Auf der Schiene – Bimmelbahn- und Dampflokfahrten

Nostalgie pur sind die Fahrten mit alten Dampfloks auf sonst stillgelegten Nebenstrecken der Bahn. Eisenbahnfans jeden Alters nehmen sich in Schönberg oder beim Lokschuppen in Aumühle im Sachsenwald der mächtigen Loks an und bringen sie in Eigenarbeit wieder auf Hochglanz. An Sommerwochenenden und zu besonderen Anlässen gehen die Museumslokomotiven dann wieder auf Tour.

Dampflok Schönberger Strand

4 km lang ist die Eisenbahnstrecke, die man mit der Dampfeisenbahn von Schönberg nach Schönberger Strand zurücklegen kann. An bestimmten Tagen, wie etwa an Ostern, fährt der Dampfzug auch die ganze Strecke zwischen Schönberger Strand und dem Kleinbahnhof Kiel-Süd. Für Eisenbahnfans ist der Jugendstil-Museumsbahnhof Schönberger Strand eine besondere Sehenswürdigkeit. Dort stehen eine ganze Reihe historischer Eisen- und Straßenbahnwaggons und Lokomotiven. Besonderes Schmuckstück ist eine VVM-LOK 3 mit 350 PS, die 1920 von der Kasseler Lokomotivfabrik Henschel und Sohn gebaut wurde und heute die Museumszüge zieht.

Auskunft: Museumsbahnhof
Schönberger Strand
Am Schierbek 1
24217 Schönberger Strand
✆ 0 43 44/23 23 (nur an Wochenenden)

Preis: Hin- und Rückfahrt Schönberger Strand – Schönberg Erwachsene 6,40 DM, Kinder 3,20 DM, Familiensonderpreis 16 DM.

Fahrzeiten: Juni-September an Wochenenden, an Ostern, Pfingstmontag und Himmelfahrt bis zu siebenmal pro Tag.

Angelner Museumsbahn von Kappeln nach Süderbrarup

Nachdem die Bahnstrecke zwischen Kappeln und Süderbrarup von der Bundesbahn stillgelegt wurde, übernahmen 1980 die Mitglieder des Vereins der Freunde des Schienenverkehrs die Gleise und lassen seitdem die Angelner Dampfeisenbahn darauf im Pendelverkehr fahren. Die Waggons werden abwechselnd von einer dänischen Tenderlok und einer 80jährigen schwedischen Schlepptenderlok gefahren. Die Museumsbahn fährt am Hafen von Kappeln rechts der Brücke ab.

Auskunft: Fremdenverkehrsverband Kappeln
Schleswiger Str. 1
24376 Kappeln
✆ 0 46 42/40 27

Museumsbahn bei Deinste

Eine kurze, 1 km lange Strecke mit der kleinen Dampflok Nr. 7 kann man ab Deinste zum Feld- und Kleinbahnmuseum fahren. Man sitzt in originalen Torfbahn-Personenwagen mit Holzbänken und genießt die Aussicht. Die Fahrt bis zum Zielbahnhof mit kurzem Aufenthalt dort und zurück dauert ca.

1 Stunde. Abfahrt von einem Kleinbahnhof am Ende der Ladestraße beim ehemaligen Bahnhof Deinste.

■ Auskunft: Uwe Bandhold
✆ 04 71/7 90 88 58 oder
Jörg Rogge
✆ 04 71/5 88 49

Fahrzeiten: Ostern, Pfingsten-Oktober (außer in den Monaten Juli und August) jeden 1. Sonntag im Monat sowie am Wochenende nach Nikolaus jeweils um 11.15, 13.10, 14.20, 15.15 und 16.10 Uhr.

Anfahrt: B 73 bis Horneburg, dann links Richtung Bargstedt und Bremervörde, gleich wieder rechts und über Helmste weiter Richtung Fredenbeck bis Deinste.

LEICHTER ALS LUFT – Segelfliegen

Grenzenlos soll die Freiheit am Himmel sein, sagt man. Grenzenlos ist auf alle Fälle die Begeisterung, wenn man in einem Segelflugzeug fast geräuschlos übers Land fliegt. Einen Pilotenschein braucht man dafür nicht, denn die Segelflieger nehmen immer wieder gerne Gäste mit. Allerdings sollten Sie sich vorher anmelden.

Segelflugplatz in Aukrug-Bünzen
Auskunft: Segelflugplatz Aukrug-Bünzen
Hermann Carstens
24613 Bünzen
✆ 0 48 73/2 19

Anfahrt: A 7 Richtung Flensburg bis zur Ausfahrt Neumünster, dann auf der B 430 Richtung Schenefeld bis Bünzen.

Segelflugplatz Dornsode
Auskunft: Luftsportverein Bremervörde/Land Hadeln e. V.
27432 Bremervörde
✆ 0 47 65/4 34

Zeit: An den Wochenenden und in den niedersächsischen Schulferien.

Anfahrt: B 73 über Stade bis Hemmoor. Dort auf die B 495 nach Lamstedt und weiter bis Dornsode. Rechts ab zum Segelflugplatz Dornsode.

Segelflugplatz Fischbeker Heide
Auskunft: Segelflugplatz Fischbeker Heide
✆ 0 40/7 01 89 30

Preis: Der Start kostet 10 DM, jede Flugminute 1,50 DM.

Anfahrt: Durch den Elbtunnel auf der A 7 Richtung Hannover bis zur Ausfahrt Heimfeld, links bis Neugraben, dort den Hinweisschildern folgen.

Sportflugplatz St. Michaelisdonn
Auskunft: Amt KLG Eddelak-St. Michaelisdonn
Am Rathaus 8
25693 St. Michaelisdonn
✆ 0 48 53/5 47

Anfahrt: A 23 Richtung Heide bis Itzehoe, weiter auf der B 5 bis Brunsbüttel und rechts nach St. Michaelisdonn. Kurz vor St. Michaelisdonn bei Kämpenberg rechts zum Flughafen.

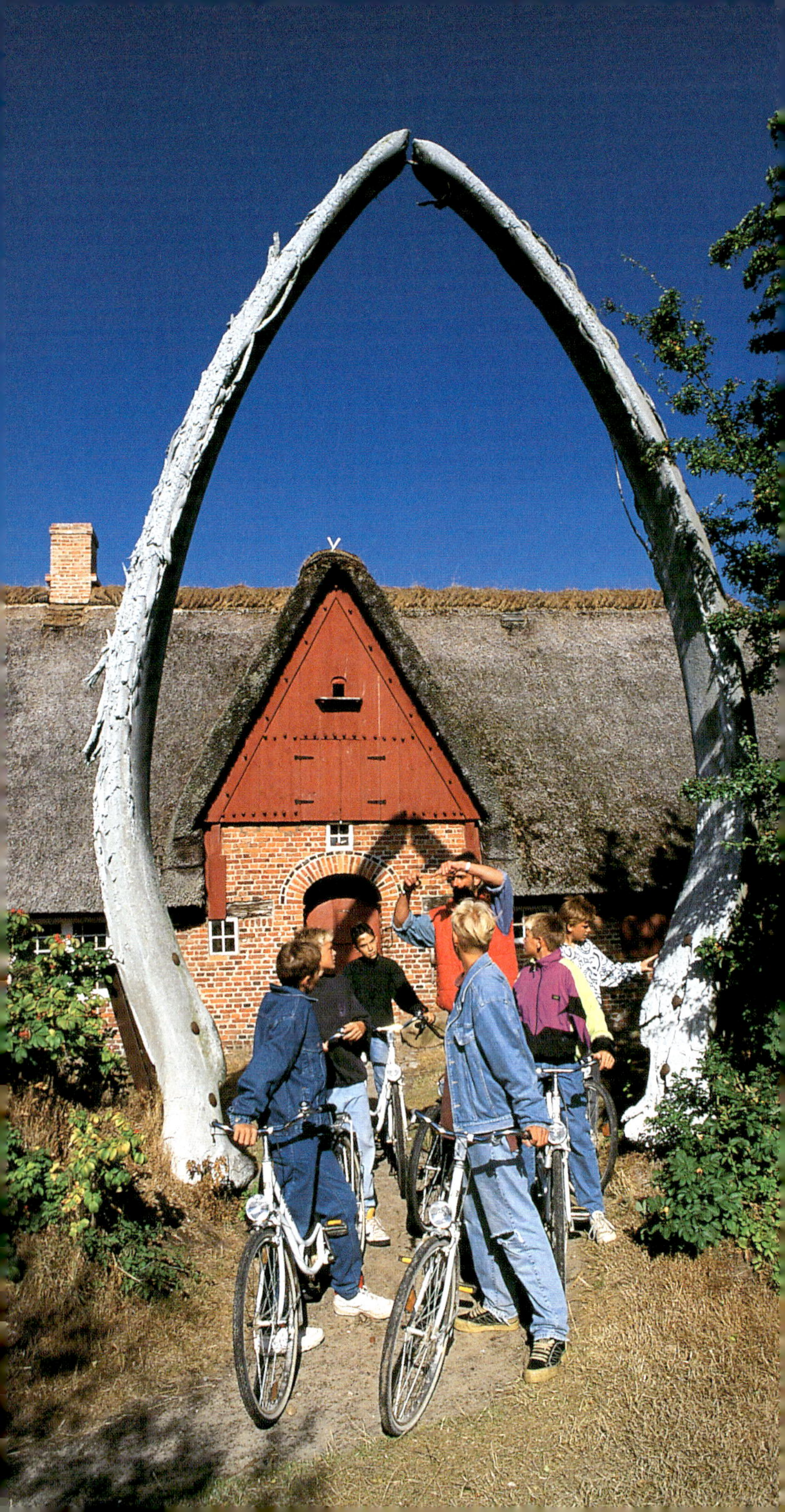

SPORTLICHES

GUT ZU FUSS – Wandertouren

Nur wer zu Fuß geht, sich eine Gegend erwandert, wird sie wirklich kennenlernen. Die Geschwindigkeit ist der menschlichen Aufnahmefähigkeit angemessen. Optische Eindrücke, Gerüche, Geräusche – alles das zusammen ergibt erst ein Gesamtbild, das wir wirklich intensiv verarbeiten können. Wer immer nur mit dem Auto durch die Gegend fährt, wird vieles sehen und wenig verstehen. Wer wandert, erlebt mehr, er trifft Menschen, beobachtet Tiere, spürt das Wetter. Kurz: Er begreift mit allen seinen Sinnen.

■ Ins Teufelsmoor

Eine der schönsten Wanderungen Norddeutschlands führt rund um das Künstlerdorf Worpswede und ins berühmte Teufelsmoor. Die Landschaft ist flach und von einer Unzahl von Kanälen durchzogen, auf denen früher kleine Schiffe den Torf transportiert haben. An diesen Kanälen entlang führt der blau-markierte Weg, der beim Findorff-Denkmal in der Ortsmitte von Worpswede seinen Ausgang nimmt. Das unwirklich klare Licht der Gegend und die schnell wechselnden Wolkenformationen am schier unendlichen Himmel, in der Ortssprache schlicht und treffend ›Himmelschaft‹ genannt, inspirierten um die Jahrhundertwende schon die Künstler, durch die das Dorf berühmt geworden ist: Otto

Ins Teufelsmoor

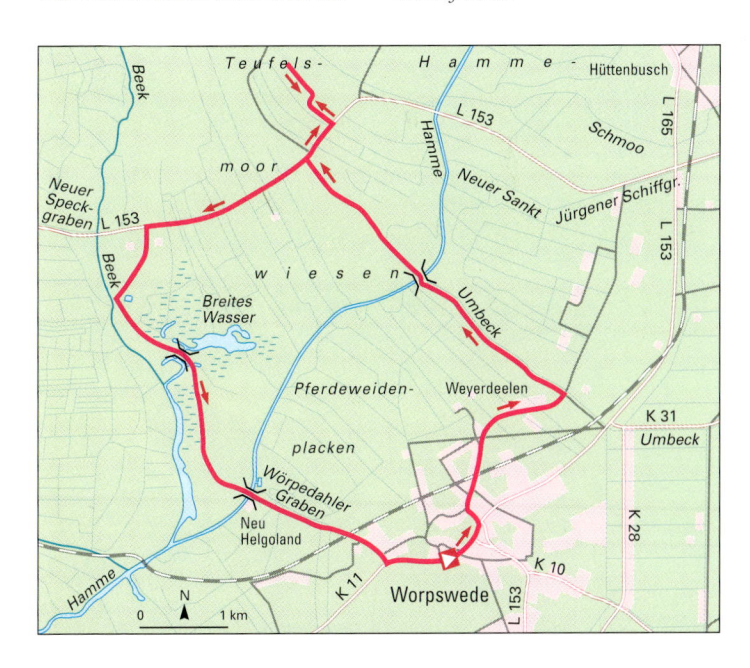

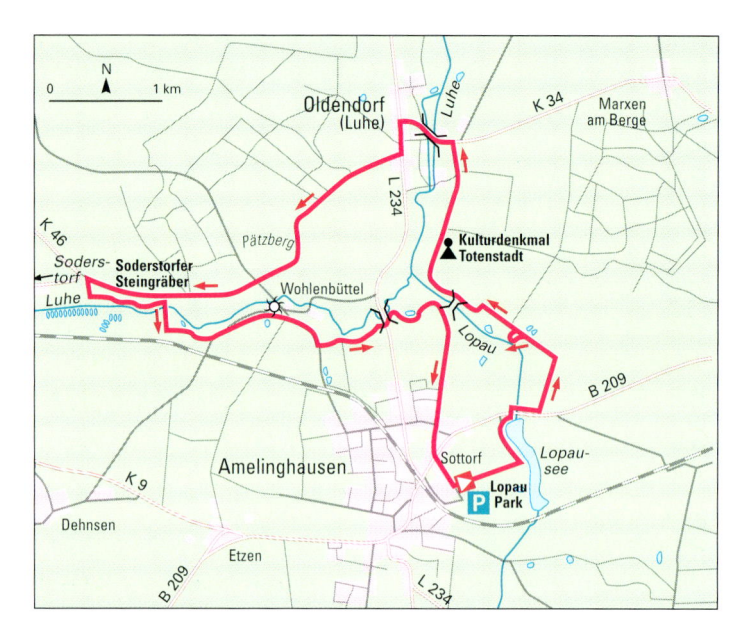

Zu den Gräbern in Oldendorf und in die Nekropole bei Soderstorf

Modersohn, Paula Modersohn-Becker, Hans am Ende, Heinrich Vogeler oder Fritz Mackensen. Rainer Maria Rilke schrieb über diesen Landstrich: »Ein seltsames Land … Flach liegt es da, fast ohne Falte, und die Wege und Wasserläufe führen weit in den Horizont hinein.« Vorbei an Störchen und Reihern, im Schatten knorriger Eichen, führt der leicht zu gehende Weg auf der Pionierbrücke über die Hamme und durch die Hammewiesen bis zur Teufelsmoorer Straße, dort rechts und nach 100 m wieder links in Richtung Naturschutzgebiet Teufelsmoor. Der Rückweg führt wieder auf die Teufelsmoorer Straße, die man jetzt fast 2 km weit geht, bis man nach dem Hof Nr. 2 links in den Sandweg zum Naturschutzgebiet Breites Wasser einbiegt. Von dort geht es über die Klappbrücke bei Neu Helgoland retour nach Worpswede. Gesamtlänge: 19 km.

Das Verkehrsamt Worpswede organisiert auch geführte Wanderungen durchs Moor.

■ Auskunft: Fremdenverkehrsgesellschaft Worpswede
Bergstraße 13
27726 Worpswede
☏ 0 47 92/95 01 21
Fax 0 47 92/46 96

Anfahrt: A 7 und A 1 Richtung Bremen bis zur Ausfahrt Stuckenborstel, kurz auf die B 75 Richtung Bremen, in Ottersberg rechts Richtung Lilienthal, kurz vor Lilienthal rechts nach Worpswede.

■ Zu den Gräbern bei Oldendorf und in die Nekropole bei Soderstorf

Die Totenstatt zwischen Oldendorf und Amelinghausen ist eines der wichtigsten Gräberfelder der Lüneburger Heide. Vom Parkplatz des Parks führt der Weg durch den Lopaupark den Promenadenweg hinunter bis zum Lopausee. Am See entlang kommt man bis zur B 209, die man an dieser Stelle gefahrlos unterqueren kann. Am Parkplatz Kronsbergsheide geht es links an der Schutzhütte vorbei Richtung Totenstatt. Nach 200 m lohnt ein Abstecher ans Steilufer der Lopau. Knapp 2 km weiter sieht man rechts des Wegs Grabreste aus Findlingsblöcken und kurz danach die Oldendorfer Totenstatt. Sie besteht aus vier fast 5000jährigen Großsteingräbern aus der Jungsteinzeit, darunter drei Hünenbetten. Die vollständig erhaltene Grabanlage IV hat beispielsweise eine Größe von 80 × 7 m. Zur Einfassung wurden 100 Steine verwendet. Zur Totenstatt gehören außerdem mehrere Grabhügel aus der Bronzezeit und ein Urnenfriedhof aus der Eisenzeit. Der Weg führt weiter an einem Bach entlang durch ein Wäldchen Richtung Oldendorf. An der Straße von Oldendorf nach Marxen biegt man links ab und geht über die Holzbrücke über der Luhe nach Oldendorf hinein. Nach 250 m auf der Straße Richtung Amelinghausen führt rechts eine kleine Feldstraße mit der Markierung ›O4‹ zum Pätzberg und nach Wolfenbüttel. Etwa 3 km nach dem Pätzberg, von dem aus man einen schönen Blick auf Oldendorf und Amelinghausen hat, trifft man auf dem Weg, der an der Luhe entlang führt, linker Hand auf die Soderstorfer Steingräber. Ganz in der Nähe kann man die Luhe überqueren und auf einem sandigen Weg an der Lehe entlang nach Wolfenbüttel wandern, wo am Ortseingang links eine alte Wassermühle zu sehen ist.

Folgt man dem Weg weiter, kommt man über einen kleinen Bach und auf einen wunderschönen Waldpfad. Dieser führt zur Luhe-Brücke an der Hauptstraße Amelinghausen – Oldendorf. Jetzt geht es rechts 100 m auf der Straße Richtung Amelinghausen, bevor man links auf den mit ›A 3‹ markierten Weg weitergeht. Kurz vor der Brücke über die Lopau geht es rechts und an der nächsten Weggabelung wieder rechts auf den Hermann-Billung-Weg (markiert mit ›B‹), der in den Ort und Richtung Parkplatz führt. Gesamtlänge rund 17 km.

■ Auskunft: Verkehrsverein Amelinghausen

Von Steinkirchen durch die Obsthöfe im Alten Land

Im schönsten Kleid präsentiert sich das Alte Land

Lüneburger Str. 50
21385 Amelinghausen
✆ 0 41 32/92 09 19
Fax 0 41 32/92 09 16

Anfahrt: A 7 Richtung Hannover bis zur Ausfahrt Evendorf, dann östlich durch Soderstorf bis Amelinghausen.

■ Von Steinkirchen durch die Obsthöfe im Alten Land

Der Weg beginnt und endet an einem der hübschesten Fleckchen des Alten Landes, der hölzernen weißen Hogen-Diek-Brücke über die Lühe in Steinkirchen, einer Klappbrücke nach holländischem Vorbild. Man überquert diese und geht auf der Straße Höhen bis zur ersten Linkskurve, dort rechts ab in die Obsthöfe und gleich wieder rechts auf den Höhenweg. Dieser Weg führt 3 km lang fast gerade durch die Obsthöfe, und man lernt den Charakter dieser herrlichen Gegend richtig kennen. Wenn man auf den Obstmarschenweg trifft, geht man rechts und kommt wieder auf den Lühe-Deich. Bei Mittelnkirchen kann man je nach Lust und Laune entweder die Lühe überqueren und über Bergfried nach Steinkirchen zurückkehren, oder man bleibt auf dieser Seite der Lühe und geht über Hohenfelde zurück zur Hogen-Diek-Brücke. Gesamtlänge: ca. 8 km.

■ Auskunft: Tourismus-Information Jork
Am Gräfengericht 2
21635 Jork
✆ 0 41 62/9 14 70
Fax 0 41 62/54 61

Anfahrt: Durch den Elbtunnel auf der A 7 bis zur Abfahrt Hamburg-Waltershof (1. Abfahrt nach dem Tunnel). Über Finkenwerder und Borstel immer am Deich entlang. An der Kreuzung hinter Grünendeich links nach Steinkirchen.

Auf zwei Rädern – Fahrradtouren

Wer Fahrrad fährt, ist nur zu faul zu wandern, sagt man. Und daran ist viel Wahres. Der Radfahrer ist der schnellere Bruder des Wanderers. Manche Strecken sind zu Fuß einfach nicht zu bewältigen, dann steigt man eben aufs Fahrrad, um eine Landschaft zu ›erfahren‹. Freilich: Man wird zwar schneller, aber man kommt eben auch nicht mehr überall hin. Man braucht relativ ebene Wege, denn über Stock und Stein wird's auch mit modernen Mountainbikes schnell mühsam. Und man muß auf den Verkehr achten. Zwar gibt es im Norden mehr gut ausgebaute Fahrradwege als im Süden der Republik, aber auch auf kleinen Nebenstraßen fahren Autos, und man muß große Straßen kreuzen. Also Vorsicht. Dafür ist Fahrradfahren sehr gesund, man sieht viel und kommt schnell voran.

■ Rund um die Schlei

Von Schleswig am Südufer der Schlei nach Fahrdorf und über Güby nach Ahrensberg, Abstecher nach Louisenlund (siehe auch Gärten, S. 31). Kurz bis Holm auf die B 76, dann links ab nach Weseby und weiter nach Missunde. Dort mit der Fähre an der engsten Stelle der Schlei ans Nordufer. In Brodersby rechts nach Goltoft, weiter nach Hestoft. Dort links Richtung Steinfeld (wegen des Verkehrs nicht die Straße über Ulsnis nehmen). Von Steinfeld nach Süderbrarup und weiter nach Norderbrarup rechts ab nach Wagersrott und dort den Holländerhof wenigstens von außen besichtigen (siehe auch Gärten, S. 33 ff.). Weiter nach Scheggerott und über Oersberg und Töstrup nach Wittkiel, Sandbek und Kappeln. Von Kappeln am Ufer der Schlei entlang nach Arnis, der mit 600 Einwohnern kleinsten Stadt Schleswig-Holsteins. Dort die Fähre über die Schlei nehmen (6–20 Uhr, im Sommer bis 22 Uhr). Über Winnemark am Schlei-Südufer nach Sieseby (siehe auch Landgasthöfe, S. 168 f.). Weiter nach Krieseby (siehe auch Gärten, S. 31). Von dort nach Rieseby und Norby. Vor Kosel rechts ab nach Missunde und wieder mit der Fähre ans andere Ufer. In Brodersby nach links und über Füsing zurück nach Schleswig. Die Strecke ist knapp 100 km lang und weist besonders um Süderbrarup einige Steigungen auf. Relativ wenig befahrene kleinere Straßen.

■ Anfahrt: A 7 Richtung Neumünster bis zur Abfahrt Schleswig-Jagel, dann nach Schleswig hinein.

■ Kirchen-Radrundweg auf Eiderstedt

Auf Eiderstedt wurden insgesamt 250 km Radwege markiert, die auf acht Routen die 18 alten Kirchen der Halbinsel berühren. Alle Touren vermeiden die Hauptverkehrsstraßen und führen auf Feldwegen und Nebenstraßen von Gotteshaus zu Gotteshaus. Eine der schönsten Routen, auf der man auch am berühmten Bilderbuch-Leuchtturm Westerheversand vorbeikommt, führt von Garding über Osterhever, Norderheverkoog, Westerhever, Tümlauerkogg, Tating, Büttel,

Rund um die Schlei ▷

88 SPORTLICHES

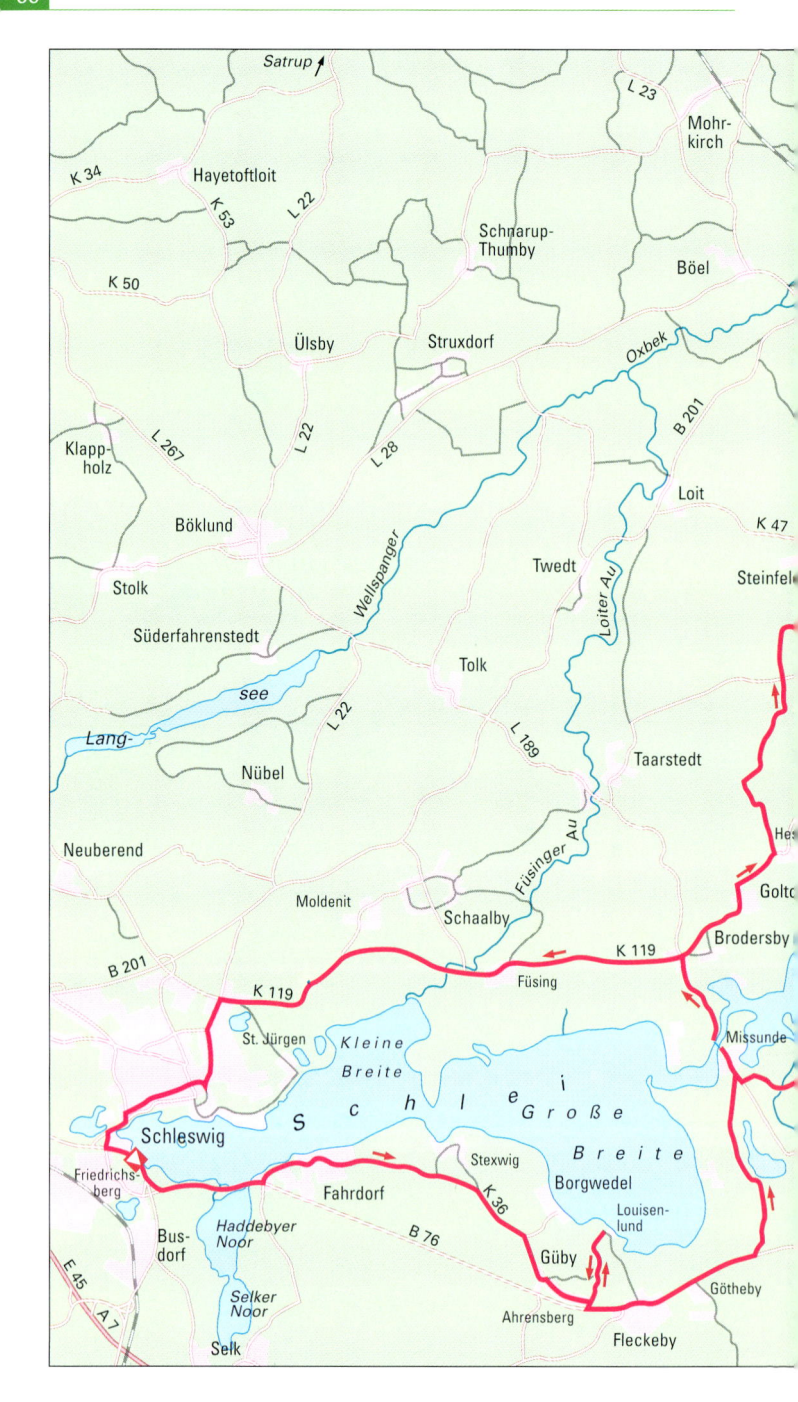

FAHRRADTOUREN

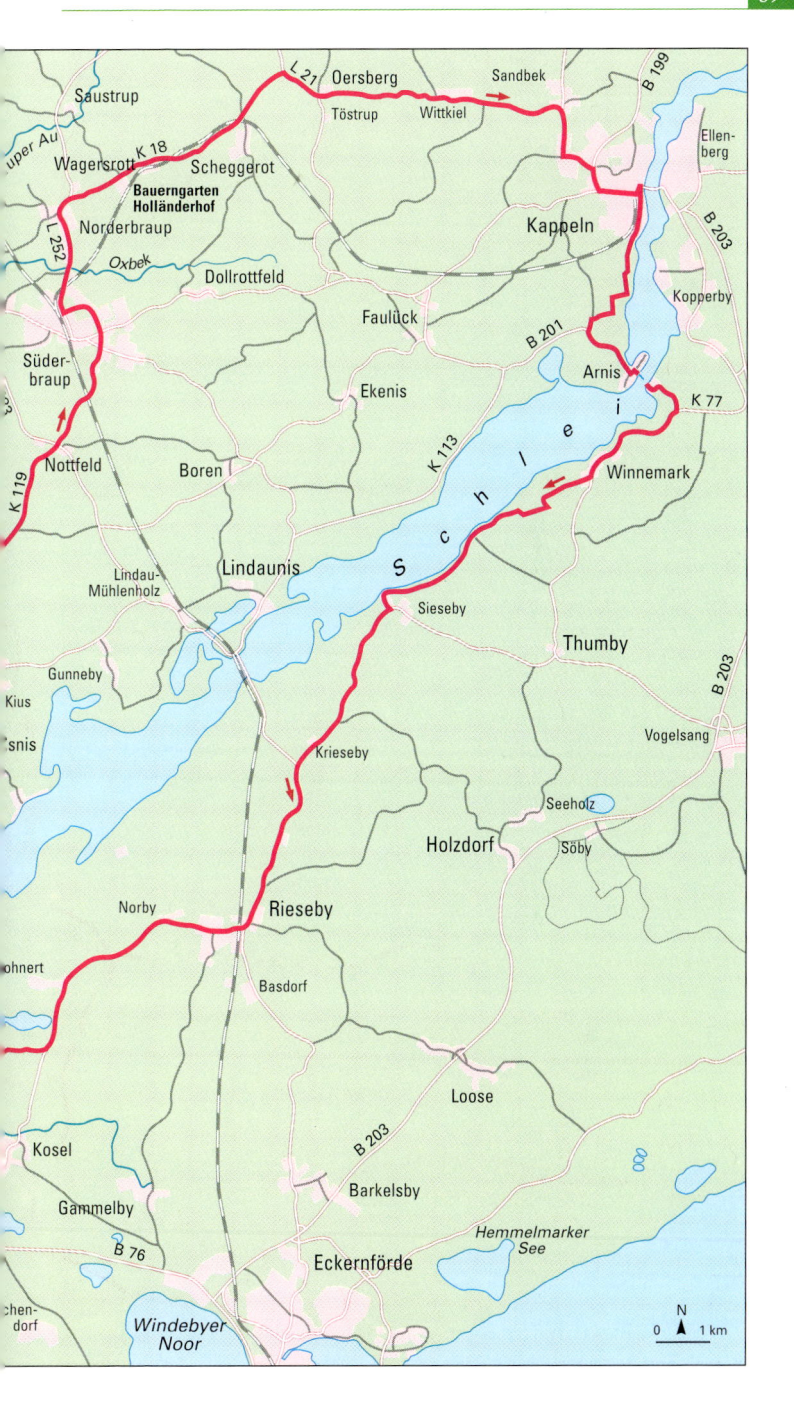

89

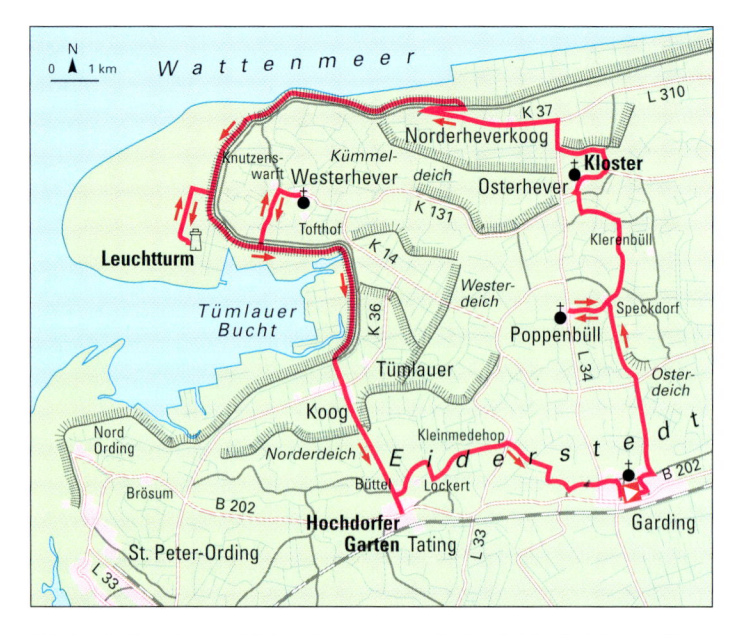

Kirchen-Radrundweg auf Eiderstedt

Lockert und Medehop zurück zum Ausgangspunkt. Die Route ist 45 km lang, aber durch den häufig recht kräftigen Wind scheint sie länger. Man sollte sich die Strecke deshalb so einteilen, daß man möglichst zu Beginn gegen den Wind fährt, um am Ende, wenn die Kraft nachläßt, mit Rückenwindunterstützung ins Ziel zu fahren. Vom Marktplatz in Garding geht es über die Johannisstraße und den Graureiherweg zur Marschchaussee, dort rechts, nach 200 m links auf den Osterdeich. Auf den Wirtschaftswegen radelt man weiter über Speckdorf (Abstecher links zu St. Johannis nach Poppenbüll, von Mai bis Oktober täglich offen) und Klerenbüll nach Osterhever zur Kirche St. Martin (siehe auch Kirchen, S. 57 f.). Danach geht es durch die Stöpe zum Norderheverkoog. Auf der Koogstraße links ab, dann rechts bis zum Außendeich. Auf dessen Seeseite fährt man um die Nordwestspitze Eiderstedts herum bis zum Leuchtturm Westeheversand und anschließend ein kleines Stück zurück, dann rechts nach Westerhever und zur Kirche St. Stephanus mit ihrem Turm von 1370, dem ältesten auf Eiderstedt. In die Kirche kommt man durch die Tür im Osten. Nach dem Kirchenbesuch geht es ein paar Meter zurück zur Knutzenwarft und dort links zum Außendeich. An der Tümlauer Bucht entlang führt der Weg bis zum Tümlauer Hafen und durch den Tümlauerkoog bis nach Tating. In Tating sollte man sich den Hochdorfer Garten ansehen (siehe auch Gärten, S. 33), ehe man sich über Büttel, Lockert und Kleinmedehop auf dem Wirtschaftsweg parallel zur B 200 auf den Rückweg nach Garding und seiner zweischiffigen Hallenkirche St. Christian und St. Bartholomäus macht.

■ Auskunft: Eine Broschüre zu den Kirchen-Radwanderungen ist für 8,50 DM erhältlich bei der Fremdenverkehrsgemeinschaft Eiderstedt
Markt 26
25836 Garding

✆ 0 48 62/4 69
Fax 0 48 62/12 25

Anfahrt: A 23 Richtung Heide, dann B 5a und B 202 bis Tönning, dort nach links auf der B 200 Richtung St. Peter-Ording bis Garding.

Auf dem Wasser wandern – Kanutouren

Eine der schönsten und geruhsamsten Möglichkeiten, das Land kennenzulernen, ist das Kanuwandern. Abseits vom Straßenverkehr streift man so durch die Landschaft, gewinnt ungewohnte Einblicke, hat frische Luft und Bewegung. Die schönsten Landschaften tun sich da plötzlich auf, Wind und Wasser oder schnelle Temperaturwechsel, die man zu Hause oft gar nicht so spürt, werden plötzlich zu elementaren Erlebnissen. Man bemerkt Tiere und Pflanzen am Ufer, denen man sonst keinen zweiten Blick gegönnt hätte, einfach deshalb, weil sich der eigene Rhythmus ändert, die Eindrücke länger Zeit haben, zu entstehen und sich einzuprägen.

Rund um Hamburg gibt es eine ganze Reihe geeigneter Flüsse zum Kanuwandern, angefangen natürlich bei der Alster und (alphabetisch) endend bei der Winser Marsch. Die meisten dieser Flüsse sind auch für Anfänger und Ungeübte problemlos zu bewältigen, trotzdem sollte man sich insbesondere bei Hochwasser genau über mögliche Gefahrenstellen informieren. Der »Kanuführer Nord-

Rundstrecke im Störtal

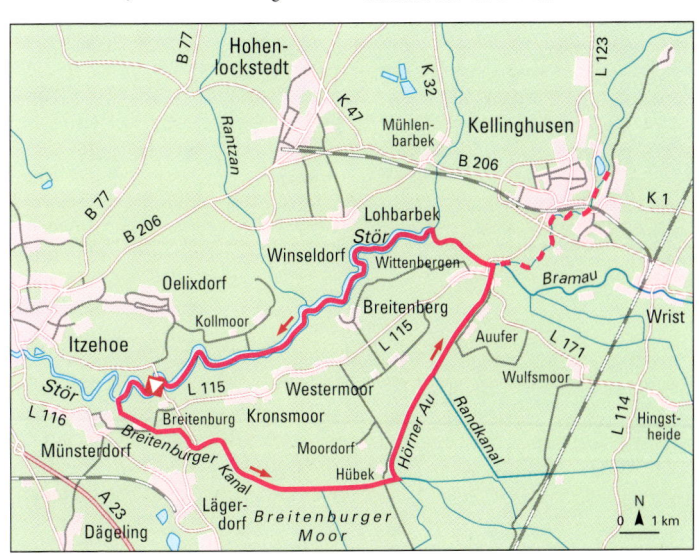

westdeutschland« des Deutschen Kanuverbandes tut hier beste Dienste. Oste, Stör, Bramau, Seeve, Ilmenau, Luhe, Neetze und natürlich die Elbe sind nur einige der Flüsse, die man mit dem Kanu erforschen kann. An den meisten gibt es die eine oder andere Verleihstation, um Kanus zu mieten, und die Verleiher organisieren dann auf Wunsch auch den Rücktransport von Booten und Passagieren.

Alle hier vorgestellten Touren schafft man an einem Tag, aber wer erst einmal auf den Geschmack gekommen ist, wird sich über kurz oder lang mehrtägige Touren mit Übernachtungen auf dem Campingplatz oder in einem Landhotel zusammenstellen.

Auf der Oste von Kuhmühlen bis Brauel

■ Rundstrecke im Störtal

Breitenburg – Breitenburger Moor – Kellinghusen

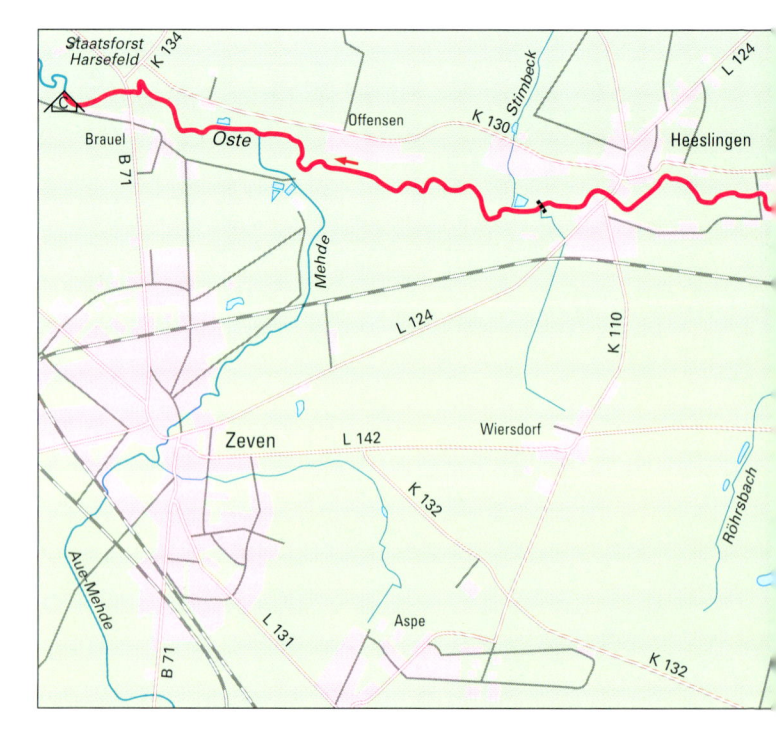

Die Strecke beginnt und endet an Schloß Breitenburg, genauer gesagt am Gasthaus Breitenburger Fähre (siehe auch Landgasthöfe, S. 135). Dort werden die Boote zu Wasser gelassen. Von hier paddelt man einige Flußbiegungen die Stör hinunter bis Münsterdorf und zweigt links in den Breitenburger Kanal ab. Auf diesem geht es durchs Breitenburger Moor bis zur Hörner Au, der man links bis zur Mündung in die Stör folgt. Wer will, früh genug dran ist und noch die Kraft hat, kann hier mit der Tide ein kleines Stück stromaufwärts paddeln und in den Ort Kellinghusen hineinfahren. Alle anderen drehen links ab die Stör flußabwärts. Auf etwa der Hälfte der verbleibenden 12 km zurück zum Gasthaus Breitenburger Fähre passiert man unter anderem den Zufluß der Rantzau. Hier kann es geringen Schiffsverkehr geben, denn die Stör ist in diesem Flußabschnitt schon Seeschiffahrtsstraße. Die Landschaft rundum ist flach, der Fluß zahm.

Die einfache Rundstrecke ohne den kurzen Abstecher nach Kellinghusen ist rund 25 km lang. Die Tour läßt sich – mit oder ohne Abstecher – in einem Tag bewältigen.

■ Auskunft: Fremdenverkehrsamt Kellinghusen
Hauptstr. 18
25548 Kellinghusen
✆ 0 48 22/3 71 07

Anfahrt: A 23 bis zur Abfahrt Lägerdorf, dann weiter bis Breitenburg.

■ Begleitete Kanutouren in den Elbmarschen

Durch die Elbmarschen im Gebiet um Itzehoe und Kellinghusen auf der Stör und der Hörner Au kann man Kanutouren in Begleitung eines erfahrenen Wasserwanderers machen. Georg Krause zeigt seinen Gästen gern die Schönheiten des Störtals vom Wasser aus.

■ Auskunft: Fremdenverkehrsverein Steinburg
Viktoriastr. 14
25524 Itzehoe
✆ 0 48 21/6 94 72

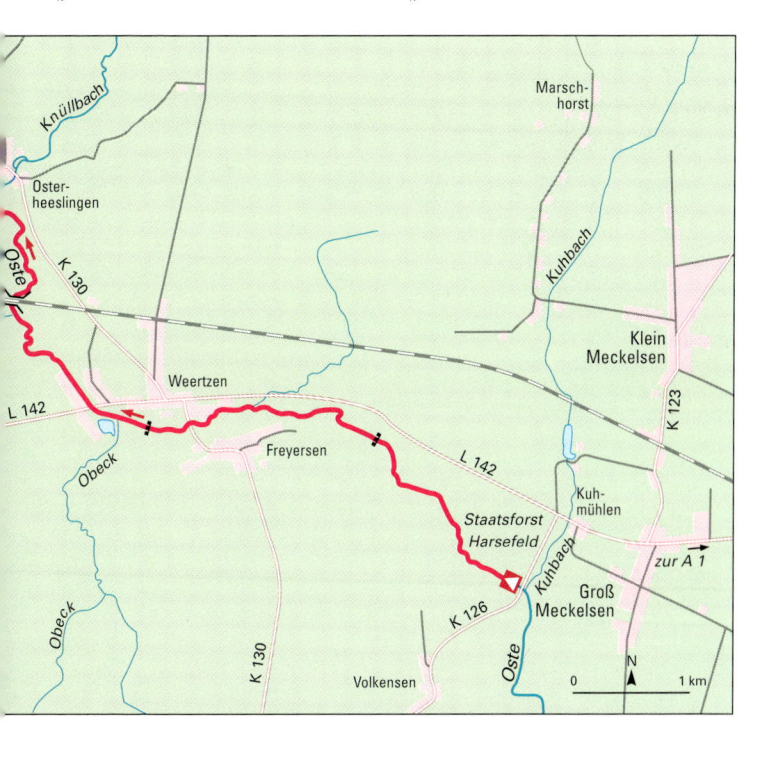

Die Oste

■ Auf der Oste von Kuhmühlen bis Brauel

Das rotbraune Moorwasser der Oste ist auch für Anfänger leicht zu befahren. Der Fluß ist über weite Strecken gänzlich unreguliert und zum Teil sehr einsam. Landschaftlich ausgesprochen reizvoll führt der erste Teil der Strecke ab Kuhmühlen (siehe auch Landgasthöfe, S. 153) durch ein romantisches Waldgebiet. Beim alten Heidedorf Heeslingen unterquert die Oste eine Eisenbahnbrücke. In diesem Ort steht übrigens eine der ältesten Kirchen Norddeutschlands, eine Feldsteinkirche aus dem 10. Jh. Hinter Heeslingen wird die bis dahin nur wenig Meter schmale Oste breiter, und im Sommer kann sie stellenweise für die Boote fast zu flach werden. Hinter Heeslingen geht es an Wiesen vorbei, bis man Brauel erreicht, wo die Boote an der Anlegestelle am Ende des Campingplatzes ausgesetzt werden können.

Im beschriebenen Flußabschnitt ist die Oste ganzjährig für alle Boote befahrbar. Für die ersten 5 km sollte der Wasserstand relativ hoch sein. Bei niedrigerem Wasserstand kann man die Boote auf alle Fälle an der Brücke in Weertzen (siehe auch Badeseen, S. 68) einsetzen. Auf dem Weg von Kuhmühlen bis Brauel gibt es drei befahrbare Wehre, die man bei Hochwasser eventuell umtragen muß. Die Strecke von Kuhmühlen bis Brauel ist etwa 16 km lang und an einem Tag zu bewältigen.

■ Anfahrt: A 1 Richtung Bremen, Abfahrt Sittensen, weiter Richtung Zeven, kurz nach Groß Meckelsen geht es links ab bis zur Brücke über die Oste zwischen Kuhmühlen und Volkensen, wo die Boote eingesetzt werden können.

Auf der Treene von Langstedt bis Treia

KANUTOUREN

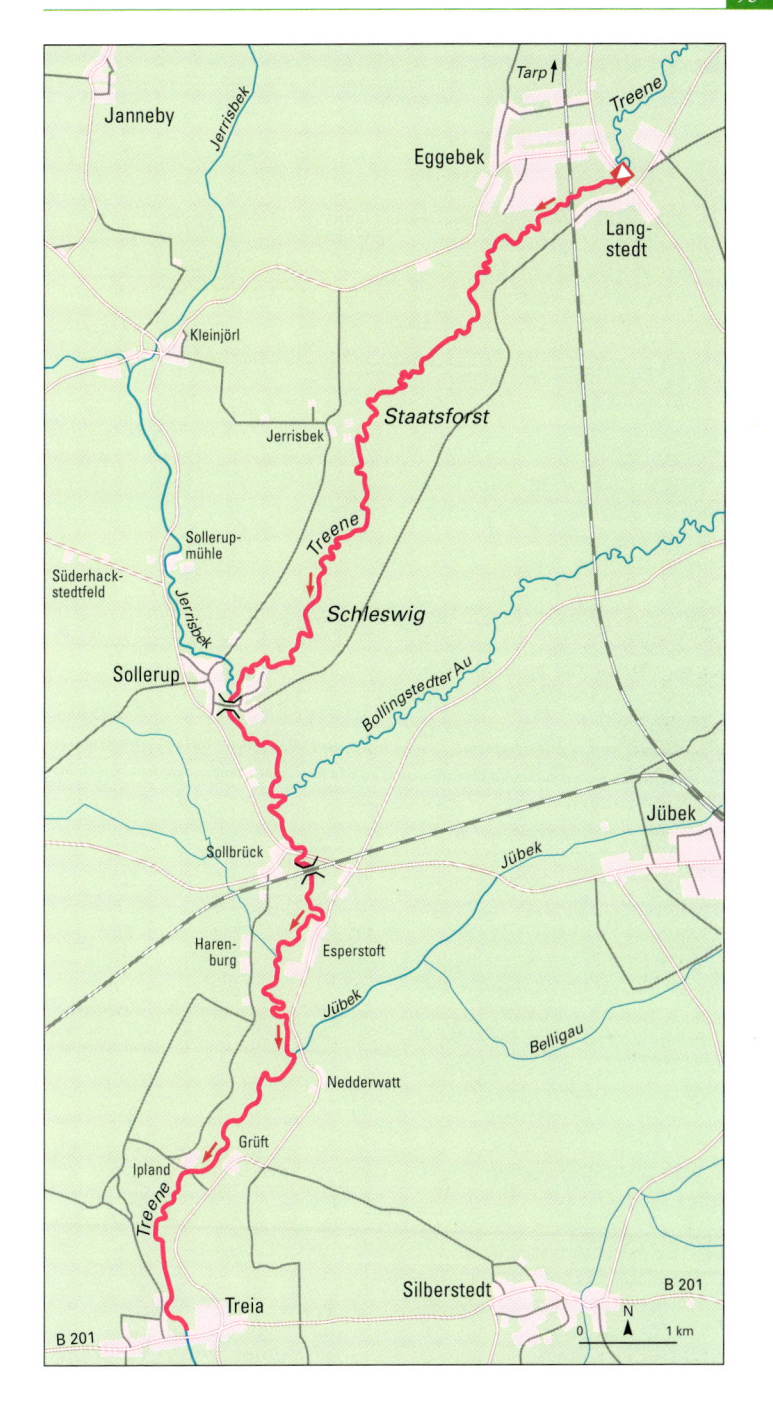

Auf der Treene von Langstedt bis Treia

Auf der Treene kann auch paddeln, wer kein eigenes Boot besitzt, denn in Langstedt betreibt Familie Hansen eine Kanuverleihstation. Von einem hölzernen Ponton aus werden die Kanus hier ins Wasser gesetzt. Die Treene ist ein kleiner, sauberer Geestfluß, der recht kräftig fließt und sich idyllisch durch die Moränenlandschaft, durch Wiesen und Wälder schlängelt. Über weite Strecken stehen allenfalls Kühe, Pferde und Bäume, aber keine Häuser am Ufer. Die Treene ist auf der beschriebenen Strecke selten breiter als 6–7 m und ohne Wehre auch für Unerfahrene leicht zu bewältigen. Eine Reihe von niedrigen Stegen quert den Fluß bis Sollerup. Hier führt eine kleine Brücke über die Treene. Wenig später mündet von links die Bollingstedter Au, und einen knappen Kilometer weiter, bei Sollbrück, ist es die Eisenbahn, die die Treene überquert. Weiter geht es Richtung Treia, wo das Boot beim Feuerwehrhaus ausgesetzt werden kann. Der Kanuverleih transportiert Boote und Passagiere gegen Gebühr auch wieder zurück.

Im beschriebenen Flußabschnitt ist die Treene ganzjährig für alle Kajaks und Kanus befahrbar. Erlaubt sind aber nur Boote bis 5,50 m Länge, von Juli bis Ende September zwischen Sonnenauf- und -untergang. Die Strecke von Langstedt bis Treia ist etwa 20 km lang und an einem Tag zu bewältigen.

Auskunft: Kanuverleih
Annemarie Hansen
Ulmenallee 29
24852 Langstedt
✆/Fax 0 46 09/4 89

Preis: Zweierkanus ohne Rücktransport 35 DM pro Tag. Rechtzeitige Anmeldung erbeten.

Anfahrt: A 7 Richtung Flensburg bis zur Ausfahrt Tarp, weiter nach Tarp und südlich zurück nach Eggebek und Langstedt.

Der Oberlauf der Alster von Naherfurt bis Ohlstedt

Die Oberalster ist das ganze Jahr über auch für Unerfahrene mit Faltbooten leicht zu befahren. Im Spätsommer kann aber bis Kayhude das Wasser knapp werden. Die Alster bietet nahe Hamburg eine wunderschöne, abwechslungsreiche Strecke mit herrlichen Ausblicken. Am Beginn der Tour auf der maleri-

Kanufahrten auf der Alster

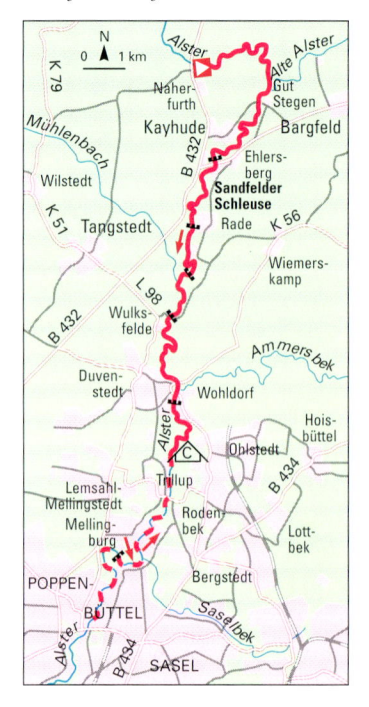

KANUTOUREN

schen Oberalster steht eine Pappelallee. In sanften Schleifen schlängelt sich der Fluß von Naherfurt an Wiesen und Weiden vorbei zuerst ostwärts, ehe er sich nach Süden wendet und das Gut Stegen linker Hand erscheint. Von links mündet auch die inzwischen versandete und nicht befahrbare Alte Alster. Die Alster fließt nun durch eine grüne Forst- und Parklandschaft mit zahlreichen alten Bäumen und versteckten Villen am Ufer. Insgesamt fünf Wehre, von denen zwei, bei Wulksfelde und bei Wohldorf, in jedem Fall nicht befahrbar sind und umtragen werden müssen, unterbrechen die beschriebene Strecke. Beim Wohldorfer Wehr gibt es rechts eine Bootsschleppe (bei Hochwasser in der Einfahrt scharf links fahren!). Bei Ohlstedt, am Campingplatz Haselknick, können die Boote ausgesetzt werden. Die Tour ist rund 18 km lang und gut an einem Tag zu schaffen.

■ Anfahrt: B 432 bei Naherfurt, Einsetzstelle unter der Straßenbrücke beim Gasthof.

■ Auf der Alster von der Poppenbütteler Schleuse bis Ohlstedt

Wer kein eigenes Kanu hat, kann sich an der Poppenbütteler Schleuse beim Bootshaus Marienhof eines mieten und damit flußaufwärts durch die Parklandschaft und das Naturschutzgebiet Rodenbeker Quellental bis zum Campingplatz Haselknick paddeln – muß dann allerdings die gleiche Strecke durch den Auwald auch wieder zurück. Dabei müssen die Boote an der Mellingburger Schleuse auf Hin- und Rückweg über die Staustufe getragen werden. Die Strecke ist

Auf der Wakenitz von Ratzeburg nach Lübeck

hin und zurück ungefähr 14 km lang und mit einer ausgiebigen Rast am Umkehrpunkt gemütlich zu schaffen. Bootsmiete ab etwa 50 DM am Tag.

■ Auskunft: Bootshaus Marienhof Uwe Dienemann

Marienhof 4
22399 Hamburg
✆ 0 41 81/85 19

■ Anfahrt: Aus der Innenstadt an der Alster entlang über Brombeerweg, Alte Landstraße und Poppenbütteler Weg, den Saseler Damm überqueren und in den Marienhof fahren.

■ Auf der Wakenitz von Ratzeburg nach Lübeck

Von der Einsatzstelle, dem Clubhaus der Ratzeburger Kanuten am Küchensee aus, geht es um die Stadt herum auf den Ratzeburger See (mitunter Windböen). Auf ihm sollte man sich wegen des Wellengangs in der Nähe des Westufers halten. Am Nordende des Sees, auf halber Strecke, findet man die Mündung in die Wakenitz. Entlang der früheren Grenze zur DDR führt der träge Fluß ohne größere Windungen oder Schleifen durch eine sehr reizvolle, aber menschenleere Bruchlandschaft. Er ist dicht von Wäldern gesäumt. Erst kurz vor Lübeck taucht linker Hand das Waldwirtshaus Absolonshorst auf. Hinter

Tips zum Kanuwandern

- Besonders Anfänger sollten nie alleine fahren. Wer nicht schwimmen kann, sollte aufs Kanuwandern lieber verzichten. Auf alle Fälle ist eine Schwimmweste angeraten. Wer Seen überquert, benötigt eine Spritzdecke. Man sollte immer Ersatzkleidung in einem wasserdichten Beutel bei sich haben.

- Achtung bei Wehren, auch kleinere Wehre können gefährlich sein. Im Zweifelsfall lieber umtragen.

- Je schöner und naturbelassener die Landschaft ist, desto empfindlicher ist sie auch. Viele Flüsse führen durch Natur- und Landschaftsschutzgebiete. Lagern und Feuermachen ist dort streng verboten. Eine Pause sollte man nur machen, wo das Ufer betreten werden kann, ohne es zu beschädigen. Es ist im übrigen selbstverständlich, die eigenen Abfälle wieder einzusammeln und mitzunehmen.

- Röhricht- und Schilfgürtel darf man wie auch andere dichtbewachsene Uferstreifen nicht befahren. Wichtig ist, unbedingt genug Abstand zu den Brutplätzen der Vögel einzuhalten. In manchen Naturschutzgebieten ist es grundsätzlich oder zu bestimmten Jahreszeiten verboten, Flüsse mit dem Kanu zu befahren.

---

der Eisenbahnbrücke 2 km weiter öffnet sich eine von Seerosen geschmückte Bucht. Am Kaninchenberg vorbei geht es auf die Stadt zu. Unter der Moltkebrücke hindurch und vorbei an der Badeanstalt führt der Weg zum Verein für Kanusport Lübeck, wo das Boot ausgesetzt werden kann.

Die ganze Strecke ist auch für Ungeübte jederzeit problemlos zu befahren. Wegen der geringen Strömung kann man die Wakenitz auch umgekehrt von Lübeck nach Ratzeburg, also von der Stadt aus immer mehr ins Grüne paddeln. Mit 26 km ist die Strecke für eine Tagestour relativ lang, allerdings verliert man keine Zeit durch zu umtragende Wehre, denn auf der Wakenitz gibt es keinerlei Hindernisse. Wer sich etwas Weg sparen will, kann das Boot auch bei Buchholz am Ratzeburger See einsetzen.

■ Anfahrt: A 24 bis zur Abfahrt Talkau, dann über die B 207, B 208 nach Ratzeburg bzw. A 1 bis Abfahrt Bad Oldesloe und dann auf der B 208 nach Ratzeburg.

SKI HEIL – Skifahren

Auf dem 168 m hohen Bungsberg, dem höchsten Berg Schleswig-Holsteins, kann man bei entsprechender Schneelage Skifahren. Es führt sogar ein kleiner Skilift auf den Gipfel.

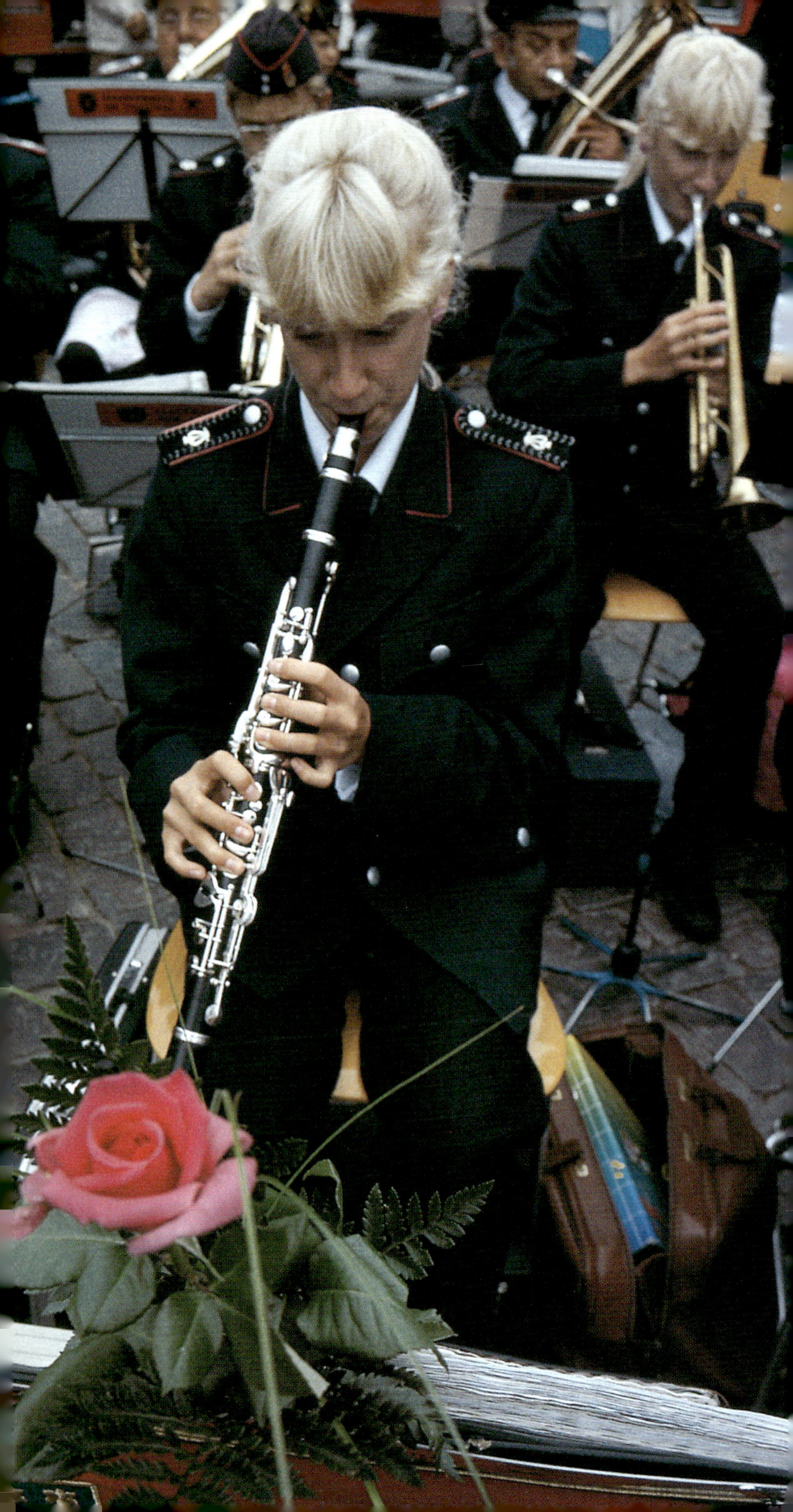

MUSIK

FASZINATION KLASSIK – Musik auf dem Land

Komponisten haben sich immer wieder dem Land und der Natur gewidmet, man denke nur an Smetanas »Moldau«. Und so ist es nur gerecht, daß die Musik auch wieder aufs Land zurückkommt. Außerdem macht es einen beträchtlichen Unterschied, ob man ein Konzert in einem sterilen Konzertsaal, im Freien oder in der Atmosphäre einer Scheune, eines Schlosses oder einer Dorfkirche hört.

■ Konzerte in Schloß Ludwigslust

Im prächtigen Rahmen des Goldenen Saals von Schloß Ludwigslust findet alljährlich von Anfang Mai bis Ende September eine Reihe von Konzerten, Opernabenden und einzelnen Theatervorstellungen statt. Man folgt damit einer alten Musiktradition: Zwischen 1767 und 1837 hatten die Mecklenburg-Schwerinischen Herzöge ihre Residenz samt Hofkapelle nach Ludwigslust verlegt. Die musikalische Qualität der Hofkapelle wurde viel gerühmt, und sie wurde zu den besten in deutschen Landen gezählt. Heute sind es besonders die jungen Interpreten der Hamburger Hochschule für Musik und Theater, die in Ludwigslust auf sich aufmerksam machen.

■ Auskunft: Staatliches Museum Schwerin
Schloß Ludwigslust
Postfach 77

Lübecker Feuerwehrorchester

19282 Ludwigslust
✆ 0 38 74/2 81 14
Fax 0 38 74/4 71 08
Telefonische Kartenbestellung möglich.

■ Eutiner Opernfestspiele

Auf der großen Freilichtbühne im Schloßgarten am Seeufer findet alljährlich im Sommer dieses Opernfestival zu Ehren von Carl Maria von Weber statt, der hier 1786 geboren wurde. Traditionell im Programm: Webers »Freischütz«.

■ Auskunft: Eutiner Sommerspiele
Postfach 112
23691 Eutin
✆ 0 45 21/21 61

■ Musik in alten Heidekirchen

Von Juli bis September finden abwechselnd in den beiden Kirchen St. Stephanus, Egestorf, und St. Magdalenen, Undeloh, Konzerte, meist mit barocker Kammermusik statt. Neben etablierten Künstlern treten auch junge Ensembles auf. Besonders reizvoll ist die Verbindung der Musik mit den stilvollen kleinen Kirchenräumen. Beide Kirchen wurden Mitte des 17. Jh. im Fachwerkstil errichtet und sind hervorragend erhalten.

■ Auskunft: Kantor Johann Grote
Alte Dorfstr. 21
21272 Egestorf
✆ 0 41 75/6 78

Schloß Ludwigslust ist alljährlich standesgemäßer Rahmen für eine Reihe von Konzerten

Reservierung nicht möglich, deshalb rechtzeitig am Ort sein!

■ Schleswig-Holstein-Musik Festival

Von Ende Juni bis Ende August wird alljährlich in Herrenhäusern, Kirchen und Scheunen in ganz Schleswig-Holstein das weltbekannte Schleswig-Holstein-Musik Festival (SHMF) veranstaltet. Die ländliche Atmosphäre und die meist erstklassigen Darbietungen locken viele Tausend Besucher zu den Veranstaltungen. Besonderer Reiz dabei sind Konzertorte, die man meist außerhalb des Festivals nicht aufsuchen kann. So ist das Festival eine wunderbare Gelegenheit, eine Landpartie mit kulturellem Genuß zu verbinden.

■ Auskunft: Schleswig-Holstein-Musik-Festival

Holzdamm 40
20099 Hamburg
✆ 0 40/2 48 21 10
Fax 0 40/2 80 35 64

Kartenverkauf: Postfach 3840
24037 Kiel
✆ 04 31/56 70 80
Fax 04 31/56 91 52

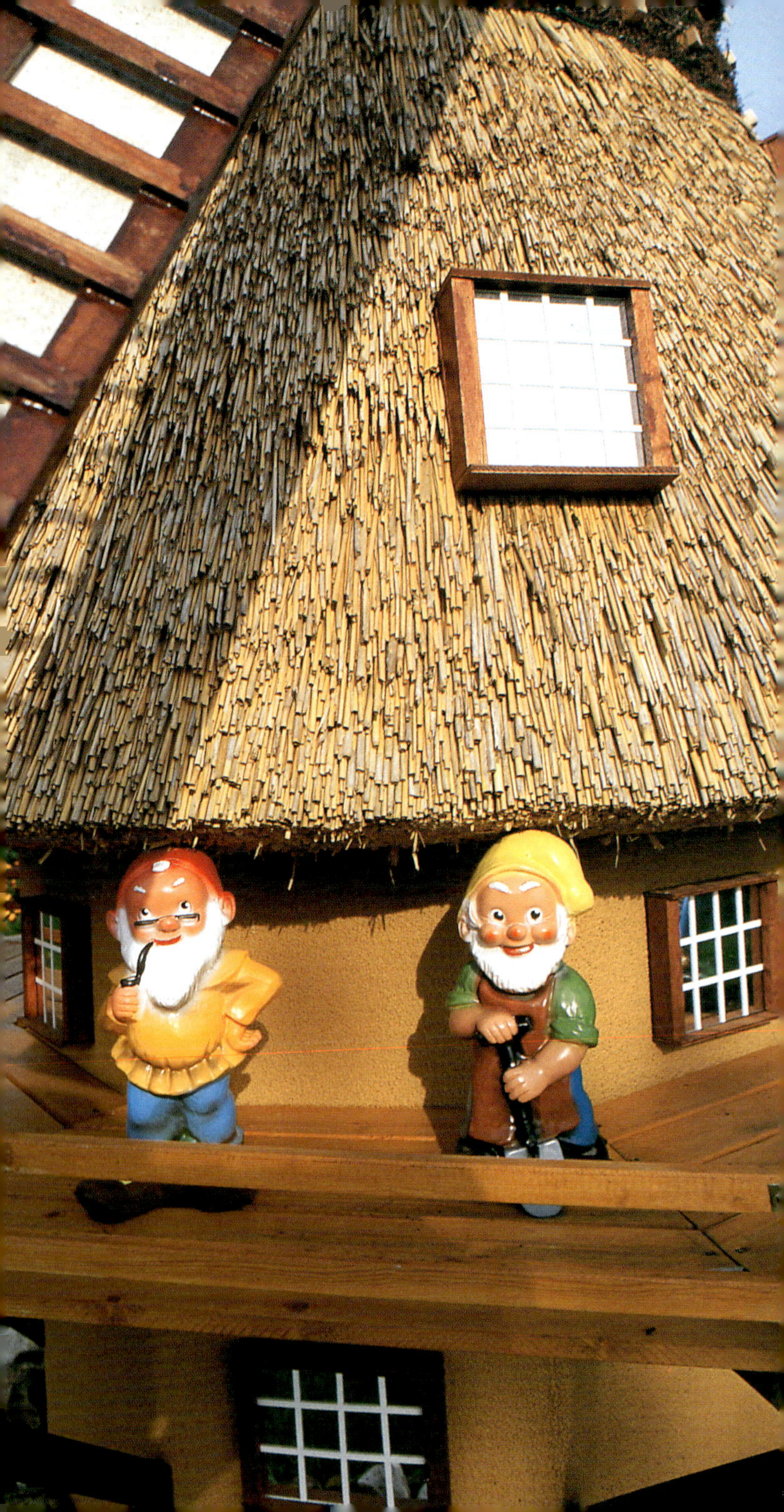

EINKAUFEN

LANDLEBEN ZUM MITNEHMEN – Country-Shops für Wohnen, Dekorieren, Mode, Antiquitäten

Der Traum vom Land ist wahrscheinlich so alt wie die Erfindung der Städte. Land- und Stadtflucht sind zwei Seiten derselben Medaille. Ist den Bauern das Leben auf dem Land zu beschwerlich, läßt sich von der harten Arbeit kaum leben und locken die Abwechslungen der Stadt, so wünschen sich die Städter die Ruhe des Landes, das geordnete und überschaubare Leben in und mit der Natur. Das Leben auf dem Land ist das Ziel ihrer Sehnsüchte – und sei es nur fürs Wochenende oder eine Landpartie. Und ein wenig von dieser erträumten Idylle läßt sich ja auch in die Stadt holen. Ländliches Ambiente zu Hause in der Stadtwohnung vermittelt wenigstens etwas vom Gefühl des Lebens auf dem Land. Weg also mit Designerlampen, Stahltischen und futuristischen Plastiksesseln. Statt dessen warme Farben, dekorative Stoffe und Landhausmöbel. In England geben Laura Ashley, Tricia Guild und Terence Conran den ländlichen Ton an, hierzulande gilt: Je authentischer, desto besser. Die schönsten Sachen fürs Leben wie auf dem Land findet man immer noch auf dem Land selbst. Auf Antikhöfen und -speichern, bei Kunsthandwerkern, in Country-Shops oder – wenn auch immer seltener – ganz einfach beim Bauern.

Rustic Art
Neue klassische Landhausmöbel

Im Angebot: Nützliches und Schnickschnack für den Garten

Postfach 100
21272 Egestorf/Ortsteil
Schätzendorf
✆ 0 41 75/2 45
Fax 0 41 75/15 72

The Country Store
Mode u. a.
Moortwiete 68
25479 Ellerau
✆ 0 41 06/7 58 45
Fax 0 41 06/7 58 45

Garpa
Garteneinrichtungen in Teak und anderen Hölzern
Kihnwiese 1
21039 Escheburg
✆ 0 41 52/30 25
Fax 0 41 52/52 00
Geöffnet: Mo–Fr 9–17,
März–Oktober auch Sa 10–14 Uhr.

Antik Bau Stawe
Historisches Baumaterial aus alten Bauernhäusern, z. B. Türen, Fenster, Balken. Eine tolle Fundgrube.
Dockenhudener Str. 7
22587 Hamburg-Blankenese
✆ 0 40/86 45 66
Geöffnet: Di–Fr 9.15–18 Uhr,
Sa 10–13 Uhr, Mo geschlossen.
Lager: Am alten Felsdeich 6
25371 Seestermühe
✆ 0 41 25/5 25
Geöffnet: Nach Vereinbarung.

Die Gartenidee
Gartenplanung
Alexander Oesterheld
In der Blankenau 12
31632 Husum-Schlessinghausen
✆ 0 50 27/2 94
Fax 0 50 27/16 15

Antiquitäten in Jersbek
Großer, relativ teurer Antiquitätenhandel mit schönen Einzelstücken. Im Stil neben Ländlichem auch eher bürgerliche Möbel im Angebot.
Langereihe 21
22941 Jersbek/Bargteheide
✆ 0 45 32/54 72
Fax 0 45 32/76 72

Anfahrt: Von Bargteheide durch Jersbek, dann links ab Richtung Wiemerskamp.

Landleben
Geschenke, Gartenkeramik u. ä.
Im Grebenhoop 2
21376 Lübberstedt
Zwischen Eyendorf und Egestorf links der Straße hinter den Bahngleisen.

F. Häusser
Haus und Garten
Mischung aus edel-ländlichem Dekor und blumiger englisch angehauchter Üppigkeit. Schöne und teure Einzelstücke. Verkauf in einem wunderschönen alten Haus an der Straßenkreuzung in Nindorf zwischen Hanstedt und Garlstorf.
Alte Dorfschule
21271 Nindorf
✆ 0 41 84/18 64
Fax 0 41 84/18 94

Flora Magica
Daniela Schuel
Englische Rosen u. ä.
In der Remise
24321 Gut Panker
✆ 0 43 81/97 05

Teak & Garden
Teak-Gartenmöbel
Michael Schmidt-Paris
21465 Reinbek-Ohe/Gut Schönau
✆ 0 41 04/30 33
Fax 0 41 04/43 83

Katharinenhof
Möbel, Stoffe, Porzellan, antike Gläser, Gartenaccessoires
Silke-Kathrin Jencouvel
21398 Süttorf, bei Dannenberg
✆ 0 58 50/6 34
Fax 0 58 50/13 27
Geöffnet: Fr 14–18 Uhr,
Sa 10–13 Uhr.

Viebahn
Antike Landhausmöbel auf edelstem Niveau
Wörpedahler Str. 12
27726 Worpswede
✆ 0 47 92/30 30
Fax 0 47 92/40 86

Tischlerei Jan Kück
Möbel in der Tradition der berühmten Worpsweder Bauernmöbel
Bahnhofstr. 11
27726 Worpswede
✆ 0 47 92/12 19

Kunst für den Alltag – Kunsthandwerker

Auf dem Land hat sich eine große Zahl von Kunsthandwerkern angesiedelt. Da sie ortsunabhängig arbeiten können und das Leben auf dem Land immer noch preiswerter ist als in der Stadt, sind sie aufs Land gezogen und haben Katen oder Scheunen zum Atelier ausgebaut. Viele von ihnen sind über einen Besuch erfreut – um so mehr, wenn der Gast ihnen etwas abkauft. Viele Kunsthandwerker bessern ihre Kasse auch dadurch auf, daß sie Ferienkurse anbieten, bei denen man Töpfern, Batiken oder Weben lernen kann. Wir haben an dieser Stelle nur einige Handwerker aufgeführt, für Schleswig-Holstein gibt es vollständige Adressenlisten bei der Arbeitsgemeinschaft des Kunsthandwerks an der Handwerkskammer Flensburg, Johanniskirchhof 1–7, 24937 Flensburg, ✆ 04 61/86 61 66. Meist lohnt sich aber auch ein Blick in die Prospekte der Fremdenverkehrsvereine.

Alle drei Jahre, das nächste Mal wieder 1997, gibt es im Schleswig-Holsteinischen Landesmuseum Schloß Gottorf eine große Verkaufsausstellung von Kunsthandwerkern aus dem ganzen Land, die Triennale des Norddeutschen Kunsthandwerks.

■ Auskunft: Arbeitsgemeinschaft des Kunsthandwerks in Schleswig-Holstein
Johanniskirchhof 1–7
24937 Flensburg
✆ 04 61/86 61 66

■ Korbflechter

Früher wurde das Obst des Alten Landes in großen Körben transportiert. Dementsprechend war die Arbeit der Korbmacher sehr gefragt. Heute nehmen die Obstbauern statt Körben Kisten, und das Korbmacherhandwerk stirbt aus. Einem kann man aber am Wochenende noch bei der Arbeit zusehen:

■ Walter Streckwall
Am Elbdeich 20a
21635 Borstel bei Jork
✆ 0 41 62/59 67

■ Fayencen

Fayencen nach alten Vorbildern werden in dieser berühmten Werkstatt im traditionsreichen Töpferort Kellinghusen hergestellt. Besichtigung und Verkauf.

■ Keramik von der Trenck
25548 Kellinghusen
Brauerstr. 25
✆ 0 48 22/86 52

Geöffnet: Mo–Fr ab 10 Uhr durchgehend, Sa und So ab 15 Uhr.

■ Keramik

Die Keramik von Claudia Friedrichs, einer geprüften Keramikmeisterin, wird ausschließlich aus hellem Steinzeugton auf der Drehscheibe geformt, dann getrocknet und anschließend bei 1210 °C gebrannt. Später kann sie bemalt und glasiert werden. Bei Tonart kann man nicht nur handgemachtes Gebrauchsgeschirr und Einzelstücke kaufen, sondern sich auch die Entstehungsweise der Keramik erklären und zeigen lassen.

■ Tonart
Claudia Friedrichs
Im Schätzendorfe 21 (auf dem Gelände der Landmaschinenreparaturwerkstatt Kreher/Kröhnke)
21272 Schätzendorf
✆ 0 41 75/7 37

Geöffnet: Di, Mi, Fr 10–18 Uhr.

■ Holzschuhe

Lorenz Hamann stellt heute noch traditionelle Holzschuhe her.

■ Lorenz Hamann
Wakendorfer Str. 17
24211 Preetz
✆ 0 45 22/33 01

Geöffnet: Mo–Fr 15–18,
Sa 9–13 Uhr.

■ Blaudruck

Blaudrucken ist ein fast ausgestorbenes Handwerk. Erst in den letzten Jahren ist der Blaudruck wieder etwas populärer geworden, trotzdem gibt es in ganz Deutschland nicht mehr als ein, zwei Dutzend Blaudrucker. Es handelt sich um eine dem Wachsbatiken ähnliche Technik. Das Leinen wird auf den Drucktisch gespannt. Dann werden Handdruckmodeln mit einer Masse bestrichen, deren Zusammensetzung – unter anderem Tonerde und Gummiarabikum – das bestgehütete Geheimnis der Blaudrucker ist. Diese Paste bedeckt die Flächen auf dem Stoff, die weiß bleiben sollen. Anschließend wird dieser drei bis vier Wochen getrocknet, bevor er mit Indigo gefärbt wird. Nach 20 Minuten erscheint der Stoff grünlich-gelb, und erst durch die Oxydation an der Luft wird er langsam blau. Bis zu achtmal wird der Stoff gefärbt, je nach der gewünschten Farbintensität, danach wird die Paste mit einer Essiglösung abgewaschen – ein weißes Muster auf kräftig blauem Grund wird sichtbar.

■ Johann Koch
Vor dem Kremper Tor 11
23730 Neustadt/Holstein
✆ 0 45 61/62 04

Geöffnet: Mo–Fr 8.30–12,
14–18 Uhr, Sa 8.30–12 Uhr.

GESUNDES VOM LAND – Direktvermarkter und Biohöfe

Bei einer Landpartie kann man mehrere Fliegen mit einer Klappe schlagen: Ruhe und Erholung finden, etwas über die Natur, das Land und seine Bewohner lernen, gut essen und trinken. Und man kann – zu günstigen Preisen – die besten und frischesten Nahrungsmittel einkaufen, die es überhaupt gibt. Wer im Frühsommer durchs Alte Land fährt, findet an jeder Straßenkreuzung und vor fast jedem Hof ein Schild ›Kirschen‹, in der Heide (und nicht nur da) wird im Mai Spargel angeboten, und andernorts gibt es Kartoffeln, Eier, Honig, Kohl und vieles mehr direkt vom Bauern. Anhalten und ausprobieren lohnt sich auf jeden Fall. Und wer einmal ›seinen‹ Kartoffelbauern, Eierlieferanten oder Obsthof entdeckt hat, wird lange darauf schwören. Zumal der Einkauf auf einem richtigen Bauernhof doch ein ganz anderes Erlebnis sein kann, als das schnöde Zusammenraffen an der Supermarkttheke. Gerade Stadtkindern wird so vielleicht deutlich, daß die Milch nicht aus der Leitung, sondern von der Kuh kommt, wie ein Schwein aussieht und wieviel Arbeit die Landwirtschaft macht.

Nun sind Nahrungsmittel nicht allein deswegen gut, nur weil sie ab Hof verkauft werden. Wer weiß schon, welche Pflanzenschutzmittel der Bauer einsetzt? Wer schaut schon in den Stall, unter welchen Bedingungen die Tiere gehalten werden? Wer kann sagen, ob die Hühner salmonellenverseucht sind? Eine relative Sicherheit bieten da die Produkte der anerkannten Ökobetriebe, ohne daß damit gesagt sein soll, daß die Produkte anderer Bauern deswegen schlechter sein müssen. Acht in der

Arbeitsgemeinschaft ökologischer Landbau zusammengeschlossene Bioverbände gibt es in Deutschland: Bioland, Demeter, Naturland, ANOG, BÖW, Biokreis, Ökosiegel und Gäa. Daneben gibt es noch Neuland, einen Verein für tiergerechte und umweltschonende Nutztierhaltung, mit dem auch der BUND zusammenarbeitet.

Die angeschlossenen Betriebe haben sich einer Reihe ökologischer Prinzipien verpflichtet, zu denen unter anderen das Verbot chemisch-synthetischer Düngemittel, von Pflanzenbehandlungs-, Lager-, Schutz- und Nachreifemittel sowie von Hormonen und Wuchsstoffen gehört. Weiter sollen die Tierhaltung an die Betriebsfläche angepaßt sein und tierartspezifische Bedürfnisse und ethische Gesichtspunkte bei der Haltung und Nutzung von Tieren beachtet werden. Wichtig ist den Ökobauern aber auch, daß sie bei der Nahrungsmittelproduktion möglichst wenig nicht erneuerbare Energie und Rohstoffe verbrauchen. Ökobauern lehnen die Gentechnik ebenso ab wie den Import von Futtermitteln aus der Dritten Welt, deren Erzeugung dort das Angebot von Grundnahrungsmitteln verringert.

Solches Engagement hat seinen Preis. Bio-Produkte sind etwas teurer, dafür schmecken sie auch besser. Wer einmal den direkten Geschmacksvergleich eines 08/15-Käfighaltungseis mit dem Ei eines körnergefütterten Freilandhuhns gehabt hat, wird vermutlich in Zukunft lieber 40 statt 25 Pfennig für sein Ei ausgeben und dafür notfalls nur noch zweimal die Woche ein Frühstücksei essen.

Das Image der Ökobauern als alternative Spinner, die ökonomisch am Rand des Zusammenbruchs leben, ist längst passé. Inzwischen gibt es eine ganze Reihe auch wirtschaftlich erfolgreicher Biohöfe. Die Hermannsdorfer Werkstätten des früheren Herta-Wurst-Fabrikanten Karl Ludwig Schweisfurth in Glonn bei München etwa sind ein Musterbeispiel für eine moderne ökologische Agrarkultur, wie man sie ansatzweise auch in Niedersachsen und Schleswig-Holstein findet. Auch wenn traditionelle Betriebe immer noch dominieren, so betreiben doch inzwischen über 5000 Betriebe in Deutschland ökologischen Landbau. Sie bearbeiten eine Fläche von mehr als 160 000 ha. Das entspricht rund 2 % der landwirtschaftlichen Nutzfläche.

Das Gespräch mit den Biobauern lohnt sich. Wer weiß, wie die Tiere, deren Fleisch er ißt, aufgezogen wurden, unter welchen Mühen das Gemüse gezogen wurde, der bekommt ein anderes Verhältnis zu seinen Nahrungsmitteln, geht anders mit ihnen um, lernt sie wieder schätzen.

Manche Höfe haben direkte Läden mit diversen Produkten von der Milch übers Fleisch bis zu den Kartoffeln, andere sind auf einzelne Produkte spezialisiert oder bieten zusätzlich Schaffelle oder Kaminholz an.

Wer sicher sein will, daß er auch tatsächlich einkaufen kann, sollte vorher auf dem Hof anrufen, sonst sind vielleicht alle gerade auf dem Feld, um die Ernte einzubringen. Außerdem muß man als unbedarfter Städter bedenken, daß es natürlich nicht zu jeder Jahreszeit alles gibt, und manche Dinge wie frischgeschlachtete Gänse insbesondere vor den Feiertagen vorbestellt werden müssen. So mancher Gänsezüchter ist schon Monate vor Weihnachten ausverkauft!

Die unten aufgeführten, nach Ortsalphabet geordneten Betriebe gehörten 1995 einem der drei Verbände Bioland, Demeter oder Naturland oder dem Verein Neuland an. Einige wenige Betriebe waren noch in der Umstellung. Die Liste erhebt keinen Anspruch auf Vollständigkeit.

Johannes Wessendorf und
E. Beckmann
Dorfstr. 5
24239 Achterwehr
✆ 0 43 40/3 52

Hans-Heinrich Schramm
Haus Nr. 28
23623 Ahrensböck
✆ 0 45 25/18 12

Gut Wulsdorf
Georg Lutz
Bornkampsweg 39
22926 Ahrensburg
✆ 0 41 02/5 11 09

Imke Schwieters
Hof Drittgeest 15
27432 Alfstedt
✆ 0 47 08/4 78

Jugenddorf Eckernförde
Schnellmark 33
24340 Altenhof
✆ 0 43 51/40 24

Klaus Lafrentz
23769 Altjellingsdorf
✆ 0 43 71/33 10

Buchenhof
Peter-Christian Baasch
24212 Altwittenbeck
✆ 04 31/31 25 11

Bauckhof
Joachim Bauck
Triangel 6

21385 Amelinghausen
✆ 0 41 32/10 21

Klaus Schmedemann
Zum Lopautal 7
21385 Amelinghausen
✆ 0 41 32/4 67

Hof am Schüberg
Dieter Cordes
Wulfsdorferweg 31
22949 Ammersbek
✆ 0 45 32/2 19 92

Andreas Handke
Bünningstedter Feldweg 22
22949 Ammersbek
✆ 0 45 32/2 37 01

Johannes Meyer
Grafel 12
27446 Anderlingen
✆ 0 42 84/82 80

Hof Ehlers
Siedlung Hardebek
24616 Armstedt
✆ 0 43 24/9 92

P. Först und S. Jansen Först
Groß-Wulfshorst

24326 Ascheberg
✆ 0 45 26/4 00

Hof Saelde
P. und K. Richert
24358 Ascheffel
✆ 0 43 53/6 10

Monika Bukowski
Haendorf 44a
27330 Asendorf
✆ 0 42 51/27 67

Willi Dohemann
Brüne 11
27330 Asendorf
✆ 0 42 53/4 58

W. und M. v. Grumbkow
Essener Str. 1
27330 Asendorf
✆ 0 42 53/16 08

Karl-Heinz Kütemann
Bökenfeld
24613 Aukrug
✆ 0 48 73/3 48

Roland Gangl und
Jutta Kohlbeck-Gangl
Hauptstr. 1
23619 Badendorf
✆ 04 51/4 99 19 33

Gutsverwaltung Hörne
Kuno von Zedlitz
Hörne/West
21730 Balje
✆ 0 47 53/3 62

Eduard Remien
Süderdeich Ost 5
21730 Balje
✆ 0 47 53/4 04

H. Sengelmann Krankenhaus
Abt. Gartentherapie
Kayhuder Str. 65
23863 Bargfeld-Stegen
✆ 0 45 35/72 14

Hof Bornberg
Ahrensburger Werkstätten
K.-Fischer-Str. 7
22941 Bargteheide
✆ 0 45 32/15 60

Sigrid und Michael Jahnke
Deichstr. 23
26719 Barlter-Neuendeich
✆ 0 48 57/12 05

Hans-Georg Kramer
Hauptstr. 19
21406 Barnstedt
✆ 0 41 34/80 29

Karsten Ellenberg
Ebsdorfer Str. 1
29576 Barum
✆ 0 58 06/3 04

GBR Landschoof-
Thomsen-Hansen
Bäderstr. 12
23730 Bentfeld
✆ 0 45 64/10 16

Hof Klostersee
Klaus-Wigand Nägel
23738 Beschendorf
✆ 0 43 61/37 26

Gerhard Schuler
Dorfstr. 8
23738 Beschendorf
✆ 0 43 61/37 26

Immenhof Gärtnerei
29646 Bispingen
✆ 0 51 94/1 61 44

Hans-Hermann Soetbeer
Göddingen 15
21354 Bleckede
✆ 0 58 54/7 85

Frank Fischer
Brackede Nr. 27
21354 Bleckede
✆ 0 58 57/2 82

Gärtnerei Dieken
Rosenkamp
24327 Blekendorf
✆ 0 43 82/4 65

Reimer Mohr
Lindenstr. 26
24327 Blekendorf
✆ 0 43 82/2 66

Kay Kühl
Hof Kiebitzhörn
24802 Bokel b. Rendsburg
✆ 0 43 30/6 78

Heinz-Günter Lange
Ringstr. 2
24802 Bokelholm
✆ 0 43 30/5 32

Callsen-Hof
Rainer Callsen-Bracker
Westerschauer Weg 4
24855 Bollingstedt
✆ 0 46 25/2 12

Dieter Köhr
Hauptstr. 2
24855 Bollingstedt
✆ 0 46 25/4 86

Dirk und Barbara Kock-Rohwer
Bönebüttler Damm 166
24620 Bönebüttel
✆ 0 43 21/22 44 44

Waldemar Prömel
Stückenredder 20
24598 Boostedt
✆ 0 43 93/6 60

Dieter und Antje Coordts
Treidelweg 8
24794 Borgstedt
✆ 0 43 31/3 95 95

Familie Bruno
23942 Borkenhagen
✆ 03 88 27/2 10

Ökohof Wöbs
Conny und Volker Brandmeier
23715 Bosau
✆ 0 45 27/13 43

Johann Fajen
27367 Bötensen
✆ 0 42 68/2 45

Ewald Scheele
Bruchstr. 35
27386 Bothel
✆ 0 42 66/6 60

Rainer Wolf
Bothkamper Mühle
24250 Bothkamp
✆ 0 43 02/16 94

Manfred Wulff
Dorfstr. 11
24306 Bösdorf
✆ 0 45 22/6 01 57

Ferdinand Bruhn
Op de Loh 15
22145 Braak
✆ 0 40/6 77 09 62

Frauke Sach
23715 Braak
✆ 0 45 21/23 98

Martina und Willfried
Schümann
Kreuzweg 1
25364 Brande
✆ 0 41 27/2 27

Jochen Schwarz
Dorfstr. 21
25364 Brande-Hörnerkirchen
✆ 0 41 27/6 94

Hof Rüffel
Maria Cassens
Zum Ölteich 6
21244 Buchholz
✆ 0 41 87/5 46

Martina Krams
Duddenhausen 22
27333 Bücken
✆ 0 42 51/78 37

Hofgemeinschaft Bunsoh
Josef Bexte
Waldstr. 3
25767 Bunsch
✆ 0 48 35/72 83

Wilhelm Becker
Middeltor 1
23769 Dänschendorf a. F.
✆ 0 43 72/3 31

Claus-Heinrich Wieland
Dorfstraße 15
23769 Dänschendorf a. F.
✆ 0 43 72/3 97

Ulrich Meyer
Horndorfer Weg 3
21368 Dahlem
✆ 0 58 51/14 17

Hans-Heinrich Harwege
Ahndorf 6
21368 Dahlenburg
✆ 0 58 51/18 62

Siegfried Müller
Am Riesenstein 16
21368 Dahlenburg
✆ 0 58 51/14 85

Hofgemeinschaft Dannau
Kührener Weg 4
24329 Dannau
✆ 0 43 83/12 85

Birgit und Albert Teschemacher
Dorfplatz 3
24329 Dannau
✆ 0 43 83/4 20

Birgit und Hinrich Wrage
Gowenser Weg 23
24329 Dannau
✆ 0 43 83/7 06

Hofgemeinschaft Arpshof
Am Schulberg 6
21279 Dierstorf-Wenzendorf
✆ 0 41 65/8 05 05

Waltraut Blank
23758 Döhnsdorf
✆ 0 43 82/8 26

Der Lämmerhof
Hauptstr. 8
23896 Donnerschleuse
✆ 0 45 43/74 39

Hans Hojer
Stoverstr. 56
21423 Drage
✆ 0 41 76/13 73

Hofgemeinschaft Aschhorn
Familie Morgenstern
Aschhorn 9
21706 Drochtersen
✆ 0 41 43/2 58

Hermann Hottendorf
Grüne Str. 25
21706 Drochtersen
✆ 0 47 75/7 80

Hans und Kristina Niemeyer
Dornbuscher Straße 13
21706 Drochtersen
✆ 0 41 43/54 44

Arche Niederhüll
E. und G. Schmidt
Niederhüll 5
21706 Drochtersen-Hüll
✆ 0 47 75/6 67

Karl Walther
Dorotheenstr. 9
24340 Eckernförde
✆ 0 43 51/8 68 59

Edmund und Marlies Schütt
Nr. 5
24214 Eckholz b. Kiel
✆ 0 43 46/81 14

Egbert Nitsch
Langenfelder Weg
24589 Ellerdorf
✆ 0 43 92/35 10

Rüdiger Petersen-Steinhilber
Haus Nr. 13
24376 Ellerüh
✆ 0 46 44/2 27

Detlef Schmidt
Morgenstern
24870 Ellingstedt
✆ 0 46 27/10 45

Hof an der Aue
Volker und Ingolf Lienau
27404 Elsdorf
✆ 0 42 81/27 01

Hof Elsdorf
Dorfstr. 28
24800 Elsdorf-Westermühlen
✆ 0 43 32/17 11

Eckard Brandt
Neuland am Moor 1
21710 Engelschoff
✆ 0 47 75/6 72

Christiansen's Bioland-Hof
Kamper Weg 6
24887 Esperstoftfeld
✆ 0 46 25/76 97

Christian Kalscheuer
Kornhof
Karl-Hamann Str. 4
23701 Eutin
✆ 0 45 21/21 10

Familie Herold
Dorfstr. 13
23992 Fahren
✆ 03 84 22/9 25

Jürgen und Johann Dithmer
Hauptstr. 15
25779 Fedderingen
✆ 0 48 36/12 58

Gisela Lehmbecker
Hollin
24244 Felm
✆ 0 43 46/68 04

Betriebsgemeinschaft
Domäne Fredeburg
23909 Fredeburg
✆ 0 45 41/8 44 28

Klaus und Helga Presting
Dinghorn 3
21717 Fredenbeck
✆ 0 41 49/4 32

Westhof Rainer Carstens
Zum Westhof 6
25764 Friedrichsgabekoog
✆ 0 48 39/6 71

Landwirtschaftliche
Arbeitsgemeinschaft
Buschberghof
Dorfstr. 7
21493 Fuhlenhagen
✆ 0 41 56/71 32

Joachim Weiland
Haus Nr. 38
23769 Gammendorf
✆ 0 43 71/29 39

Renate und Sieghart Baer
Carstenshof
25836 Garding
✆ 0 48 62/13 13

Karin und Harald Glawe
Nordergeestweg 42
25836 Garding
✆ 0 48 62/14 45

Obsthof König
Karin Somfleth und G. König
Itswörden 298
21789 Geversdorf
✆ 0 47 52/70 14

Peter Petersen
Reiherstieg 1

21376 Gödenstorf
✆ 0 41 72/71 47

Maria und Paul Nennecke
Dorfstr. 28
24357 Götheby
✆ 0 43 54/88 95

Hof Grüneck
Martina und Werner Majert
Dorfstr. 13
21514 Göttin
✆ 0 41 58/6 77

Antje Prolingheuer und
Karl-Heinz Finnern
Dorfstr. 21
21514 Göttin
✆ 0 41 58/81 40

Ute und Otto Witt
Lange Dörpstraat 18
23701 Gothendorf-Süsel
✆ 0 45 21/93 45

Hof Lembke
Günter Lembke
Treufeld
24329 Grebin
✆ 0 43 83/2 32

Hofgemeinschaft
Gut Rothenhausen

23860 Groß Schenkenberg
✆ 0 45 08/4 14

Werner Schröder
Dreyenhofer Weg 6
29640 Groß Todtshorn
✆ 0 51 30/3 56 65

Hof Eichthal/Wulf Kruse
Lütjenbrode
23775 Großenbrode
✆ 0 43 62/86 50

Eckhof
Karl und Ingrid Hubatsch
25636 Grothusenkoog
✆ 0 48 62/2 88

Harry Lieske
Landweg 2
25560 Hadenfeld
✆ 0 48 92/16 83

Ekkehard Schweppenhäuser
Holler Graben
23744 Halendorf/Schönwalde a. B.
✆ 0 45 28/7 64

Bioland Frischfleisch GmbH
Rudolf-Klug-Weg 9
222455 Hamburg
✆ 0 40/5 55 36 46

Hof Eggers
Kirchwerder Mühlendamm 5
21037 Hamburg
✆ 0 40/7 23 03 37

Gemeinnützige Gärtnerei
am Stüffel e. G.
Stüffel 12
22395 Hamburg
✆ 0 40/6 04 00 10

Andreas Handke
Rehblöcken 8
22359 Hamburg
✆ 0 40/6 03 32 71

Rudolf Lindner (Schlachterei)
Stübeheide 155
22337 Hamburg
✆ 0 40/50 32 21

Thomas und Monika
Sannmann
Ochsenwerder Norderdeich 55
21037 Hamburg
✆ 0 40/7 37 22 62

Schulungszentrum Hohenbuchen
Poppenbüttler Hauptstr. 46
22399 Hamburg
✆ 0 40/6 02 07 33

W. Timmermann
Sülldorfer Kirchenweg 237
22589 Hamburg
✆ 0 40/87 33 27

Hamfelder Hof
H. H. Elfenkämper
22929 Hamfelde
✆ 0 41 54/49 37

Hofgemeinschaft Wörme
Im Dorfe 2
21256 Handeloh
✆ 0 41 87/35 31

Hof Fünfeichen
Rudolf Rüß
Hofstr. 5

24628 Hartenholm
✆ 0 41 95/3 56

Obsthof Wisch
Karl-Udo und Agnes Wrede
Kleinwördener Str. 4
21755 Hechthausen
✆ 0 47 74/7 70

Hof Ehlers
Dorfstr. 28
26640 Hasenmoor
✆ 0 41 95/3 19

Irene und Volker Brandt
Koogchaussee 3
25762 Hedwigenkoog
✆ 0 48 34/22 42

Schidehof Imkerei
Hermann Middeldorf
Hauptstr. 43
23619 Heilshoop
✆ 0 45 06/5 35

Karl Heinrich Henken
Ahauser Str. 9
27367 Hellwege
✆ 0 42 64/6 65

Gärtnerhof Westersode
Diego Ahrens
Nordhoopstr. 14
21745 Hemmor
✆ 0 47 71/78 96

Eve-Maria und
Karl-Friedrich Schmidt
Espernfeldweg 3a
27386 Hemsbünde-Hassel
✆ 0 42 60/5 47

Bäuerliches Gemeinschafts-
schlachthaus Ulzburg
Kirchweg 43
24558 Henstedt/Ulzburg
✆ 0 41 93/25 47

Bioland-Hof
E. Meyer und W. Schröder

Düwelsbarg 3
24558 Henstedt-Ulzburg
✆ 0 45 35/80 03

Jobst von Arnim
Kamerlander Deich 1
25379 Herzhorn
✆ 0 41 24/27 33

Hans-Jürgen Sievers
25764 Hillgroven
✆ 0 48 33/27 92

Matthias Meyer
Rohrstorf 5
29584 Himbergen
✆ 0 58 28/2 57

Jürgen Thiele
Groß Thondorf 9
29584 Himbergen
✆ 0 58 28/14 74

Hans Teschemacher
Vogelfängerkate
22946 Hohenfelde bei Trittau
✆ 0 41 54/50 81

Andreas Werner
Papenau 1
24594 Hohenwestedt
✆ 0 48 71/31 24

Elisabeth Lohmann
Am Glockenberg 3
21279 Hollenstedt
✆ 0 41 65/83 15

Claus-Peter Münch
Siebenhöfen 29
21723 Hollern-Twielenfleth
✆ 0 41 41/70 61-0

Gärtnerei Oldendorf
Oldendorf 30
27729 Holste
✆ 0 47 48/34 36

Biolandhof
Hans-Jürgen Plöhn
24361 Holzbunge
✆ 0 43 56/10 03

Betriebsgemeinschaft
Hof Dannwisch
25358 Horst
✆ 0 41 26/14 56

Kastanienhof
Ulrike Best-Ivers
und Jens Ivers
Hostrupholzer Weg 8
24873 Hostrupholz/Havetoft
✆ 0 46 03/13 96

Hans-Jürgen Gosch
Bergstr. 12
24850 Hüsby
✆ 0 46 21/49 73

Bioland-Hof Thies
Dorfstr. 3
24641 Hüttblek
✆ 0 41 94/2 14

Hartmut und Eckhard Schulz
Platenlaase 7
29479 Jameln
✆ 0 58 64/5 27

Hof Ahmen
Sunder-Plasmann
Wacholderweg 1
24376 Kappeln
✆ 0 46 44/5 71

Hof Olpenitzfeld
Volker Petersen
24376 Kappeln
✆ 0 46 44/4 92

Hans-Peter Beer
Sachsenwaldstr. 8
22929 Kasseburg
✆ 0 41 54/8 19 68

Hof Bokhorst
Friedrich-Wilhelm Axt
23746 Kellenhusen
✆ 0 43 64/82 44

Bioland-Fleischerei im
1000-Kölner-Markt
Alte Lübecker Chaussee 21
24113 Kiel
✆ 04 31/68 22 01

Gärtnerei Stoltenberg
Segeberger Landstr. 6
24145 Kiel
✆ 04 31/7 47 49

Metzgerei Wewer
Von-der-Tann-Str. 24
24114 Kiel
✆ 04 31/67 87 65

Hof Kubitzberg
Kubitzberg 2
24161 Kiel-Altenholz
✆ 04 31/32 28 53

Jürgen Schäfer
Kopelkaten 5
23881 Koberg
✆ 0 45 43/72 80

Köllner Hof
André Rostock
Dorfstr. 3
25337 Kölln-Reisiek

Hermann Jülich
Werkgemeinschaft
Donnerblock 18–20
22929 Köthel
✆ 0 41 59/5 18

Rolf Hell
Sophienkoog 20
25709 Kronprinzenkoog
✆ 0 48 51/32 01

Krumbecker Hof
Nicola und Gerhard Moser
23617 Krumbeck
✆ 45 06/14 14

Erdmann's Hof
E. Voß
Hauptstr. 21
21483 Krukow
✆ 0 42 53/5 54 20

Ute und Hans Richter-Harder
Dorfstr. 38
23829 Kükels
✆ 0 45 52/2 51

Harm Dallmeyer
Hauptstr. 8
24238 Lammershagen
✆ 0 43 84/13 64

Bioland-Hof Gottesgabe
Peter Hendrikson
24238 Lammershagen
✆ 0 43 84/15 85

Daniela und Jörn-Ulrich Schacht
Blocksdorf 3
24631 Langwedel
✆ 0 43 29/6 68

Bauernhof Nehls
Ernst-Walther Nehls
Dorfstr. 6
23881 Lankau
✆ 0 45 42/29 81

Holderhof
v. Beesten Missal
Riepe 17
27389 Lauenbrück
✆ 0 42 67/7 75

Dietrich Lohmann
Am Saatmoor 77
28865 Lilienthal
✆ 0 42 98/42 44

Margarethenhof
Hans und Maria Böckmann
Dorfstr. 1
25551 Lohbarbek
✆ 0 48 26/16 68

Hof Behnkenmühlen
Silke und Klaus Goldnick
24250 Löptin
✆ 0 43 42/23 53

Hof Seekamp
Familie Schepke
24250 Löptin
✆ 0 43 46/81 14

Marli-Werkstätten
Arnimstr. 95
23566 Lübeck
✆ 04 51/62 00 30

Martin-Friedrich
und Heide Fricke
Im Dorf 1
21335 Lüneburg
✆ 0 41 31/4 66 37
Hofführungen mit Picknick bei
gutem Wetter!

Hans-Jürgen Oswald
Röntgenstr. 57
21335 Lüneburg
✆ 0 41 31/4 03 97 78

Sonnenhof
J. und E. Loewe-Stiftung
Ochtmisser Str. 10
21339 Lüneburg
✆ 0 41 31/6 20 41

Hofgemeinschaft Riephof
K. E. Osthaus
Rieper Moor 2
29640 Lünzen-Riep
✆ 0 51 93/12 31

Lütauer Süßmosterei
Katthof 4
21483 Lütau
✆ 0 41 53/5 52 17

Hof Lütjensee
Günther Fielmann
Alte Schulstr. 13
22952 Lütjensee
✆ 0 41 54/7 04 74

Hartwig Heidemann
Trittauer Str. 33
22952 Lütjensee
✆ 0 41 54/78 76

Lebens- und Werkgemeinschaft
Grebinsrade
24238 Martensrade
✆ 0 43 84/9 16

Hans-Walter Lorenzen
Schrixdorfer Str. 8
24405 Mohrkirch
✆ 0 46 46/7 08

Hans-Heinrich Alvermann
Ilster 2
29633 Munster
✆ 0 51 92/25 18

Biogarten Nahe
Elke Wienberg und Otto Laber
Dorfstr. 26
23866 Nahe
✆ 0 45 35/60 45

Kinder- und Jugendhilfswerk
Salem
Kovahl
21369 Nahrendorf
✆ 0 58 55/12 45

Hof Tangsehl
Tangsehl 2
21369 Nahrendorf
✆ 0 58 55/12 78

Heinz Hagemann
Am Kamp 15
21398 Neetze
✆ 0 58 50/4 23

Dieter Schurig
Nr. 2
21398 Neetze-Süttorf
✆ 0 58 50/2 08

Rolf Stottenberg
Hohlegrufter Str. 4
23813 Nehms
✆ 0 45 55/4 24

Luddenhof
Grete Baden
Vahlzen 2

29643 Neuenkirchen
✆ 0 51 95/6 54

H. J. Meinheit
Hertel Nr. 1
29643 Neuenkirchen
✆ 0 51 95/12 60

Wilfried Wilkens
Bahnhofstr. 11
29643 Neuenkirchen
✆ 0 51 95/14 84

Ernst Adolf Allers
Scholien 1
21763 Neukirchen
✆ 0 47 51/33 70

Konrad Mehrens Obsthof
Am Bondenholz 26
24536 Neumünster
✆ 0 43 21/52 87 02

Opas Bauernhof
Familie Genzer
Dassower Str. 26
23942 Neunhagen
✆ 03 88 27/3 04

Gisa Quadflieg
Uhlenhoh
Muddweg 3
21640 Neunkirchen
✆ 0 41 42/39 22

Hof Ehlers – Nindorf
24594 Nindorf
✆ 0 48 71/17 22

Dagmar und Claus Dürsen
26764 Norddeich
✆ 0 48 33/23 04

Gudrun Wieczorek
Deichstr. 1
25764 Norddeich
✆ 0 48 33/24 53

Hof Odisheim
Michael Förster
Nr. 13
21775 Odisheim
✆ 0 47 56/6 13

Eschenhof
Ulrich Griener
Dösemoor 58
21734 Oederquart
✆ 0 47 70/74 69

Georg Ramm
Grüner Weg 4
21734 Oederquart
✆ 0 47 79/4 95

Alwin Bünger
Neu-Oldendorf 12
21385 Oldendorf/Luhe
✆ 0 41 32/4 45

Andreas Engel
Mühlenweg 1
21385 Oldendorf/Luhe
✆ 0 41 32/3 42

Hans-Rudolf Graack
Hochbrücksiel
25870 Oldenswort
✆ 0 48 64/4 20

Hof Nubhusen
Nubhusen 10
21762 Osterbruch
✆ 0 47 54/6 42

Hof Rüwkamp
Jörg Lutz
25590 Osterstedt
✆ 0 48 74/16 13

Albert-Wilhelm Oest
Vorweg 12
21762 Otterndorf
✆ 0 47 51/51 01

Volker Bielenberg
Uppn Barg 35
28870 Ottersberg
✆ 0 42 05/87 93

Heike und Stefan Schwabe
Siedlerstr. 39
26939 Övelgönne
☏ 0 44 80/16 02

Gerhard Göttsch
Dörpstraat 11
24253 Passade
☏ 0 43 44/96 75

Gärtnerhof Peter Wolff
Rodomstorstr. 85
24306 Plön
☏ 0 45 22/28 31

Rudolf Ohly
Pohnsdorfeld
24211 Pohnsdorf
☏ 0 43 42/8 67 78

Biolandhof Rothenhahn
Carsten und Malte Schlüter
24211 Postfeld
☏ 0 43 42/8 67 97

Hofgemeinschaft Poyenberg
Reihe 24
25581 Poyenberg
☏ 0 48 77/6 91

Reesdorfer Hof
Uwe Eybächer
Dorfstr. 6
24241 Reesdorf
☏ 0 43 22/31 58

Hof Bockum
Grunert und Böhm
21385 Rehlingen
☏ 0 41 32/17 73

Bio-Hof-Laden
Familie Schritt
23777 Rellin
☏ 0 43 65/3 82

Rendsburger Werkstätten
Marienhof
24768 Rendsburg
☏ 0 43 31/4 24 28

Jürgen Böttger
Hauptstr. 20
23847 Rethwischdorf
☏ 0 45 39/82 73

Herbert Cohrs (Schlachterei)
Buchholzer Str. 5
21224 Rosengarten
☏ 0 41 05/74 50

Ilona und Reinhard Harms
Alte Dorfstr. 7
21379 Rullstorf
☏ 0 41 36/2 71

Heinz Hagemann
Am Sod 2
21379 Rullstorf-Boltersen
☏ 0 41 36/81 92

Kay Hansen
Seestr. 49
23911 Salem
☏ 0 54 41/72 81

Edeltraud und Lothar Wischhusen
Tümlauer Chaussee 12
25826 St. Peter-Ording
☏ 0 48 63/87 13

Gut Kattenhöhlen
Carsten Redderberg
23683 Scharbeutz
☏ 0 45 03/7 22 24

Peter Blecken
Nutzfelde 2
21379 Scharnebeck
☏ 0 41 36/7 75

Hof Eichwerder
Wedig von Bonin
23730 Schashagen
☏ 0 45 61/99 10

Hof Sophienlust
Familie Klemmer und
Familie Müller
24241 Schierensee
☏ 0 43 47/33 60

Hof Mevs
Peter Zastrow
Senfstr. 7
24214 Schinkel
✆ 0 43 46/85 96

Gut Rosenkrantz
Ernst F. von Münchhausen
Rosenkrantzer Weg 100
24214 Schinkel
✆ 0 43 64/10 29

Gut Rosenkrantz
Meinolf Thiele
24214 Schinkel
✆ 0 43 46/48 10

Gemeinschaft Schinkel
Dieter Pansegrau
24214 Schinkel
✆ 0 43 46/61 26

Hof Hauberg
Inga und David Westphal
25776 Schlichting
✆ 0 48 82/9 10

G. und Jochen Bettaque
Dammberg 6
24640 Schmalfeld
✆ 0 41 95/8 49

Hans Brandt
Verein Naturschutzpark

Hof Tütsberg
✆ 29640 Schneverdingen
✆ 0 51 99/2 98

Joachim Piper
Luerberg 1
24217 Schönberg
✆ 0 45 34/5 78

Gärtnerhof Langenhagen
Heidi Matull
Hauptstr. 2
23744 Schönwalde a. B.
✆ 0 45 28/16 00

H.-Eggert Bock
Dorfstr. 31
24813 Schülp
✆ 0 43 31/8 82 51

Bioland-Hof Schulbusch
Manfred Johannsen
Jespenstr. 14
23823 Seedorf
✆ 0 45 55/4 92

Sabine von der
Mehden-Mende
Asheide 4
23823 Seedorf
✆ 0 45 55/4 07

Hof Neuenrade
I. und P. Stoltenberg
Neuenrade 4
23823 Seedorf
✆ 0 45 55/4 63

Ute Bernhardt-Wortmann
Neuenfelde 151
21218 Seevetal
✆ 0 41 05/5 18 42

Hans-Hermann Meyer-Sahling
Bahnhofstr. 60
21218 Seevetal
✆ 0 41 05/5 38 18

Hannemann Carstens
Kisdorfer Str. 14

24641 Sievershütten
✆ 0 41 94/15 15

Walter und Eva Asche
Visselhöveder Str. 90
29614 Soltau
✆ 0 51 91/1 51 41

Jürgen Lehmberg
Barmbruch 15
29614 Soltau
✆ 0 51 91/39 47

Joachim Scharner
Nr. 40
25258 Sommerland
✆ 0 41 26/13 02

Dirk Stoltenberg-Frick
Dorfstr. 36
24217 Stakendorf
✆ 0 43 44/13 43

Janosch Boethy
Süderwesterseite 172
21775 Steinau
✆ 0 47 56/80 08

M. Hamann und B. Russell
Schwienholt
24888 Steinfeld
✆ 0 46 41/89 65

Günter Heinrich
Bergfried Nr. 9
21720 Steinkirchen
✆ 0 41 42/23 04

Gemüsehof Steinsieken
24811 Steinsieken
b. Owschlag
✆ 0 43 36/33 39

Astrid und Werner Müller
Mühlenweg 26
21772 Stinstedt
✆ 0 47 56/7 01

Gerold Sagemüller
Malkendorfer Weg 16

23617 Stockelsdorf
✆ 0 45 05/7 65

Klaus Goettsche
Dorfstr. 22
24229 Stohl
✆ 0 43 08/8 04

Hans Peter Kruse
Dorfstr. 29
23815 Strukdorf
✆ 0 45 53/12 89

Hof Springe/Ökologische
Wirtschaftsgemeinschaft Falk
Springmann
23815 Strukdorf
✆ 0 45 53/8 40

Jan-Uwe Klee
Neubauer Heide 3
27367 Stuckenborstel
✆ 0 42 64/97 30

Eggert Wollatz
Hollschener Chaussee 14
25764 Süderdeich
✆ 0 48 33/6 93

Gut Wulksfelde
Wulksfelder Damm 15–17
22889 Tangstedt
✆ 0 40/6 07 12 03

K.-H. und L. Cordts-
Sanzenbacher
Lokert 10
25881 Tating
✆ 0 48 62/83 62

Ponyhof Hostrup
Kay-Hermann Hostrup
Medehop
25881 Tating
✆ 0 48 62/1 71 84

Christian Pahlow
Köhlingen 2
21371 Tosterglope
✆ 0 58 53/2 04

Gut Kamp
Thomas Isensberg
Kamp 4
23827 Travenhorst
✆ 0 45 55/8 53

Lindenhof / Volker Klüver
Dorfstr. 38
23827 Travenhorst
✆ 0 45 55/10 72

Bauckhof
Lisa Bauck
Klein-Süstedt
29525 Uelzen
✆ 05 81/7 34 35

Friedrich Lütjen
Verlüßmoor 16
27729 Vollersode
✆ 0 47 93/16 54

Rolf Hach
Westerdeich
25836 Vollerwiek
✆ 0 48 62/9 74

Hof Lütjensee
Betrieb Niendorf
Neuwahrstorferstr. 1
23948 Wahrstorf
✆ 01 61/2 43 14 15

Andreas Müller
Dorfstr. 8
21483 Wangelau
✆ 0 41 55/21 77

Ottmar Stollwerk
Neuenbrooker Weg 36
24250 Warnau
✆ 0 43 02/16 35

Erich und Hildegard Pusback
Heidmoorer Str. 31
24576 Weddelbrook
✆ 0 41 92/12 75

Forsthof
Heidrun und Joachim Schmidt

Cordshagen 4
21261 Welle
✆ 0 41 88/75 34

Johann Pauls
Markenkoog
24836 Welt
✆ 0 48 62/9 49

Landbau Wesselburen
Bahnhofstr. 20
25764 Wesselburen
✆ 0 48 33/8 90

Reimer Strufe
Krimmer Weg 4
25761 Westerdeichstrich
✆ 0 48 34/85 16

Bernd und Dörthe Tripmacker
Gärtnerhof Wingst
Olaf Joseph
Langenfelde 12
21789 Wingst
✆ 0 47 77/14 77

Gustav und Margret Stolzenburg
Lohbareker Str. 4
25551 Winselsdorf
✆ 0 48 26/57 02

Neulander Moor
Birkenstr. 53
21737 Wischhafen
✆ 0 47 70/76 85

Betriebsgemeinschaft Hermannshof
Wümme 5
21255 Wistedt
✆ 0 41 80/4 05

Hofgemeinschaft Großbüttel
25797 Wöhrden
✆ 0 48 39/12 99

Köllner Hof
Andre Rostoc
Dorfstr. 3
21502 Worth
✆ 0 41 52/7 75 93

Worther Bioland-Hof
Erhard Kiehn
Bogenstr. 10
21502 Worth
☎ 0 41 52/7 75 93

Anne und Harald Rzehak
Holanderallee 24
24214 Wulfshagenerhütten
☎ 0 43 46/82 41

Erich Cordts
Lübecker Straße 18
23619 Zarpen
☎ 0 45 33/81 55

Krupen Hof
Jutta Schröder
Hauptstr. 9
23619 Zarpen
☎ 0 45 33/17 67

Lothar Krüger
Glieneitz 3
29499 Zernien
☎ 0 58 63/12 68

Dietmar Schlüter
Tarmstedter Str. 24
27404 Zeven
☎ 0 42 21/63 77

Aus dem Wasser auf den Tisch –
Frische Fische

Was wäre Norddeutschland ohne Fisch in jeder Form. Wer über Land fährt, findet immer wieder kleine Fischräuchereien, bei denen der Fisch frisch, ja manchmal noch warm aus dem Rauch kommt.

Kreideseefischerei Pöpke
Horst Pöpke, der die Fische im Kreidesee bei Hemmoor züchtet, verkauft frische und geräucherte Seesaiblinge. Außerdem im Angebot: Lachs, Lachsforelle und Aal.
21745 Hemmoor bei Bremervörde
☎ 0 47 71/74 97

Fischspezialitäten Bening
Hier gibt es Aal, Maräne (beide nur von April bis Oktober), Lachs, Felchen, Hecht und Barsch.
24361 Holzbunge bei Eckernförde
☎ 0 43 56/3 27

Gutsverwaltung Kletkamp
Vom 15. November bis 15. Januar holt die Gutsverwaltung Aale, Welse und Hechte, die man direkt vor Ort kaufen kann, aus ihrer Fischereianlage. Außerdem gibt's von der Jagd des Guts auf Anfrage Schwarzwild, Damwild, Rehwild oder Enten frisch zum Mitnehmen.
24327 Kletkamp bei Plön
☎ 0 43 81/9 08 10
Fax 0 43 81/9 08 88

Bärbel und Rüdiger Jobmann
Aus dem Ratzeburger See holen die Jobmanns Maränen, Forellen und Aal. Die Fischerei und das Restaurant liegen direkt neben der Schloßwiese. Was man im Lokal auf den Teller bekommt, kann man sich vorher im Laden aussuchen.
Fischerei Ratzeburg
23909 Ratzeburg
☎ 0 45 41/35 59

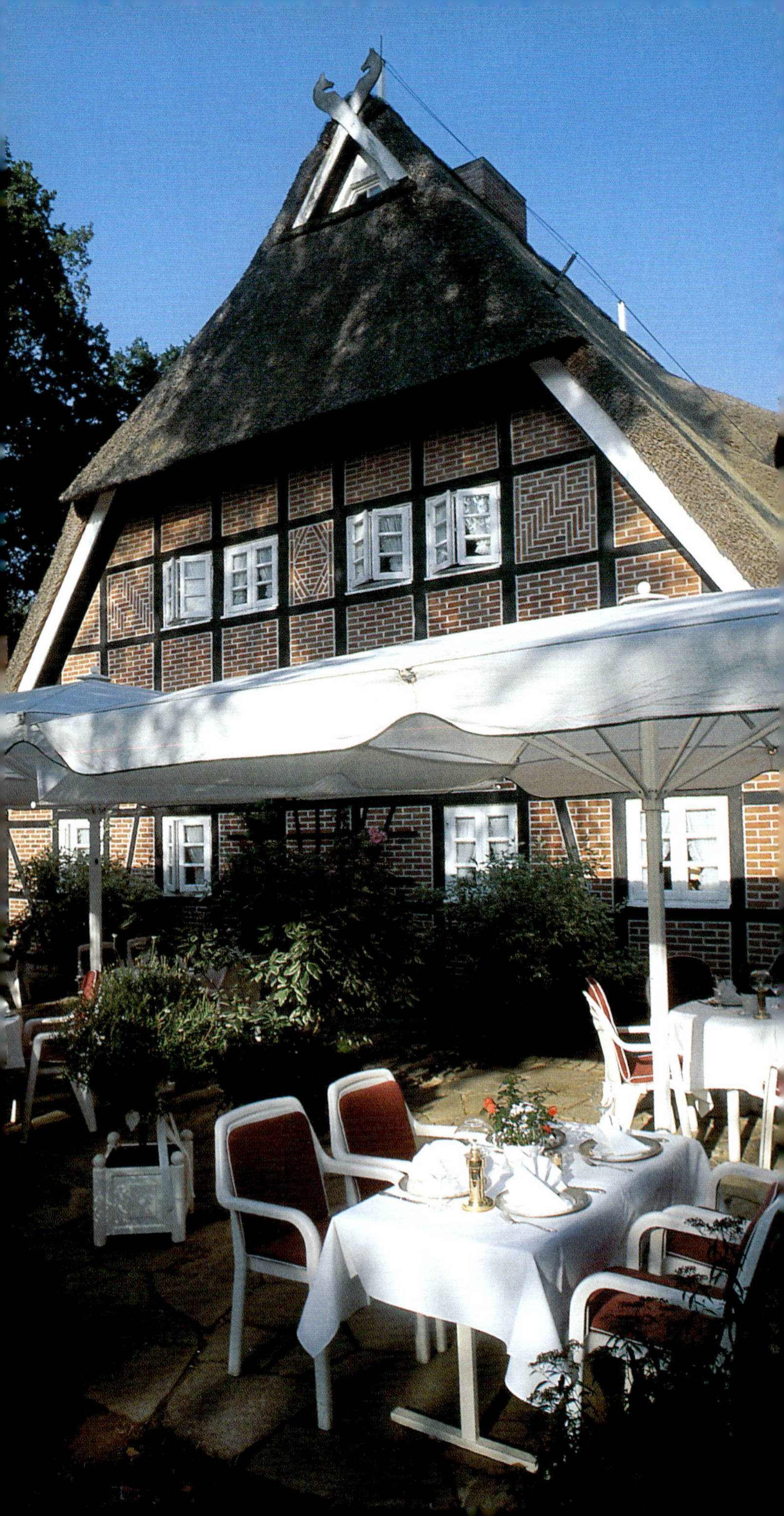

Essen und Trinken

Guten Appetit – Landgasthöfe

Die regionale Küche ist rund um Hamburg durchaus lebendig – lebendiger als andernorts in Deutschland. Das mag an den ausgezeichneten lokalen Produkten liegen, die die Norddeutsche Tiefebene hervorbringt: Spargel, Kartoffeln, Kirschen, Korn, Gänse, Äpfel, Heidschnucken, Salzwiesenlämmer, Aale, Wild, frischen Fisch und vieles mehr können die Köche direkt vom Erzeuger, Fischer oder Jäger nebenan beziehen. Die Küchenchefs, die sich mehr vorgenommen haben, probieren damit auch einmal neue Kombinationen aus – und die Gäste danken es ihnen. Das soll nicht heißen, daß auf dem Lande alles in Ordnung wäre. Viele Dorfgasthöfe haben aus Mangel an lokaler Nachfrage (das Fernsehen lockt die Bauern mehr als das Wirtshaus) schließen müssen, viele schlechte Köche haben den Brei verdorben, viele Anbauten und Einrichtungen sind schlicht und einfach scheußlich. Und selbst da, wo sich eine Wirtin oder ein Wirt um gepflegtes Ambiente bemüht, kommt einem mitunter das Grausen, so überdekoriert mit alten Möbeln und bäuerlichem Kitsch sind manche Gaststuben. Da wird ein nostalgisches Bild vom Leben auf dem Land gezeichnet, das mit der Realität wenig zu tun hat. Allzu selten sind schlichte (und preiswerte) Schankwirtschaften ohne übermäßige Ambitionen geworden, die sich auf einfache Gerichte mit dann allerdings erstklassigen Ausgangsprodukten beschränken. Das Motto »einfach und gut« scheint vielen Wirtsleuten noch arg suspekt zu sein. Sie packen lieber immer noch ein bißchen mehr auf den Teller und die Speisekarte, anstatt Italienisches und Französisches den Spezialisten zu überlassen. Nicht nur in der Stadt, auch auf dem Land findet man so immer wieder Hochstapler, die mit viel Brimborium und klangvollen Worten auf der Karte den Gästen das Geld aus der Tasche ziehen. Und nicht jeder Wochenendausflügler hat Lust, für ein gerade mal ordentliches Hauptgericht knappe 40 DM auf den Tisch zu legen. Aber es gibt Hoffnung: Immer mehr Gäste wissen zwischen Sein und Schein zu unterscheiden und meiden die Landgasthöfe, in denen trügerische Inszenierungen über mangelnde Leistungen hinwegtäuschen, und immer mehr Wirte und Köche haben Mut zum Schlichten und Einfachen. Dieser Führer versucht, solche Kochkünstler mit den richtigen Gästen zusammenzubringen.

1 Katerberg

Das Restaurant Katerberg am Westufer des schönen Bistensees im Naturpark Hüttener Berge ist gewiß keine spektakuläre Lokalität. Haus und Einrichtung sind eher altbacken bis gediegen. Nicht zu Unrecht ist das Haus beliebt: Das Sauerfleisch mit Korngelee, Bratkartoffeln und Kürbis (15,50 DM) ist jedenfalls die Reise wert. Vier Scheiben besten Fleisches, krosse Bratkartoffeln von selten genosse-

Hotel Meinsbur

Katerberg

Töpferhaus

ner Qualität und ein feines, würziges Gelee – was will man mehr. Der freundliche und aufmerksame Service tut das Seinige dazu. Inhaber Peter Engel, dessen Familie das Haus seit 230 Jahren (!) bewirtschaftet, züchtet seine eigenen Lämmer, so daß auch die Lammkeule mit Rosmarinjus (26,80 DM) allemal einen Versuch wert ist. Nur schade, daß der hübsche kleine Garten bei unserem Besuch trotz eines wunderschönen Sommerabends schon geschlossen war.

■ Katerberg
Dorfstr. 8
24811 Ahlefeld
✆ 0 43 53/9 97 00
Fax 0 43 53/10 01

Geöffnet: Warme Küche
12–13.30, 18–21.30 Uhr;
Kaffee 14.30–17 Uhr.
Ruhetag: Mo.
Betriebsferien: Februar.
Auch Hotel mit einfachen Zimmern (Doppelzimmer 110 DM).

Anfahrt: A 7 Richtung Flensburg bis zur Abfahrt Owschlag, weiter Richtung Eckernförde, zweite Abfahrt rechts.

2 Töpferhaus

Der Blick auf den Bistensee ist bestechend. In der späten Nachmittagssonne kann man auf der Terrasse des Töpferhauses seine Umwelt für ein Weilchen getrost vergessen. Das Interieur des Hotel-Restaurants bewegt sich unentschlossen zwischen gediegenelegant und rustikal. Die Küche legt ihren Schwerpunkt auf Regionales. Die Roulade vom Bistenseezander (sehr zu empfehlen) oder die Flugentenbrust in Himbeeressigjus mit Maisplätzchen und knackigen Zuckerschoten sind allerdings nichts für den kleinen Geldbeutel. Die Hauptgerichte kosten um die 40 DM. Wer trotzdem nicht auf die Aussicht verzichten möchte, sollte sich zu Kaffee und Kuchen auf der Terrasse niederlassen.

Siehe auch Landhotels, S. 177.

■ Töpferhaus
24791 Alt-Duvenstedt
✆ 0 43 38/4 02

Geöffnet: 12–13.30 und
18–21 Uhr.
Ruhetag: Keiner.
Betriebsferien: Keine.

Anfahrt: A 7 Richtung Flensburg bis zur Ausfahrt Hüttener Berge, weiter auf der kleinen Landstraße Richtung Holzbunge und Eckernförde. Zum Hotel-Restaurant Töpferhaus geht es nach ca. 1 km links ab.

3 Kiekut

Das schönste am Kiekut ist die Lage direkt an der Eckernförder Bucht. Die Terrasse liegt quasi am Strand, nebenan wird heftig gesurft. Trotzdem ist das Kiekut kein typisches Strand-Bade-Ausflugslokal, sondern ein richtiges Landgasthaus: eine backsteinerne Kate mit weißen Sprossenfenstern, leuchtendblau gestrichenen Holzbalken und Atmosphäre. Innen ist alles in dezenten dunklen Rottönen gehalten. Wirt und Koch Joachim Schlösser gibt sich alle Mühe, die Karte höheren Ansprüchen gerecht werden zu lassen und auch Vegetariern zu geben, was der Vegetarier ißt. Für sie stehen sechs Gerichte auf der Karte, z. B. Gebackene Kartoffeltaschen mit Frischkäse gefüllt und Salatteller (17,50 DM). Normalesser können sich unter anderem zwischen Seemannslabskaus Seute Deern (19,50 DM), Schleiaal in Aspik mit Bratkartoffeln (32,50 DM) und Forelle in Sauer (21,50 DM) entscheiden. Letztere ist allerdings vielleicht nicht jedermanns Geschmack, macht der zarte Fisch doch eine eher ungewöhnliche Wandlung durch: Er wird kräftig mariniert, auf daß er trocken, fest und würzig werde. Die Bratkartoffeln waren ausgesprochen gut.

■ Kiekut
Kiekut 1
24340 Altenhof
✆ 0 43 51/4 13 10
Fax 0 43 51/49 24

Geöffnet: Tägl. 11.30–23 Uhr, warme Küche 11.30–14.15 Uhr, 17.30–22 Uhr.
Ruhetag: Keiner.
Betriebsferien: Februar.

Anfahrt: Über die A 7 und die A 215 bis Kiel, weiter auf der B 76 Richtung Eckernförde. Kurz vor Eckernförde liegt das Kiekut rechts an der Eckernförder Bucht.

4 Hof Bucken

Hof Bucken ist ein gehobenes Ausflugslokal für die Urlauber aus der Umgebung – und darunter sind nun einmal viele Rentnerinnen und Rentner. Der weißgetünchte Hof liegt nur ein paar hundert Meter abseits der B 430, die die A 7 mit der Nordseeküste verbindet, mitten im Naturpark Aukrug. Die verschiedenen Gaststuben haben alten Charme, das Haus ist

Hof Bucken

deswegen aber noch kein stilistisches Kleinod. Der Garten (mit Terrasse) ist sichtlich das Hobby des Hausherren bzw. der Hausfrau, ein Teich mit Fontäne, steinerne Figuren, ein Kinderspielplatz, geben einen hübschen Rahmen für die nachmittägliche Kaffeepause. Die Küche ist auf Fisch aus holsteinischen Seen und Wild aus der eigenen Jagd spezialisiert, leider war der Hirschbraten trotzdem zäh und faserig, das Blaukraut verkocht und die Soße zu schwer von Mehl. Die Speisekarte ist dabei durchaus anspruchsvoll. Auch die Preise entsprechen mit bis zu 35 DM für ein Hauptgericht der gehobenen Kategorie, die Weinkarte hingegen ist bescheiden. Etwas mehr Mut, wie er sich in den angebotenen Vollwertgerichten schon andeutet, täte gut. Der Wald rundum lädt zum Verdauungsspaziergang ein; Fahrräder gibt es in Hof Bucken zu leihen.

■ Hof Bucken
24613 Aukrug
✆ 0 48 73/2 09
Fax 0 48 73/12 43

Geöffnet: Tägl. 6.30–23 Uhr; Mittagessen 12–14 Uhr, Abendessen 18–22 Uhr; Kaffee 14.30–17 Uhr.
Ruhetag: Keiner.
Betriebsferien: Keine.

Anfahrt: Der Hof Bucken liegt südlich der B 430 zwischen Neumünster und Hohenwestedt hinter Aukrug im Naturpark Aukrug, ca. 85 km von Hamburg entfernt.

5 Fürst Bismarck Mühle

Ein Haus mit Tradition: Die Aumühle wurde schon 1350 urkundlich erwähnt und mahlte bis 1959. 1871 erwarb die Familie derer von Bismarck das Anwesen, und heute schmücken zahlreiche Erinnerungsstücke an den Staatsmann die Räume. So hängt im Bismarckzimmer ein Lenbach-Porträt des Reichskanzlers. Besonders schön sitzt man auf den beiden Terrassen vor dem weißen Ziegelbau mit Blick auf den Sachsenwald und den Wasserfall der Mühle. Rund um die untere Terrasse ist ein hübscher Bauerngarten, der ›Schwedengarten‹, angelegt, der an die Tierwiese mit Schafen, Ziegen, Gänsen und Wildhühnern grenzt. An der Fürst Bismarck Mühle beginnt eine Reihe von traumhaf-

Fürst Bismarck Mühle

ten Spazierwegen durch den Sachsenwald. Wer danach Hunger und Durst hat, kommt in der Mühle auf seine Kosten. Dabei ist das Lokal keine schlichte Ausflugsgaststätte, sondern man pflegt eine gehobene Gastronomie zu den entsprechenden Preisen für eine anspruchsvolle Gästeschar. Als *amuse gueule* gibt es einen hervorragenden säuerlichen Dip zum Brot. Bei den Hauptspeisen wechseln Licht und Schatten. Der Beilagensalat mußte gleich den Rückzug in die Küche antreten, so zusammengefallen, welk und schlapp kam er an den Tisch, das Steinbeißerfilet im Wurzelsud mit Pommery-Senfsauce (29 DM) hingegen war ein Gedicht. Die Keule vom prominent auf der Karte vertretenen Reh (41 DM) schmeckte ebenso wie die Forelle mit Mandeln (25,50 DM) ordentlich. Rustikal und lecker war das hausgemachte Sauerfleisch im Weckglas mit leider ziemlich faden Bratkartoffeln (17,50 DM). Hervorzuheben ist der sehr aufmerksame und routinierte Service.
Siehe auch Landhotels, S. 177.

■ Fürst Bismarck Mühle
21521 Aumühle
✆ 0 41 04/20 28
Fax 0 41 04/12 00

Geöffnet: Do–Di 12–21.30 Uhr.
Ruhetag: Mi.
Betriebsferien: Keine.

LANDGASTHÖFE

Galerie Schloßgefängnis

Anfahrt: A 24 Richtung Berlin bis Abfahrt Reinbek, rechts abbiegen in Richtung Reinbek, ab der zweiten Ausfahrt des Zubringers ist der Weg nach Aumühle ausgeschildert.

6 Galerie Schloßgefängnis

Kaffee und Kuchen im Gefängnis, das läßt sich aushalten. Auf der Schloßinsel Rantzau kann man in diesen Genuß kommen, ist doch das ehemalige Gerichtsschreiberhaus, das auch die zwei früheren Gefängniszellen beheimatet, heute ein Café mit kleiner Terrasse am Wassergraben. Unter einem bunten Sonnensegel des hier lebenden Malers und Bildhauers Freddy Rode, von dem auch die Skulpturen stammen, die im Garten stehen, ißt man einen sensationellen Butterkuchen oder frühstückt am Sonntag vom großen Buffet (29 DM). Die Speisekarte ist klein, aber wer hierher kommt, will ja auch kein fürstliches Mahl, sondern vor allem die hübsche Lage und den Blick auf Enten und Seerosen genießen. Für den, der's mag, gibt es auf Vorbestellung für mindestens zehn Personen auch ein Knastessen mit stilgerechten Kostümen, Wasser und Brot sowie Essen aus dem Blechnapf.
   Ein Tip: Das Museum der Grafschaft Rantzau im ehemaligen Preußischen Amtsgericht nebenan ist sonntags von 14 bis 18 Uhr geöffnet.

■ Galerie Schloßgefängnis
Auf der Schloßinsel Rantzau
25355 Barmstedt
✆ 0 41 23/61 39
Fax 0 41 23/77 98

Geöffnet: Di-Sa 13-19, So und feiertags 10-19 Uhr, in der dunklen Jahreszeit bis 18 Uhr.
Ruhetag: Keiner.
Betriebsferien: Januar.

Anfahrt: A 23 Richtung Heide bis zur Ausfahrt Tornesch, weiter Richtung Barmstedt. Die Schloßinsel Rantzau liegt kurz vor der Stadt auf der rechten Seite.

7 Waldschlößchen Bösehof

Strenggenommen ist das Waldschlößchen kein Landgasthof (mehr), denn es liegt nicht gerade auf einer Waldlichtung, sondern am Ortsrand von Bederkesa. Über die Wiese und die alten Bäume vor der Terrasse des Waldschlößchens Bösehof hinweg blickt man auf das Moorheilbad und den Bederkesaer See. Der Bösehof ist eher edel als urig, wozu auch die großzügige Erweiterung im Landhausstil beiträgt. Das weiße Fachwerkhaus, ursprünglich ein 1826 gebauter

Waldschlößchen Bösehof

Gutshof, ist sehr gepflegt und verfügt auch als Hotel über alle modernen Annehmlichkeiten. Der Bremer Zuckerkaufmann Heinrich Böse, der dem Haus seinen Namen gab, gewährte dem Dichter Heinrich Hoffmann von Fallersleben, dem Autor des Deutschlandlieds, hier einst Asyl. Im Innern erinnert eine von seinen ›Bewunderern‹ gestiftete Gedenktafel an den Hauptmann Böse: »der Besten Einer«. Vielgelobt wird die Küche des Bösehofs: Die Limandes, die zu Unrecht relativ selten auf den Speisekarten zu finden sind, waren außergewöhnlich frisch und schlicht, aber lecker zubereitet, der Service sehr aufmerksam. Und so ist es kein Wunder, daß das Waldschlößchen Gnade vor den strengen Richtern des Gault Millau fand, die die »ehrliche Hausmannskost auf hohem Niveau« priesen.

Siehe auch Landhotels, S. 178.

■ Waldschlößchen Bösehof
Hauptmann-Böse-Str. 19
27624 Bederkesa
✆ 0 47 45/94 80
Fax 0 47 45/94 82 00

Geöffnet: Tägl. 9–23 Uhr.
Ruhetag: Keiner.
Betriebsferien: Keine.

Anfahrt: Bederkesa ist zwar nur gut 100 km von Hamburg entfernt, trotzdem muß man von der Innenstadt zwei Stunden Fahrzeit rechnen. Am schnellsten geht es auf der B 73 über Stade bis Hechthausen und weiter über Lamstedt nach Bederkesa.

8 Landhaus Meinsbur

Wunderschön neben einer Pferdekoppel liegt das Landhaus Meinsbur (s. Foto S. 126) im Heide-Luftkurort Bendestorf, einer der besten Adressen vor den südlichen Toren Hamburgs. Restaurant, Hotel und der parkähnliche, 6000 m² große Garten machen einen äußerst gepflegten Eindruck, sogar der große Parkplatz ist aufwendig gepflastert. Man weiß eben, was man seinen verwöhnten Gästen bieten muß. Nicht wenige von ihnen kommen vom nahen Fernsehstudio Bendestorf oder sind Mitglieder der Golfclubs in der Umgebung. Innen ist das Restaurant rustikal gemütlich eingerichtet. Auch hier wäre, wie in so vielen ländlichen Landgasthöfen, etwas weniger mehr, aber der reetgedeckte Fachwerkhof von 1810 ist kulinarisch eine erste Adresse. In der göttlichen frischen Steinpilzrahmsuppe (13,50 DM) schwammen dicke Brocken Steinpilze. Die halbe Flugente (mit Wirsing 37,50 DM) hielt höchsten Standard, und die Heidschnuckenkeule (36,50 DM) war gut, wenn auch etwas trocken. Wundervoll zart das Hirschrückenfilet mit frischen Steinpilzen und Bandnudeln, das allerdings etwas weniger Salz gebraucht hätte (43,50 DM). Reizvoll außerdem: Meerrettichcremesuppe mit Lachsstreifchen (13,50 DM), Aal grün in Dillsauce mit Gurkensalat (37,50 DM) oder Heidschnuckengulasch mit breiten Bohnen (32,50 DM). Sehr angenehm ist die Weinkarte mit erstaunlich vielen halben Flaschen.

Ein Tip: Ein Waldspaziergang durch den Bendestorfer Forst mit seinen Hünengräbern aus der Jüngeren Steinzeit.

Siehe auch Landhotels, S. 179.

■ Landhaus Meinsbur
Gartenstr. 2
21227 Bendestorf

✆ 0 41 83/7 79 90
Fax 0 41 83/60 87

Geöffnet: Tägl.; warme Küche 12–14.30, 18–22 Uhr; nachmittags Kaffee und Kuchen.
Ruhetag: Keiner.
Betriebsferien: Keine.

Anfahrt: Etwa eine halbe Stunde von Hamburgs Innenstadt über die A 7 Richtung Hannover, Abfahrt Ramelsloh, von dort 6 km bis Bendestorf.

9 Op de Deel

Von der Adresse darf man sich nicht täuschen lassen: Op de Deel liegt durchaus nicht in der Wildnis, sondern am Ortsrand von Glückstadt nahe am Anleger der Elbfähre Glückstadt – Wischhafen. Die reetgedeckte Kate mit ihren schweren alten Balken ist heftig mit ländlichem Gerät und Strohblumen dekoriert, ohne allzu überladen zu wirken. Die Speisekarte ist kurz, knapp und verständlich und besteht im wesentlichen aus drei Dingen: Matjes, Schnitzel und Bratkartoffeln. Für eine kräftige Brotzeit oder ein ordentliches Abendessen ist das mehr als genug, zumal etwa der Hering auch als sensationell milder Kräutermatjes (18,50 DM) auf den Tisch kommt.

Op de Deel

Die knusprigen Bratkartoffeln können allerdings nicht ganz ihren märchenhaften Ruf rechtfertigen, und was ein Früchtecocktail aus der Dose als Beilage dem Fisch zu bieten hat, weiß wohl nur der Koch persönlich.

■ Op de Deel
Am Neuendeich 127
25348 Blomesche Wildnis
✆ 0 41 24/87 00

Geöffnet: Mi–Sa ab 17 Uhr,
So 11–15 Uhr.
Ruhetage: Mo, Di.
Betriebsferien: Zwei Wochen im Juli.

Anfahrt: Von Elmshorn kommend, fährt man den Schildern ›Elbfähre‹ nach durch den Ortsteil Am Altendeich der Blomeschen Wildnis, ehe man nach 1–2 km erst rechts in den Ortsteil Am Neuendeich einbiegt und nach ein paar hundert Metern links auf das Lokal trifft.

10 Botheler Landhaus

Ein Niedersachsenhaus aus dem 18. Jh., in dem die Frau am Herd vom Gault Millau (15 Punkte) und vom Guide Michelin (1 Stern) ausgezeichnet wurde und ein Franzose (nämlich der Ehemann der Köchin) sich um die Gäste kümmert – diese Mischung macht neugierig. Und die Neugier wird belohnt. Wer sich auf die Reise nach Westen macht, findet in Bothel besagtes Niedersachsenhaus mit einem Restaurant, das jede Mühe lohnt. Pierre und Iris Precht-Hallé führen ihr Landhaus mit solchem Können und solchem Spaß an der Freud', daß man die gute Stunde Anfahrt von Hamburg gern in Kauf nimmt und das

Botheler Landhaus

Vergnügen nicht allein den Bremern überläßt. Sommers wird das Essen auf der grünen Wiese vor dem Reetdachhaus serviert, wenn's spät am Abend kühler wird, wechselt man fürs Dessert in die gute Stube. Wer Glück hat, sitzt draußen sogar auf schönen weißen Holzbänken. Französische Gastlichkeit umgibt den Gast von Beginn an. Die Brokkoli-Terrine als *amuse gueule* ist ein erster Hinweis auf eine lobenswerte Besonderheit des Hauses: Die Hallés sind auf Vegetarier als Gäste eingestellt. Stets findet sich ein ausgezeichnetes vegetarisches Menü auf der Karte. Das kann dann beispielsweise so aussehen: Tomatenparfait mit Basilikum, Wald- und Wiesensalat mit gebratenen Sesamplätzchen, Grünkernbällchen mit Kohlrabigemüse und neuen Kartoffeln, Müsliparfait mit Honigschaum und Aprikosenkompott. Das Menü kostet 59 DM und reizt nicht nur eingefleischte Vegetarier, sondern auch Menschen, die ansonsten gern ein Stück Fleisch zwischen den Zähnen haben. Selten genug bekommt man Vegetarisches in solcher Qualität und Raffinesse angeboten. Doch auch für Nicht-Vegetarier wird aufs trefflichste gesorgt. Die Bauern ringsum versorgen Iris Precht-Hallé mit einer ganzen Reihe hervorragender frischer Produkte. Dazu gehören Heidelachs (serviert auf eigenem Kaviar mit wildem Reis, 18,50 DM) ebenso wie Westerholzer Rinderfilet (mit Rahmpfifferlingen, Basilikum und Kartoffel-Gemüse-Rösti, 43 DM). Neben dem großen siebengängigen (98 DM) und dem kleinen (79 DM) Menü finden Interessierte auch ein Menü ›Aus dem Kochbuch der Niedersachsen‹, wie etwa Botheler Bauernsalat mit Nordseekrabben und Speckcroutons, Forellenrahmsüppchen mit Fenchelkraut, Schweinefilet mit Rahmpfifferlingen und Kartoffelpuffer und als Abschluß Buttermilchspeise Errötendes Mädchen, für 75 DM auf der Karte. Und Nachtisch-Fans können sich in der Saison an Heidelbeeren in Weingelee mit Tresterschaum und Traubeneiscreme (15,50 DM) delektieren. Mit Ausnahme der Forelle, die wie so viele ihrer Art, etwas muffig war, hat es uns auf dem Land selten so gut geschmeckt, haben wir uns selten so wohl gefühlt wie im Botheler Landhaus. Wenn im Winter das Feuer im offenen Kamin knistert, werden wir sicher wieder an den Tischen mit den schlichten weißen Spitzentischdecken sitzen.

Übrigens: Es lohnt sich, bei den Hallés anzurufen und sich ihr »Landhausmagazin« schicken zu lassen. Je nach Saison offerieren sie besondere Wochen, die mal ›Gemüseballett nach den Faschingstagen‹, mal ›Leichte Menüs mit den ersten Gartenkräutern‹ und mal ›Hermann Löns bei uns zu Gast – Originelles aus der Heide‹ heißen.

■ Botheler Landhaus
Hemsbünder Str. 10
27386 Bothel
✆ 0 42 66/15 17

Geöffnet: Di–Sa 18–24 Uhr.
Ruhetage: So, Mo.
Betriebsferien: Keine.

LANDGASTHÖFE

Anfahrt: A 1 Richtung Bremen bis Ausfahrt Sittensen, weiter Richtung Rotenburg und Soltau. 3 km nach Rotenburg kommt die Ortschaft Hemsbünde, dort geht es rechts ab nach Bothel.

11 Breitenburger Fähre

Ein einfacher Landgasthof mit ebenso einfacher Küche, dem Holztische und -stühle statt der Plastikmöbel im Garten gut zu Gesicht stehen würden. Mit einem Krabben- oder Schinkenbrot zum Bier kann man nichts falsch machen. Im unteren Teil des Biergartens mit Kleingartenatmosphäre stehen einige Tische in unmittelbarer Nähe zur Stör. Wer hier einen Platz erobert, kann den schönen Blick auf den Fluß und die dahinter liegenden Störwiesen genießen. Auf dem Deich entlang führt ein Spazierweg vorbei am Schloß Breitenburg bis nach Itzehoe.

■ Breitenburger Fähre
Am Breitenburger Schloß
25524 Breitenburg
✆ 0 48 28/62 00

Geöffnet: Tägl. 11–22 Uhr; warme Küche 12–14, 17–21 Uhr.
Ruhetag: Keiner.
Betriebsferien: Keine.

Breitenburger Fähre

Restaurant Neuland

Anfahrt: A 23 bis zur Abfahrt Lägerdorf, weiter bis Breitenburg.

12 Restaurant Neuland

Das Lokal ist in einem der ältesten Häuser des Alten Landes untergebracht. Wenn das Wetter schön ist, kann man in dem gepflasterten kleinen Hof zwischen dem grünweiß gestrichenen, reetgedeckten Fachwerkhaus und dem früheren Schafstall sitzen und die ländliche Ruhe hinterm Estedeich genießen. Die Speisekarte nimmt sich leider etwas zuviel vor: Scampi, Lachs und Chateaubriand muß auf einer Landpartie nicht sein. Die Bratkartoffeln waren etwas schlapp, in der Altländer Hochzeitssuppe (6,50 DM) fehlte der versprochene Eierstich, und die Lammfilets auf Basilikumsauce (29,50 DM) waren eine zähe, wässrige Enttäuschung. Immerhin: Die goldgelbe Kartoffelsuppe (5,50 DM) mit Schnittlauch war herrlich leicht. Neben ›Feuerschwert – brennend serviert‹ gibt es Gottseidank auch eine Reihe lokaler Gerichte wie Kutterscholle oder süß-sauer eingelegte Heringe. Ein schönes Ausflugsziel, dessen kulinarische Qualitäten schwanken.

■ Restaurant Neuland
Neuland 11
21614 Buxtehude

✆ 0 41 61/5 31 80
Fax 0 41 61/5 31 78

Geöffnet: Tägl. ab 11.30 Uhr,
warme Küche von 11.30–22 Uhr.
Ruhetag: Keiner.
Betriebsferien: Keine.

Anfahrt: Anreise über die B 73
oder durch den Elbtunnel, über
Finkenwerder, Cranz und Estebrügge nach Buxtehude, ca. 30 km
von Hamburg entfernt.

13 Estehof

Ein recht eigenwilliges Gasthaus,
dieser Estehof. Wo sonst gäbe es
einen Wirt, der auch an lauschig-
sten Sommerabenden sein Lokal
um 19 Uhr schließt und seinen
traumhaften Garten an der Este
den weißen Zwerghühnern, die
sonst zwischen den Gästen herum-
stolzieren, alleine überläßt? Estebrügge ist einer jener Orte im
Alten Land, deren Häuser sich am
Deich entlang reihen. Weil Estebrügge in den Genuß einer Umge-
hungsstraße gekommen ist, ist der
Ortskern in alter Schönheit erhalten geblieben. Die Brücke über die
Este, von der aus man einen Blick
auf die Hintergärten der Häuser
hat, offenbart auch die Aussicht
auf den Garten des Estehofs. Wer
ihn durch die Gaststätte oder an
der rechten Seite des 1669 erbauten Hauses vorbei betritt, wähnt
sich in einem verwunschenen
Labyrinth. Hinter Hecken,
Büschen und Tannen tun sich Lau-
ben und kleine Plätze mit jeweils
ein, zwei Tischen oder Separée-
gleiche Nischen auf. Vorne an der
Este hocken die Angler, Freizeitka-
pitäne tuckern vorüber oder legen
zum Nachmittagskaffee an. Die
Karte ist gehoben-bodenständig
und auf Tradition bedacht, das
Personal schnell, freundlich und
resolut. Die Wildente heißt
Moorender Senkrechtstarter
(39,50 DM), die saftige Hasenkeu-
le Schnelläufer von der Hove
(29,50 DM) und die Flugente Estebrügger Quakbütel (29,50 DM).
Der Aal heißt Aal und wird gebraten oder gekocht für stolze
50,50 DM offeriert. Dafür sind
die Portionen überreichlich, vom
Seniorenteller würde ein halbes
Altersheim satt, und der – leider
etwas faserige – Hase wird von
einer ganzen Kompanie von Beilagen, als da unter anderem wären
Kartoffelklöße, Kroketten und
frische (!) Erbsen, begleitet. Wer
leicht, wenig und kalorienarm speisen will, sollte sich fernhalten; wer
eine empfindliche Nase hat, nur
kommen, wenn das Elbe-Hoch
wasser auch die Este erreicht hat.
Ansonsten ist der Estehof eine
fabelhafte Adresse auf dem Land
mit einer ganz eigenen Note –
aber nur bis 19 Uhr!

Estehof

LANDGASTHÖFE

■ Estehof
Estebrügger Straße
21635 Estebrügge
✆ 0 41 62/2 75

Geöffnet: Fr–Mi 11–19 Uhr,
durchgehend warme Küche.
Ruhetag: Do.
Betriebsferien: Anfang Juli–
Anfang August.

Anfahrt: Über Finkenwerder und
Cranz, weiter Richtung Buxtehude, am Ortseingang von Estebrügge links in den Ort hineinfahren.

14 Sommerhof

Zwar weisen einige kleine Schilder in Fiefbergen zum Sommerhof, am Haus selbst macht einen aber nur ein kleiner handgeschriebener Zettel an der Eingangstür darauf aufmerksam, daß es sich hier um ein Restaurant handelt. Der Sommerhof am Dorfteich ist ein efeubewachsenes altes Bauernhaus mit schönem Giebel und einem eher untypischen Rundbogenfenster im ersten Stock. Die Decken sind niedrig, die Atmosphäre sehr familiär. Im Sommer kann man vor dem Haus in einem durch dichte Hekken abgeschirmten Garten sitzen. Hans und Marlies Wulff, das Wirtsehepaar, besorgen sich die Grundprodukte für ihre Speisen alle in der näheren Umgebung. Gemüse, Obst und Kräuter kommen vom eigenen Hof, Wild aus dem eigenen Revier, der Fisch fangfrisch aus der Ostsee oder nahegelegenen Seen. Die Küche ist gehoben-regional mit Gurkenrahmsuppe mit mariniertem Lachs (11 DM), gebratenem Stubenküken im Salatnest (17,50 DM) oder Lammrückenfilet in Basilikumsauce (35 DM). Ein schöner Ort mit feinem Essen.

Sommerhof

■ Sommerhof
Am Dorfteich 11
24217 Fiefbergen
✆ 0 43 44/66 85
Fax 0 43 44/44 98

Geöffnet: Mi–So ab 18 Uhr.
Ruhetage: Mo, Di.
Betriebsferien: Ende Februar und
Ende Oktober.

Anfahrt: A 7 und A 215 nach Kiel.
Dort der Beschilderung zum Ostufer folgen. Spätestens in Mönkeberg rechts nach Schönkirchen abbiegen. Dort weiter Richtung Schönberg. Fiefbergen liegt zwischen Probsteierhagen und Schönberg.

15 Niemeyers Heidehof

Der Heidehof liegt in Garlstorf, einem hübschen Dorf mit alten Bäumen. Dem Fachwerkhaus hat man indes mit der Modernisierung leider keinen Gefallen getan. Im Sommer speist man im gehegten Garten mit Wagenrad, Schwengelpumpe und kleinem Springbrunnen. Unvermeidlich scheinbar die weißen Plastikstühle und die allseits beliebten witterungsbeständigen Weichplastik-Tischdecken mit weißer Bordüre. Die Stärke von

Niemeyers Heidehof

Niemeyers Heidehof ist eindeutig die Küche. Selten genug in der Branche, steht hier die Frau des Hauses am Herd. Erika Niemeyer, 1994 von den Flair-Hotels, zu denen der Heidehof gehört, als ›Köchin des Jahres‹ ausgezeichnet, hat sich auf Heidschnucken, die Lämmer aus der Heide, und auf frischen Fisch spezialisiert. Auf der Karte finden sich denn auch ein ausgezeichneter Heidschnuckenrücken im eigenen Saft rosa gebraten (32 DM), Heidschnuckenzungen und Böhnchen (29,50 DM), Schnuckensülze oder Heidschnukkennieren mit Speckmantel am Spieß würzig gebraten (27,50 DM). Die leckere Sauerampfersuppe (8,50 DM) hätte etwas weniger Sahne vertragen, zu den Pfifferlingen mit Rühreiern gab's wunderbare Bratkartoffeln (21,50 DM), und die Neptunplatte (34 DM als Tellergericht) mit Seezungen- und Lachsfilet, Riesengarnele und Klößchen von Lachs- und Hechtschaum in Weißweinsauce war ein Genuß. Als Nachtisch empfehlen sich in Bierteig gebackene Apfelkrapfen (6,50 DM). Die Weinkarte ist gut sortiert. Wer Lust hat, kann auch einige Produkte mit nach Hause nehmen: Es gibt Honig, Blutwurst und Grützwurst in der Dose frisch zum Mitnehmen. Der Heidehof ist eine sehr empfehlenswerte Adresse, um nach einem Ausflug in die Lüneburger Heide gut zu essen.

Siehe auch Landhotels, S. 181 f.

■ Niemeyers Heidehof
Winsener Landstr. 4
21376 Garlstorf am Walde
✆ 0 41 72/71 27 oder 66 41
Fax 0 41 27/79 31

Geöffnet: Tägl. 12–14, 18–21.30 Uhr.
Ruhetag: Keiner.
Betriebsferien: 2–3 Tage vor Weihnachten.

Anfahrt: Bei guter Fahrt rund 20 Minuten von der Hamburger Innenstadt über die A 7 Richtung Hannover, von der Abfahrt Garlstorf ist es etwa 1 km nach Garlstorf (östlich der Autobahn), der Heidehof liegt mitten im Ort.

16 Jule

Das Ehepaar Hedwig und Norbert Vogel hat sich viel vorgenommen mit seiner Jule. In dem 100jährigen, gelbgestrichenen ›Doktorhaus‹ in der Ortsmitte von Gelting sollen die Gäste nicht nur gut speisen: Freitags gibt's ein Candlelight-Dinner mit Pianomusik, einmal im Monat ein klassisches Konzert, in dessen Pause ein Menü serviert wird. Maler und Fotografen bekom-

Jule

men im Restaurant die Möglichkeit, ihre Arbeiten auszustellen. Auf dem Tresen steht eine Spendendose, deren Inhalt den Störchen zugute kommen soll, und man verkauft Musikkassetten des Geltinger Shanty-Chors. Das Haus ist licht und offen, mit viel hellem Holz modernisiert, unaufdringliche Halogenlampen geben dem schlichten Raum Atmosphäre. Der Boden ist mit Terrakottafliesen belegt, und das ganze Ambiente erinnert – im besten Sinn – etwas an eine äußerst gepflegte alternative Kneipe. Man spürt, daß Dänemark nicht weit weg ist. Der selbstgebackene Kuchen schmeckt am allerbesten im Kaffeegarten unterm Kirschbaum oder in dem alten Wintergarten. Der besondere Stolz von Norbert Vogel sind seine Kreationen Dorsch in grüner Kräutersauce (25,50 DM), der laut »Feinschmecker« »... seinesgleichen sucht ...«, und Ganzer Dorsch aus dem Ofen für zwei Personen (48,50 DM). Der Dorsch kommt garantiert frisch vom Händler nebenan, und auch sonst bemühen sich die Vogels um frische Produkte aus der Region, vornehmlich aus ökologischem Anbau.

Siehe auch Landhotels, S. 182.

■ Jule
Schmiedestr. 1
24395 Gelting
✆ 0 46 43/25 00

Geöffnet: Tägl. 14–18 Uhr Café, 18–23 Uhr warme Küche.
Ruhetag: Keiner.
Betriebsferien: Mitte Februar.

Anfahrt: A 7 Richtung Flensburg bis Schleswig/Schub, weiter auf der B 201 nach Kappeln und dann auf der B 199 nach Gelting. Ca. 160 km, eindreiviertel Stunden.

Hotel zur Göhrde

17 Hotel zur Göhrde

Das Haus weckt zwiespältige Gefühle, und die rühren nicht einmal vom Essen her. Die Kohlroulade (14,50 DM) war saftig, riesengroß und schmeckte ganz lecker. Es ist vielmehr die etwas triste Atmosphäre in diesem eigentlich hübschen Fachwerkhaus mitten im ausgedehnten Waldgebiet der Göhrde, dem einstigen Jagdgebiet der deutschen Kaiser, am äußersten Rand der Lüneburger Heide. Düster die Einrichtung, wortkarg der Service. Von stiller, froher Gastlichkeit keine Spur. Dabei könnte es hier sehr schön und einladend sein, mit der Terrasse unter mächtigen alten Bäumen, den Wildschweinen im Gehege hinterm Haus und dem Ensemble alter Katen und Scheunen nebenan, in denen unter anderem die Kulturscheune des Bildungszentrums Jagdschloß Göhrde untergebracht ist. Auf der wechselnden Speisekarte des Hotels zur Göhrde stehen Deftiges und Regionales wie Wilseder Kräuterbraten, ein saftiger Burgunderschinken in einer Kruste typischer Heidekräuter (17,50 DM), und Wild aus der Göhrder Jagd, etwa Sahnewildgulasch in Rahmtunke mit Edelpilzen, Dunstapfelkompott mit Preiselbeeren und schwäbischen Eierspätzle (21,50 DM). Die Gegend ist traumhaft schön, vielleicht ist die Stimmung im Hotel zur Göhrde ja manchmal auch so.

Das Hotel verfügt über 4 Einzel- und 7 Doppelzimmer, Übernachtung mit Frühstück in Zimmern mit Dusche und WC ab 48 DM.

■ Hotel zur Göhrde
Kaiser-Wilhelm-Allee 1
29473 Göhrde
✆ 0 58 55/4 23
Fax 0 58 55/4 02

Geöffnet: Tägl. (im Winter tägl. außer Di) warme Küche 11.30–14, 17.30–21 Uhr; Kaffee und Kuchen 14–17.30 Uhr.
Ruhetag: Im Winter Di, sonst keiner.
Betriebsferien: Im Februar.

Anfahrt: A 1/A 7 bis zum Maschener Kreuz, weiter auf der A 250 bis zum Autobahnende, über die B 4 nach Lüneburg, weiter auf der B 216 Richtung Dannenberg.

18 Alte Mühle

Ein Biergarten in Hamburg! Da lacht das Herz der Bayern in der Diaspora. Und die Hamburger freuen sich über die ungeahnte Gemütlichkeit am Rande der Stadt. Die Alte Mühle liegt im Naturschutzgebiet Hainesch/Iland am Ufer eines kleinen Waldsees und vermittelt den vollkommenen Eindruck ländlicher Ruhe und Sittlichkeit. Dabei ist der Ring 3 gerade mal einen guten Kilometer entfernt. Der Biergarten unter Kastanien am Mühlenteich könnte im bayerischen Oberland nicht schöner sein. Man sitzt an langen Biergartentischen und rückt sogar zusammen, um Neuankömmlingen Platz zu machen. Das Wasser rauscht, die Vögel zwitschern, und die Maß Bier (in der Tat gibt es auch Maßkrüge!) zischt in den durstigen Kehlen. Das Essen ist reell. Spezialität des Hauses sind die frischen Forellen z. B. mit Mandeln gebraten (26,50 DM), beliebt auch die Nürnberger Bratwürste (16,50 DM). Es gibt eine kleine, eher rustikale Biergartenkarte. Für alle, die es etwas edler wünschen, stehen auf einer Terrasse vor dem Haus 24 Tische, für die die große Karte mit Jagdplatte Diana (ab 2 Personen, je 45,50 DM) und viel Wild Gültigkeit hat. Innen ist die Alte Mühle etwas altmodisch-bürgerlich, aber deswegen sind die Forellen und Karpfen aus dem eigenen Bassin sicher nicht schlechter.

Alte Mühle

■ Alte Mühle
Alte Mühle 34
22395 Hamburg-Bergstedt
✆ 0 40/6 04 91 71
Fax 0 40/6 04 03 78

Geöffnet: Mi–So 12–22.30 Uhr.
Ruhetag: Mo, Di.
Betriebsferien: Keine.

Anfahrt: Über Saseler und Bergstedter Chaussee, dann links in den Saseler Mühlenweg.

19 Zum Wattkorn

Vor ein paar Jahren nisteten hier noch die Störche auf dem Dach, und im Garten stolzieren noch heute Pfauen durchs Gelände. Dieser wilde, verwunschene Garten ist überhaupt das Schmuckstück des Wattkorns, sitzt man doch dort in einem grünen Paradies, ungestört und fern vom Streß der Stadt, die so nah ist. Mit dem Wachstum Hamburgs ist das Wattkorn immer näher an die Stadt herangerückt, und man mag Zweifel haben, ob es sich hier um einen richtigen Landgasthof handelt. Andererseits erinnert das schlichte Interieur der großen Gaststube durchaus an so manches Dorfwirtshaus, nur daß es dort kein zweites, altmodisch-edel eingerichtetes Wohnzimmer für die Gäste gibt wie im Wattkorn. Die Gäste bekommen überall das Gleiche zu denselben Preisen auf den Teller, ob sie nun elegant oder rustikal tafeln. Und auf den Teller kommen zuallererst einmal Enten. Die gibt es nämlich nirgendwo sonst auf der Welt so zart und knusprig wie hier, dafür sorgt Le-Canard-Chef Josef Viehauser, zu dessen Gastro-Imperium das Wattkorn gehört. Geführt wird das Haus von seiner Schwiegermutter Maria Altweck, einer gestandenen Niederbayerin, die mit ihrem resoluten Charme die Hamburger voll im Griff hat. Neben den legendären Enten (krosse Vierländer Ente mit Wirsing und Kartoffelknödel, 36 DM) offeriert die Küche eine Reihe unprätentiös leicht gekochter regionaler Gerichte vom hausgebeizten Lachs bis zum Lammrücken, bei deren Anblick einem das Wasser im Mund zusammenläuft. Lammrücken und Lammravioli auf Ratatouille und Salbeisauce bekommt man für 39 DM, die

Zum Wattkorn

Räucherfischsülze mit Limonensauce (Vorspeise) kostet 26 DM. Ein stimmiger Gasthof mit hervorragender Küche, in dem sich stadtnah Landluft schnuppern läßt.

■ Zum Wattkorn
Tangstedter Landstraße 230
22417 Hamburg-Langenhorn
✆ 0 40/5 20 37 97
Fax 0 40/5 20 90 44

Geöffnet: Di–So 12–14.30,
18–21.30 Uhr.
Ruhetag: Mo.
Betriebsferien: Keine.

Anfahrt: Von der Innenstadt Richtung Flughafen über die Alsterkrugchaussee und die Langenhorner Chaussee bis zum Krohnstieg, dem Ring 3, dort rechts. Nach 300 m links in die Tangstedter Landstraße.

20 Schierbaums Fischkate

Wie sieht ein Biergarten auf norddeutsch aus? Wie Schierbaums Fischkate! Eine Menge Holzbänke und -tische, aus halben Baumstämmen roh zusammengezimmert, am Ufer eines (des Hemmelsdorfer) Sees, davor Segelboote, deren Wanten im Wind singen, eine klei-

Schierbaums Fischkate

ne Kate daneben, in der frischer Räucherfisch verkauft wird – zum Essen vor der Tür oder zum Mitnehmen. Maränen, kleine wohlschmeckende Fische, sind dabei, Aal und Lachsforellen, Makrelen und Sprotten. Und dann: Liebe auf den ersten Biß. So können Genüsse erster Ordnung eben auch sein – schlicht und intensiv. Im Sommer, wenn die Touristenkneipen in den Strandbädern voll sind, schiebt sich am späten Nachmittag eine Karawane zum Hemmelsdorfer See und zu Schierbaums Fischkate. Recht haben sie – alle.

■ Schierbaums Fischkate
23669 Hemmelsdorf
✆ 0 45 03/29 10

Geöffnet: 1. Februar–15. März, Fr–So 8–18 Uhr Verkauf von Räucherwaren; ab 16. März tägl. außer Mi 8–18 Uhr.
Ruhetag: Ab 16. März Mi, 1. Februar–15. März Mo-Do.
Betriebsferien: Januar.

Anfahrt: A 1 Richtung Lübeck/Puttgarden bis zur Ausfahrt Ratekau, weiter Richtung Timmendorfer Strand. Hemmelsdorf ist die letzte Ortschaft vor Timmendorfer Strand. Schierbaums Fischkate liegt rechts von der Straße am See.

21 Hotel Seelust

Mitten im Naturpark Aukrug läßt es sich im Hotel Seelust ausgezeichnet speisen. Auf der Terrasse am See oder im ländlich-eleganten Speisezimmer kommen bevorzugt

Einen Katzensprung von Schierbaums Fischkate entfernt: der Hemmelsdorfer See

Hotel Seelust   *Kamphof*

regionale Köstlichkeiten auf den Tisch. Als da wären: Holsteiner Sauerfleisch mit Bratkartoffeln (15,50 DM), Räucheraal auf Kräuterrührei mit frischen Champignons, Bratkartoffeln und Salat (23,50 DM) oder Rehbraten aus der Keule mit Pfifferlingrahmsauce (29 DM). Man sitzt schön und ißt gut. Und im Sommer lockt der See vor der Nase zu einem kühlen Bad.

Siehe auch Landhotels, S. 183, und Badeseen, S. 69 (Foto S. 144).

■ Hotel Seelust
Seelust 6
25581 Hennstedt
✆ 0 48 77/6 77
Fax 0 48 77/7 66

Geöffnet: Mo, Mi–Fr ab 14.30 Uhr, Sa, So und feiertags ganztägig.
Ruhetag: Di.
Betriebsferien: Mitte Februar–Mitte März.

Anfahrt: A 7 Richtung Flensburg bis zur Ausfahrt Neumünster, weiter auf der B 430 bis Aukrug, dort links nach Hennstedt. In Hennstedt ist das Hotel ausgeschildert, es liegt rechts der Straße am See.

22 Kamphof

Himmelpforten liegt eine Viertelstunde hinter Stade und dem Alten Land am Rand des Kehdinger Moors, und das ist keine x-beliebige Gegend. Die Prominenz hat hier in den 70er und 80er Jahren Einzug gehalten, alte Bauernhöfe übernommen und hergerichtet. Rainer Wolter, der im Sommer 1994 seinen Kamphof eröffnete, hatte dem La Mer im Hamburger Hotel Prem einen Michelin-Stern erkocht, bevor er sich in Himmelpforten selbständig machte. Er erfüllte sich seinen Traum von einem Landgasthof mit zivilen Preisen. Das ehemalige Pfarrhaus mit seinem geräumigen Innenhof wurde innen wie außen vollständig renoviert. Äußerlich in niederelbischer Fachwerktradition unterm Reetdach, innen angenehm modern mit gedeckten Farben, vorwiegend Blaugrün, das gut zum Kirschholz des bequemen Mobiliars und zum Terrakottaboden paßt. In der Küche operiert Wolter nach dem Motto ›Talent und Passion‹. Er gibt sich nicht mit Altbekanntem zufrieden, sondern probiert behutsam neue Variationen aus, ohne in gewagte Experimente zu verfallen. Eintopf von Masthuhn mit Grießklößchen ist dafür ebenso ein Beispiel wie Maispoularden-Pilzsülze (22 DM), Scholle auf Rotwein-Schalotten (29 DM) oder auf der Haut gebratenem Lachs mit Basilikum-Kartoffelpüree (34 DM). Und wo hat man

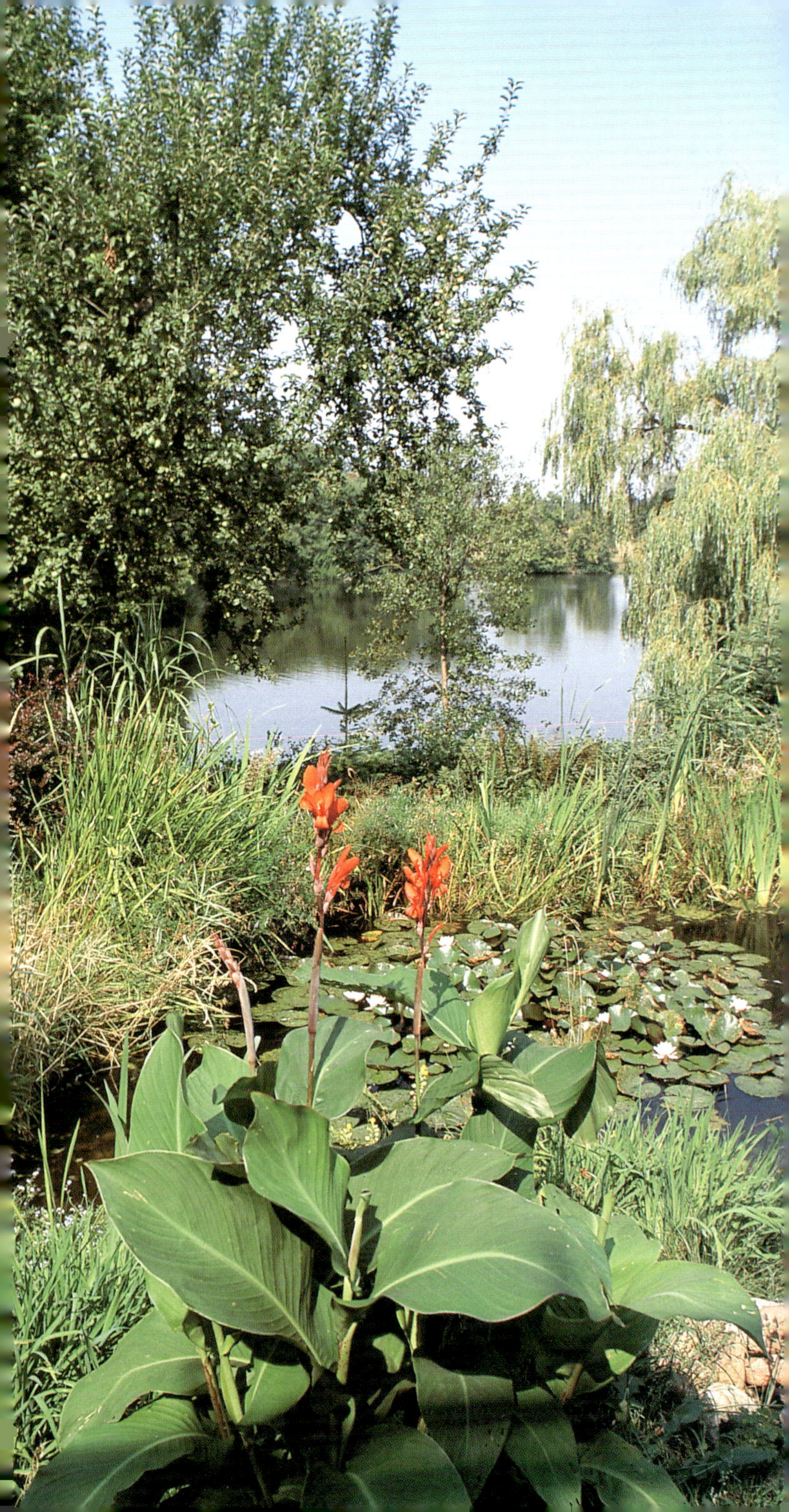

LANDGASTHÖFE

zuletzt in einem besseren Lokal eine Bratwurst auf der Karte gefunden? Ralf Wolter serviert sie (für 19 DM) auf Kartoffelbrei mit Paprika und Zucchini. So einfallsreich wie seine Rezepte sind auch Ralf Wolters Einkaufsquellen: Den Fisch holt er bei seinem Lieblingsfischwirt, den Honig vom Imker im nächsten Ort, das Gemüse vom Kehdinger Bio-Bauern, und auch bei den Eiern und dem Geflügel überläßt er nichts dem Zufall.

■ Kamphof
Hauptstr. 28
21709 Himmelpforten
✆ 0 41 44/33 31

Geöffnet: Di–So 12–14, 18–22.30 Uhr.
Ruhetag: Mo.
Betriebsferien: Keine.

Anfahrt: Über die B 73, mitten im Ort Himmelpforten auf der rechten Seite. Parkplatz hinterm Haus. Entfernung von Hamburg ca. 75 km.

23 Zum 100jährigen

Den Hof Nr. 12 in Hittfeld gibt es nachweislich schon seit dem 15. Jh., 1814 ersteigerte Johann Hermann Heinrich Steinwehe, Quartiermeister beim 4. Hannoverschen Cavallerieregiment, das Anwesen und eröffnete darin eine Gastwirtschaft. Zwei Jahre später nahm er die dazugehörige Brennerei wieder in Betrieb. Der Name sagt also nichts über das Alter des Gasthofs aus, sondern kommt vom hausgebrannten 35prozentigen

Der See bei Hennstedt im Naturpark Aukrug

Zum 100jährigen

Hittfelder Korn (2,30 DM), der 1892 eine Auszeichnung und den Namen 100jähriger erhielt. Überhaupt täuscht der erste Eindruck rein äußerlich gesehen: Wer glaubt, die dunkle, rauchgeschwängerte Wirtsstube mir ihrer tiefhängenden mit Stoff bespannten Decke, den bemalten Holzwänden und dekorativen Jugendstilpetroleumlampen, die später elektrifiziert wurden, mit den bequemen Sofas und den vielen alten Bildern sei auch ansonsten ein Überbleibsel aus vergangenen Tagen, der irrt. Georg Steinwehe IV. und V. haben das Ambiente erhalten und trotzdem neue Zeiten anbrechen lassen: Der Kuhstall wurde zum zweiten Gastraum umgebaut und mit alten weiß-blauen Kacheln geschmückt, die Toiletten sind nagelneu und blitzsauber, die Pfeffermühle am Tisch elektrisch betrieben, und das Publikum beschränkt sich nicht auf die Bauern aus dem Dorf, sondern besteht zum Gutteil aus zahlungskräftigen Gästen aus den südlichen Hamburger Vorortgemeinden, die Gefallen an der urigen Atmosphäre des 100jährigen gefunden haben. Dabei braucht man, um hier satt zu werden, keine dicke Brieftasche. Die Speisekarte ist im wesentlichen eine gehobene Brotzeitkarte mit bodenständigen Produkten, vornehmlich aus der eigenen Landwirtschaft: Da gibt es belegte Brote mit Leberwurst (7,90 DM) oder Sülze (11,50 DM), eine Schlachtplatte für 12 DM, einen Hausteller mit Bratkartoffeln (19,50 DM), Gewürzgurken (2 DM), ein sehr beliebtes Roastbeef mit Bratkartoffeln (18,80 DM) oder Aal in Gelee, ebenfalls mit (herrlichen) Bratkartoffeln für 16,50 DM. Zu den warmen Gerichten gehören Paprika-Gulasch (natürlich mit Bratkartoffeln, 14,50 DM) oder Roulade mit Weizenbrot (12,90 DM). Beim 100jährigen wird ohne jeden Schnickschnack herzhaft gegessen, und es kommen Dinge auf den Tisch, die man andernorts inzwischen leider allzu häufig vermißt.

Holsteiner Stuben

■ Zum 100jährigen
Harburger Str. 2
21218 Seevetal/Ortsteil Hittfeld
✆ 0 41 05/23 00

Geöffnet: Mi–Fr ab 16 Uhr,
Sa, So und feiertags ab 10 Uhr.
Ruhetage: Mo, Di.
Betriebsferien: 3 Wochen im Juli.

Anfahrt: A1 Richtung Bremen bis zur Abfahrt Hittfeld. Der Gasthof liegt mitten im Ort.

24 Holsteiner Stuben

Das winzige Dorf Högersdorf an der Trave liegt am Ende einer Sackstraße, und ohne die Holsteiner Stuben würde sich wohl niemand hierhin verfahren. Das reetgedeckte, backsteinerne Landhaus aus der Zeit der Jahrhundertwende gibt sich bescheiden und gepflegt: Innen dominiert helle, freundliche Gemütlichkeit, ohne mit bäuerlicher Dekoration viel Aufhebens zu machen. Auf der windgeschützten Terrasse und im hübschen Garten sitzt man ruhig und beschaulich unterm Sonnenschirm. Auffallend die überaus freundliche und kompetente Bedienung. Die Speisekarte wagt den Spagat zwischen Regionalküche und gehobenen Ansprüchen für die Geschäftsleute, die unter der Woche hier häufiger ihre mittäglichen Besprechungen abhalten. So findet man eine Fischsuppe von geräuchertem Aal oder eine Consommée mit Gemüse-, Apfel-, Birnen-, Pflaumen- und Fischeinlage (9,50 DM) ebenso wie eine vorzügliche aufgeschäumte Rieslingcremesuppe mit hausgemachten Lachsravioli (7 DM), wie sie auch in einem großstädtischen In-Restaurant auf der Karte stehen könnte. Für wenig Geld (21,50 DM) liebevoll zubereitet war das gefüllte Hähnchenbrustfilet mit einer exquisiten Estragonsauce, frischen Möhren (wann bekommt man die schon mal auf den Tisch?) und Petersilienkartoffeln. In den Holsteiner Stuben wird mit leichter Hand hervorragend gekocht.

Die Holsteiner Stuben sind auch ein Hotel, die Doppelzimmer kosten 125 DM inklusive Frühstück.

■ Holsteiner Stuben
Dorfstr. 19
23795 Högersdorf
✆ 0 45 51/40 41
Fax 0 45 51/15 76

Geöffnet: 11.30–14, 17.30–22 Uhr.
Ruhetag: Mi.
Betriebsferien: 3 Wochen im Februar.

Anfahrt: B 432, 3 km vor Bad Segeberg rechts, ca. 50 km von Hamburg entfernt.

25 Genueser Schiff

Ausnahmen von der Regel müssen sein. Eigentlich gibt es in diesem Buch keine Restaurants unmittelbar an der Nord- und Ostseeküste, denn Urlaub an der See ist etwas gänzlich anderes als eine Landpartie. Beim Genueser Schiff aber verschwimmen die Grenzen. Und außerdem ist es ein so schönes und ruhiges Fleckchen Erde, daß wir es im Buch nicht missen wollten. Hotel, Restaurant, Bar, Café – das Genueser Schiff ist alles in einem. Mehrere reetgedeckte Häuser an der (an dieser Stelle ziemlich niedrigen) Ostsee-Steilküste mit direktem Zugang zum Wasser, mit Blick auf die vielen Segelschiffe in der Hohwachter Bucht, das macht Lust und Laune. Zum kleinen Lunch (z. B. Fischgratin mit Spätzle und Gemüsen, 18,50 DM, oder kleine Hohwachter Scholle mit Bratkartoffeln, 19,50 DM), Kaffee und selbstgebackenen Kuchen oder Apfelstrudel sitzt man in rot-weißen Strandkörben auf der sattgrünen Wiese vorm Haus und läßt den lieben Gott einen guten Mann sein. Wenn der Wind zu heftig weht, kann man sich in die kuschelige Bar zurückziehen, und zum auch vom Gault Millau gelobten Essen geht es abends in das stilvolle kleine Restaurant im ersten Stock mit Blick aufs Meer und auf den Großen Binnensee. Dort offerieren Wirt Philipp Brandt und Koch Rainer Freund fangfrischen Fisch wie Steinbutt im Ganzen gebraten oder Mittelstück vom Hecht an der Gräte (je 36 DM). Für lobenswerte 55 DM gibt es beim Regenbogenmenü neben Aperitif und *amuse gueule* beispielsweise marinierten Tafelspitz mit Bohnensalat, Dorschfilet mit Senf und Kapern, geeisten Limonenschaum mit Himbeersauce und Kaffee. Alle Zutaten kommen aus naturnahem oder biologisch-kontrolliertem Anbau. Gekocht wird nicht ländlich schwer, sondern locker und leicht, was immer mehr Gäste zu schätzen wissen. Gut aufgehoben sind im Genueser Schiff auch Vegetarier, die hier bestens verköstigt werden.

Zum Übernachten werden eine Reihe individueller Hotelzimmer und Ferienwohnungen angeboten; siehe auch Landhotels, S. 183.

Genueser Schiff

■ Genueser Schiff
Seestr. 18

Gasthaus Horster Mühle

24321 Hohwacht
✆ 0 43 81/75 33
Fax 0 43 81/58 02

Geöffnet: Mi–Mo 18.30–21.30 Uhr, Bistro 12.30–22 Uhr.
Ruhetag: Di.
Betriebsferien: November, Januar, Februar.

Anfahrt: A1 Richtung Lübeck – Puttgarden, Ausfahrt Oldenburg in Holstein, weiter über die B 202 bis Lütjenburg, dort rechts ab und über eine sehr schöne kurvige Landstraße nach Hohwacht. Ziemlich am Ortsanfang geht es links ab.

26 Gasthaus Horster Mühle

Die Horster Mühle ist nicht nur als Gasthaus einen Besuch wert. Das Mahlwerk der 400 Jahre alten Wassermühle ist voll funktionsfähig. Die Mühle liefert außerdem kostenlos Strom nach dem neuesten Stand der Technik und versorgt das Gasthaus mit Energie. Ja, es bleibt sogar noch Strom übrig, der ins öffentliche Netz eingespeist wird. Die Horster Mühle im Seevetal, über die auch ein Buch erschienen ist (Werner Voß, »Es klappert die Mühle«), bietet von der Terrasse oder dem Wintergarten einen wunderschönen Blick auf die Mühle, die Seeve und die Pferdekoppel gegenüber. Wer Glück hat, kann auch noch Forellen oder Eschen beim Aufsteigen an der Fischtreppe beobachten. Kulinarisch ist Rustikales angesagt: deftige Bratkartoffeln oder Frisches aus der eigenen Hausschlachtung. Die Karte ist klein, die Portionen sind groß. Es gibt Roastbeef mit Bratkartoffeln (19 DM), Strammer Max mit Mettwurst (14 DM) oder Schlachtplatte mit vier verschiedenen Wurstsorten (13 DM). Wer auf *nouvelle cuisine* verzichten kann und statt dessen eine kräftige Brotzeit an einem idyllischen Ort vorzieht, ist hier recht am Platz. Auch er würde sich allerdings über einen knackigen Salat anstelle einer traurig-grünen 08/15-Beilage freuen.

■ Gasthaus Horster Mühle
Zur Wassermühle 4
21220 Horst/Seevetal
✆ 0 41 05/8 26 43

Geöffnet: Mo, Do, Fr ab 16 Uhr, Sa, So 10–15, 17–22 Uhr.
Ruhetage: Di, Mi.
Betriebsferien: Wechselnd.

Anfahrt: A 1 und A 250 Richtung Lüneburg bis zur Autobahnabfahrt Maschen, an der Ampel links Richtung Horst, im Ort rechts ab Richtung Seeve.

27 Das Alte Haus

Gut gegessen und gefeiert wurde in der alten Bauernkate von Henriette Dufresne schon lange bevor das Sommerhaus zu einem Restaurant wurde. Heute verwöhnt die gebürtige Dänin ihre Gäste mit dänischen Heringen und Smørrebrød.

Am offenen Feuer werden saftige Spareribs und Steaks gegrillt, dazu gibt es Salat vom Buffet und eine gebackene Kartoffel (25–30 DM). In der urigen Atmosphäre kann man über dem einen oder anderen Glas Wein leicht das schlechte Wetter und die Zeit vergessen.

■ Das Alte Haus
Bahnhofstr. 1
29479 Jameln
✆ 0 58 64/6 08

Das Alte Haus

Geöffnet: Di–So 18–24 Uhr.
Ruhetag: Mo.
Betriebsferien: Keine.

Anfahrt: A 1 oder A 7 bis zum Maschener Kreuz, weiter auf der A 250 bis zum Autobahnende, über die B 4 nach Lüneburg, weiter auf der B 216 Richtung Dannenberg. Kurz vor Dannenberg auf die B 248 Richtung Lüchow, links Landstraße nach Jameln.

28 Herbstprinz

Der Herbstprinz, benannt nach einer lokalen Apfelsorte, ist ein traditionsreicher Landgasthof für Alte-Land-Ausflügler. Der prächtige 300jährige Obstbauernhof steht zu Recht unter Denkmalschutz. Seit 1980 betreibt die Familie der rührigen Wirtin Renate Pahlke

Herbstprinz

darin ein Restaurant. Die einzelnen Stuben, die Tenne, die Diele, die alte Küche mit ihren buntbemalten geschnitzten Balken blieben erhalten, sogar den Alkoven, die ehemalige Bettstelle, gibt es noch. Sie dient heute als Mini-Separée für maximal vier Gäste. Nebenan gibt es eine kleine separate Kate für Hochzeits- oder Geburtstagsgesellschaften. Das Lokal ist mit antiken Stühlen, alten Sofas und Tischen fast schon etwas zu perfekt eingerichtet, im Hintergrund erklingt auch mittags klassische Musik. Nur schade, daß der hübsche kleine Garten recht nahe an der vielbefahrenen Straße liegt. Auf der Speisekarte stehen viele regionale Spezialitäten wie die berühmte Altländer Hochzeitssuppe (11 DM), eine Rindfleischbrühe, begleitet von Graupen, Rosinen und Rosinenbrot, hausgemachte Sülze mit Bratkartoffeln (19,50 DM) oder Finkenwerder Scholle. Küchenchef Klaus Strobel beschränkt sich allerdings nicht auf Lokales, sondern offeriert Rindermedaillons in Gorgonzolasauce ebenso wie Wildpfeffer mit Brombeersauce oder Flugentenbrüstchen. Die Spargelcremesuppe (8,50 DM) fiel etwas dick und sämig aus, das dreigängige Mittagsmenü für 29,50 DM mit Rinds- und

Schweinefilets in Paprika war eine reelle Sache. Witzig und passend das Apfelmenü (75 DM nur für Gesellschaften auf Vorbestellung) unter anderem mit Apfelsuppe, St. Petersfischfilet mit Bratapfel gefüllt mit Blattspinat, Apfelpfannküchlein und dem anschließenden Apfelbrand. Der Herbstprinz ist alles andere als ein Geheimtip, für Familienfeiern ist man im Hause bestens gerüstet: Sowohl ›Damen in Altländer Tracht‹ für Fremdenführungen als auch Zauberkünstler oder Scherenschneider stehen auf Wunsch zur Erbauung der Gäste bereit.

■ Herbstprinz
Osterjork 76
21635 Jork
✆ 0 41 62/74 03
Fax 0 41 62/57 29

Geöffnet: Di–Fr 11.30–15, 17.30–23.30 Uhr, Sa durchgehend 11.30–23.30, So durchgehend 11.30–22 Uhr.
Ruhetag: Mo.
Betriebsferien: 14 Tage im Januar oder Februar.

Anfahrt: Durch den Elbtunnel über Finkenwerder am Deich entlang bis zur Mühle in Jork-Borstel, links nach Jork-Zentrum, dann 500 m links nach Osterjork.

29 Gut Kleve

In dem 1902 erbauten Herrenhaus sind die meisten der Jugendstilelemente erhalten geblieben. Das ganze Haus hat eine besondere Art verstaubten Charmes, und man ist zwiespältig, ob man der Eigentümerin Dörte Groth-Beckmann dafür dankbar sein soll oder ob man dem Haus etwas mehr Glanz

Gut Kleve

wünschen möchte. Das Gut steht mitten in einem Naturpark, und so ist es kein Wunder, daß überall an den Wänden präparierte Tiere hängen, ja sogar der Kronleuchter in der großen Diele, in der man auch speisen kann, ist aus Geweihen gearbeitet. Küchenchef Bernhard Beckmann bringt viel Regionales von der Rehsülze über das Salzwiesenlamm bis zum schwarzen Heilbuttfilet auf den Tisch, entwickelt daraus aber eigene Rezepte wie eine Saltimbocca von der Salzwiesenlammkeule mit Ratatouille und Kartoffelgratin (33,50 DM). Das Kalbsrückensteak mit Spargel war für ländliche Verhältnisse mit 39 DM schon an der Preisobergrenze und dafür dann nicht aufregend genug. Die Portionen sind groß, die Weinkarte ambitioniert und wohlkalkuliert, das Ambiente originell. Die Wirtsleute geben sich viel Mühe mit ihren Gästen. Bei schönem Wetter kann man auf der Terrasse sitzen, und in der Gutsschenke gibt es ein separates Café. Neben dem Gutshaus stehen Pferdeställe, Reithalle und Dressurviereck, auf dem Gelände kann man häufig größeren Kutschgespannen beim Training zuschauen. Es können auch Kutschfahrten organisiert werden, und für Kinder gibt es die Möglichkeit, auf einem Pony zu reiten.

Siehe auch Landhotels, S. 185.

LANDGASTHÖFE

■ **Gut Kleve**
Hauptstr. 34
25554 Kleve
✆ 0 48 23/86 85
Fax 0 48 23/68 48

Geöffnet: Mi–So 18–22 Uhr,
Sa, So auch 12–14 Uhr.
Ruhetage: Mo, Di.
Betriebsferien: Mitte Januar–
Mitte Februar.

Anfahrt: A 23 bis Itzehoe/West,
weiter auf der B 5 Richtung
Brunsbüttel, dann rechts die B 431
Richtung Meldorf bis Kleve, in
Kleve am Ortsausgang rechts.

30 Klützer Mühle

Der Weg ist das Ziel. Für Neugierige mit einem Schuß Abenteuermut ist die Fahrt von Lübeck nach Klütz ein Vergnügen. Kopfsteinpflaster, grünschimmernde Alleen, Seitenstraßen zu unentdeckten wilden Ostseestränden, die Backsteinkirche von Kalkhorst, das schwer ramponierte ›Schloß‹ Schwansee mit Blick auf die Lübecker Bucht – das hat schon was. Die Klützer Mühle ist schon seit 1985, seit Vorwendezeiten also, ›gastronomische Einrichtung‹ und hat eine Art realsozialistischen Rustikalcharme. Im ersten und zweiten Stock sieht man die Mühlenarchitektur schöner als im Erdgeschoß und sitzt auch gemütlicher. Außerdem geht der Blick von oben leichter hinweg über die häßlichen Siedlungshäuser von Klütz, hinein in die sanfte Hügellandschaft Mecklenburg.

Klützer Mühle

Abstecher in die Umgebung von Klütz

Am Essen gibt es nichts zu bemängeln. Die Karte mischt Klassisches und Regionales ohne große Überraschungen. Gekocht wird solide, und das heißt ja schon etwas, denn abgesehen von einigen guten Restaurants in den größeren Städten ist die Gastronomie in Mecklenburg-Vorpommern immer noch ein trauriges Kapitel. Die Forelle Müllerin (23,50 DM) war groß, gut, frisch und hatte nichts Muffiges, wie das Forellen sonst oft an sich haben. Allenfalls war sie in etwas zuviel Butter gebraten, da hatte es der Koch besonders gut gemeint. Sehr lecker und fest auch die Petersilienkartoffeln. Eine echte Götterspeise war der gleichnamige Nachtisch nach Mecklenburger Tradition: in Rum getränktes Schwarzbrot mit Sauerkirschen und Sahne (5,50 DM). Nach dem Besuch der Klützer Mühle bietet sich ein Besuch im nur 3 km entfernten, wiedererblühenden Ostseebad Boltenhagen mit seiner endlos langen Strandpromenade an.

Grander Mühle

■ Klützer Mühle
An der Mühle 1
23948 Klütz
✆/Fax 03 88 25/5 53

Geöffnet: Tägl. 11–23 Uhr.
Ruhetag: Keiner.
Betriebsferien: Keine.

Anfahrt: A 1 nach Lübeck, weiter auf der B 104 Richtung Rostock bis Dassow, dort links ab nach Klütz.

31 Grander Mühle

Am Rand des Sachsenwaldes am Flüßchen Bille steht die Grander Mühle, ein zu Recht beliebtes Ausflugsziel der Hamburger mit Garten neben dem knarzenden Mühlrad. Die Kornmühle arbeitete schon im 14. Jh., und solange ist das Haus auch eine Gaststube, hatte doch jeder Müller auch ein Schankrecht. Das Fachwerkhaus mit seinen grau gestrichenen Balken, dem ausgetretenen Holzfußboden und viel echter Patina hat zusätzliche Dekoration nicht nötig und unterscheidet sich damit positiv von vielen anderen Landgasthäusern. Schön die blauen und weißen Tischdecken und das Geschirr mit dem blauen Streifen. Selten auf einer Speisekarte zu finden ist der geräucherte Heilbutt mit Kräuterrührei (17,50 DM). Die Steinpilzsuppe (8,50 DM) war ebenso lecker wie die Wildentenbrust mit Trauben-Pfifferlingssauce und Rosenkohl (33,50 DM). Außerdem im Angebot: ein – allerdings etwas faseriges – Hirschrahmgulasch mit Waldpilzen, Preiselbeerbirne und Apfelrotkohl (22,50 DM) oder fangfrischer Aal mit Gurkensalat (32 DM). Der Service ist sehr effektiv, die Karte ist (vielleicht ein bißchen zu) umfangreich, die Preise sind akzeptabel, und vor allem ist die Grander Mühle, in der angeblich auch schon Feldmarschall Blücher bewirtet worden ist, von der Hamburger Innenstadt in einer halben Stunde zu erreichen. Die frühere Scheune wurde zu einem kleinen, am Wochenende oft ausgebuchten

Hotel umgebaut, dessen Gästen der Hausherr persönlich das Frühstück zu servieren verspricht.
Siehe auch Landhotels, S. 186, und Mühlen, S. 62.

■ Grander Mühle
Lauenburger Straße
22958 Kuddewörde
✆ 0 41 54/24 12

Geöffnet: Mi–Mo 12–23 Uhr, Küche bis 22.30 Uhr.
Ruhetag: Di.
Betriebsferien: Unterschiedlich.

Anfahrt: A 24 Richtung Berlin bis zur Ausfahrt Witzhave.

32 Gasthaus zur Kloster-Mühle

Welch Erholung! Endlich einmal ein Landgasthof mit geschmackvollem, modernem und trotzdem ländlichem Ambiente. Eine Oase für die Sinne, drinnen wie draußen. Das Gasthaus zur Kloster-Mühle liegt romantisch an einem kleinen Mühlenteich, auf dem die Enten schwimmen, die Tische für den Bier- und Kaffeegarten stehen sogar direkt am Ufer. Das ganze Anwesen ist ein 800 Jahre altes Rittergut, der Gasthof liebevoll renoviert. Buchsbaumgesäumte Fuchsienrabatten führen an der Terrasse vorbei zum Haus, die Gaststube ist hell und freundlich in verwaschenem Gelb gestrichen. Das Geschirr besteht aus unterschiedlichen alten Tellern, vor dem Tresen steht ein runder Tisch mit bunten Korbsesseln zum Klönen. An den Wänden hängen moderne Stilleben in kräftigen Farben – alles wirkt aufgeräumt, fröhlich und leicht. Die Karte mit gerade mal sechs Hauptgerichten (24,50–33,50 DM) ist klein – was

Gasthaus zur Kloster-Mühle

gewiß kein Fehler ist. Regionales wird durch Mediterranes ergänzt. Das Geschnetzelte von der Masthuhnbrust mit Reis, Karotten und Kohlrabi war angenehm sommerlich leicht. Die halbe Klosterente wird im Backofen geschmort und mit Kirschrotkohl und Kräuterpüree serviert, der Seeteufel auf einem Artischocken-Tomatengemüse mit Thymiansauce und Rösti. Wirt Rolf Walter Schwarze und Koch Olaf Böttjer geben sich viel Mühe, damit sich auch auf den Tellern die beschwingte Lockerheit des Ambientes widerspiegelt.

■ Gasthaus zur Kloster-Mühle
Alte Wassermühle 7
27419 Kuhmühlen
✆ 0 42 82/7 84
Fax 0 42 82/47 25

Geöffnet: Di–Sa 14.30–24, So 11.30–23 Uhr.
Ruhetag: Mo.
Betriebsferien: Januar.

Anfahrt: A 1 Richtung Bremen, Abfahrt Sittensen, weiter Richtung Zeven, kurz nach Groß Meckelsen geht es rechts ab.

33 Zur Schleuse

Auf diesen idyllischen Landgasthof stößt bestimmt so leicht niemand

Zur Schleuse

Geöffnet: Mi–So 10–24 Uhr,
Küche 12–14.15, 16–22 Uhr.
Ruhetage: Mi, Di.
Betriebsferien: Keine.

Anfahrt: A 1 bis zum Bremer Kreuz, weiter A 27 Richtung Bremerhaven bis zur Ausfahrt Bremen/Horn/Lehe. Weiter nach Lilienthal. Unmittelbar nach der Brücke über die Wümme scharf links und am Wümmedeich entlang.

durch Zufall. Allzu schnell übersieht man in Lilienthal nach der Brücke über die Wümme links das Schild, das auf den Gasthof Zur Schleuse hinweist. Und selbst wer dem Schild folgt, mag lange nicht glauben, daß er auf dem richtigen Weg sei. Über mehrere Kilometer schlängelt sich die schmale Straße am Deich entlang, bis endlich in einer Flußbiegung das Gasthaus vor einem liegt: ein reetgedecktes Haus zwischen alten Bäumen mit einer wundervollen Terrasse zur Wümme hin. Mancher Gast kommt mit dem Boot oder der Fähre zur ›Schleuse‹. Der Gastraum ist eher konventionell bieder, im Flur findet man eine alte Stockpfeifensammlung, das Personal ist freundlich und das Essen ländlich-kräftig. Die Schleuse gilt bei den Bremern als beliebte Bratkartoffelkneipe. Wir waren zur Spargelzeit da (Portion mit Kartoffeln und Sauce hollandaise 24,50 DM) und recht zufrieden. Schnitzel (12,50 DM) und Rührei (plus 6 DM) waren lecker. Außerdem auf der Karte: regionale Spezialitäten wie Knipp oder Sülze; Wild gibt es auf Vorbestellung.

■ Zur Schleuse
Truperdeich 35
28865 Lilienthal
✆ 0 42 98/20 25

34 Forsthaus Seebergen

Die Szenerie könnte einem amerikanischen Märchenpark entstammen: ein von Birken umstandener See wie aus dem Bilderbuch, über den majestätische Schwäne gleiten, mehrere kleine und größere hölzerne Hexenhäuser mit weißen Sprossenfenstern um den See verteilt, eine weiße Holzbrücke, eine Terrasse am See – so präsentiert sich das Forsthaus Seebergen an den Schwanenteichen in Lütjensee. Das renommierte Forsthaus bietet im Innern eine ganze Reihe von Gaststuben, Jagdzimmern und Salons von rustikal bis zu gediegener ländlicher Eleganz. Dadurch relativiert sich auch die Größe. Immerhin bietet das Haus 250 Gästen Platz, und im Garten stehen noch einmal 120 Plätze zur Verfügung. Von den meisten Tischen hat man einen schönen Blick auf den See, und wer im Sommer auf der Terrasse sitzt, hört als kleine Nachtmusik die Frösche quaken. Das Forsthaus ist groß, bekannt und beliebt, und diese Mischung führt meist zum glei-

Den Blick auf die Wümme gibt's im Gasthof Zur Schleuse gratis

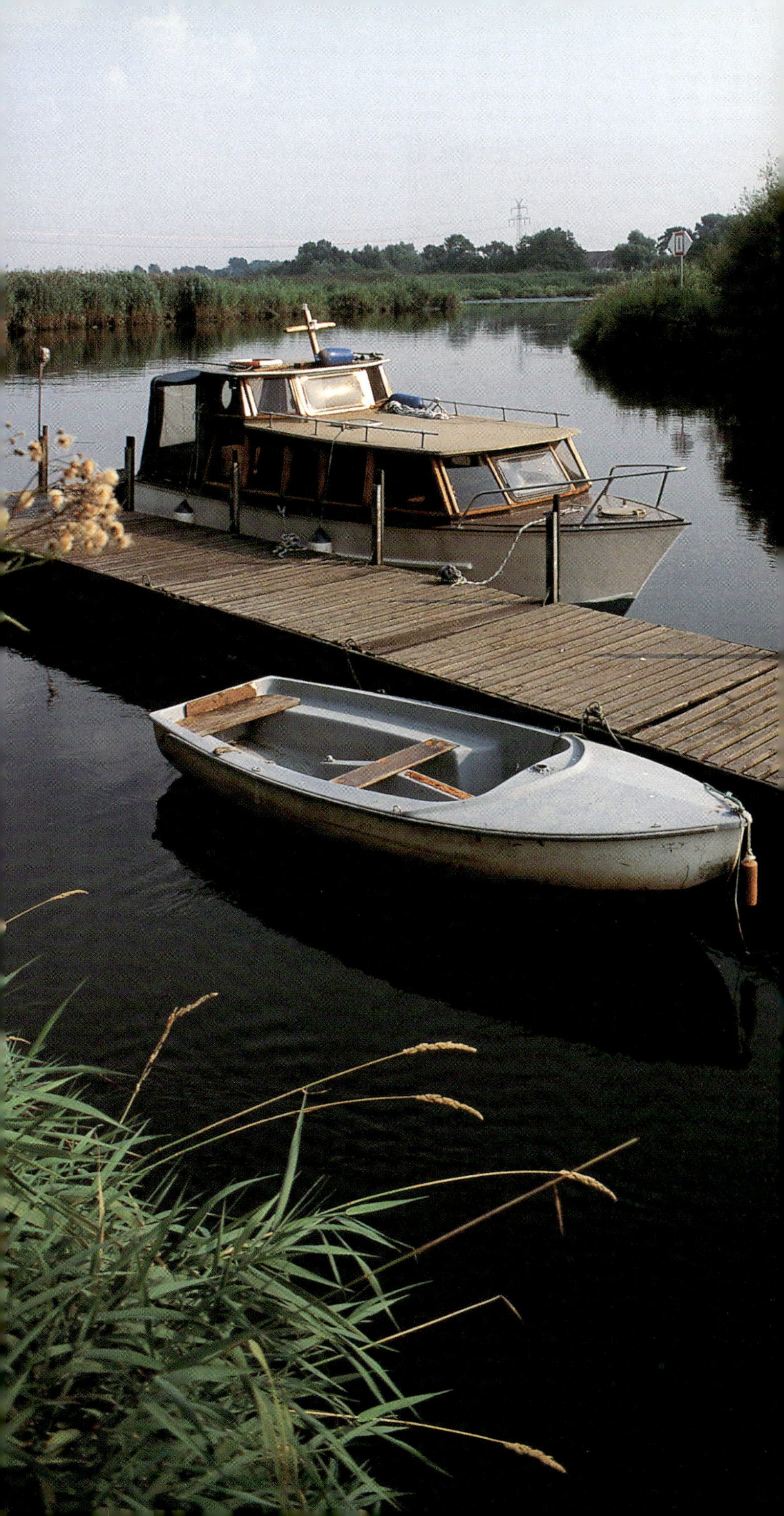

Forsthaus Seebergen

chen gastronomischen Ergebnis: solide Qualitätsküche ohne inspirative Ausreißer zu relativ hohen Preisen. So ist es auch hier. 17,50 DM für ein Katenschinkenbrot auf dem Holzteller sind ganz schön happig. Das Ochsen-Entrecôte (35,50 DM) war perfekt gebraten, die Portion so groß, daß der Gast am Nebentisch, der selbiges bestellt hatte, sich den Rest »für unsere kleine Katze« einpacken ließ. Die Pfifferlinge zum Wild waren etwas zu schwach angebraten und ließen so ein bißchen Würze vermissen, aber im großen und ganzen schmeckte es ausgezeichnet. Die Damen vom Service in blauweiß gestreiften Schürzen und gestärkten weißen Blusen überzeugten durch Freundlichkeit und Schnelligkeit. Trotzdem herrschte eine etwas geschäftsmäßig-routinierte Atmosphäre. Kurz: Wir fühlten uns nicht so heimelig wohl, wie man es dem äußeren Anschein nach eigentlich hätte erwarten können. Eine kleine Anmerkung noch zum Cappuccino: Das Forsthaus Seebergen hat zu den zwei bekannten Varianten, der italienischen mit geschäumter Milch und der deutschen mit Sahne, noch eine dritte Möglichkeit gefunden. Nach Auskunft der Bedienung nimmt man hier aufgeschäumte Kaffeesahne. Eine ehrliche Auskunft, bei der es einen Cappuccino-Liebhaber aber fröstelt.

Siehe auch Landhotels, S. 188.

■ Forsthaus Seebergen
An den Schwanenteichen
Seebergen 9–15
22952 Lütjensee
☎ 0 41 54/7 92 90
Fax 0 41 54/7 06 45

Geöffnet: Di–So 12–21.30 Uhr.
Ruhetag: Mo.
Betriebsferien: Keine.

Anfahrt: A 1 Richtung Lübeck bis zur Ausfahrt Ahrensburg, über Siek nach Lütjensee. In Lütjensee geradeaus über die große Kreuzung, nach ca. 500 m links Richtung Forsthaus Seebergen.

35 Fährkrug

Und es lebt doch noch, das Filetsteak ›Hawaii‹. Hoch im Norden Niedersachsens, in Osten an der Oste, hat es auf der Speisekarte des ›Flußhotels‹ und Restaurants Fährkrug die schnieken 80er Jahre überstanden. Direkt neben der Schwebefähre Osten, einem imposanten technischen Baudenkmal, steht der Fährkrug mit Terrasse am Wasser. Ein paar Treppenstufen führen hinauf zum 1764 erbauten Krug, der

Fährkrug

leider nur noch von vorne sein altes Aussehen bewahrt hat. Ein moderner Hotel- und Restaurantanbau raubt dem Gasthof viel von seinem Charme und auch die biedere Inneneinrichtung ist nicht jedermanns Geschmack. Trotzdem zählt der Fährkrug unter den Stammgästen aus der näheren und ferneren Umgebung als guter Tip. Vor allem das Gänseessen im November und Dezember zählt zu den gastronomischen Highlights der Gegend. Statt Gans kann man es auch mal mit dem Oste-Aal in Dill (31,50 DM) oder mit frischem Oste-Stint in Speck gebraten mit Selleriesalat (26,50 DM) versuchen. Der Ort ist eine Art Museumsdorf und einen Besuch wert.

Der Fährkrug ist auch ein Hotel, Doppelzimmer 80–125 DM.

■ Fährkrug
Deichstr. 1
21756 Osten
✆/Fax 0 47 71/23 38

Geöffnet: Im Sommer tägl. 7–22, im Winter 7–21 Uhr. Ab 7 Uhr Frühstück; warme Küche 12–15 und 18 Uhr bis Betriebsschluß.
Ruhetag: Keiner.
Betriebsferien: 3 Wochen im Januar.

Anfahrt: Auf der B 73 über Stade bis Hemmoor, dort auf die B 495 nach Osten an der Oste.

36 Forsthaus Hessenstein

Das Gebiet um Lütjenburg an der Hohwachter Bucht ist geographisch und kulinarisch eine besonders ergiebige Ecke Norddeutschlands. Mit dem Genueser Schiff in Hohwacht, dem Sommerhof in Fiefbergen und dem Forsthaus Hessenstein reiht sich eine gastronomische Perle an die andere. Und jede hat ihre ganz eigene Art. Schon von weitem sieht man den gezackten roten Schauinsland Hessensteins auf dem 128 m hohen Pilsberg. Eine steile, staubige Straße führt hinauf zum Aussichtsturm, und erst wenn man fast oben ist, entdeckt man linker Hand das Forsthaus mit der Terrasse vor dem Haus zu Füßen des Turms. Den freilich sollte man noch vor dem Essen besteigen, denn mit vollem Magen geht es noch beschwerlicher hinauf, auch

Forsthaus Hessenstein

wenn der Turm, den Landgraf Friedrich von Hessen 1841 errichten ließ, nur 17 m hoch ist. Listigerweise gibt es auf halber Strecke an der eisernen Wendeltreppe eine Drehtür, die sich nur gegen Bezahlung (1 DM) öffnet und den Weg bis ganz nach oben freigibt. Von der Zwischenplattform kann man schon durch die bunten Glasfenster bis zur Ostsee schauen, und von oben hat man einen herrlichen Rundumblick. Nach der Kletterei folgt im Forsthaus dann die Belohnung. Zwei Möglichkeiten stehen zur Auswahl: das Bistro mit Gerichten zwischen 16 DM und 30 DM oder die gute Stube, in der es nur ein vier- und ein siebengängiges Menü zur Auswahl gibt (80 DM bzw. 140 DM). Die Menüs wechseln täglich je nach Einkauf und Laune von Koch Thorsten Neumann, und so muß man sich überraschen lassen, was einem der sehr freundliche Service mündlich präsentiert. Das reicht von der Gänsestopfleber über den Bachsaibling und die Maispoularde bis zu Mandelbuchteln. Wer's lieber eine Nummer kleiner hat, dem ist mit dem sehr gemütlichen Bistro bestens gedient. Dort gibt es beispielsweise eine kräftige Bauernsuppe (8,50 DM), hausgemachte Schinkensülze mit Bratkartoffeln (16,50 DM) oder sehr leckere Ochsenschwanzravioli mit Spinat für 18,50 DM. Schön *al dente* die Nudeln mit Pesto und Edelfischen (18,50 DM), und auch der Matjestopf (übrigens eine kräftige Portion) mit Bratkartoffeln (16,50 DM) war nur zu loben. Wirt Peter Marxen und sein Team bemühen sich, Regionales in modernen Variationen auf den Tisch zu bringen. Heraus kommen dabei zum Beispiel Dorsch im Kartoffelmantel mit Linsen (24,50 DM) oder Holsteiner Ziegenquark mit Honig (12,50 DM) als Süßspeise. Das Forsthaus Hessenstein bietet eine angenehme ländlich-leichte Atmosphäre ohne jede Düsterkeit. Blaukarierte Tischdecken, weiße Stoffservietten, schlichte Wasserglaser, moderne eiserne Kerzenhalter und Kopien von Ernst Kahls gastronomischen Karikaturen aus dem »Feinschmecker« an den Wänden sorgen dafür, daß man sich rundum wohlfühlt. In der guten Stube ist alles noch eine Spur edler, die Wände sind holzgetäfelt und ochsenblutrot gestrichen, ohne daß deswegen honorige Steifheit aufkäme. So bietet das Forsthaus Hessenstein für jeden Anlaß das Richtige und ist immer eine Visite wert.

■ Forsthaus Hessenstein
24321 Panker
✆ 0 43 81/94 16
Fax 0 43 81/31 41

Geöffnet: Mi–Fr 17–23 Uhr, Sa ab 14 Uhr, warme Küche ab 18 Uhr, So ab 12 Uhr; im Juli und August auch Di; von Januar bis März nur Fr–So.
Ruhetage: Mo, Di; im Juli und August nur Mo.
Betriebsferien: Im November.

Anfahrt: A 1 Richtung Puttgarden bis Oldenburg, weiter über die B 202 Richtung Kiel bis Lütjenburg, dort rechts ab nach Darry. Kurz nach Darry geht es links zum Forsthaus Hessenstein.

37 Ole Liese

Das Gut Panker ist ein herrliches Ausflugsziel in der holsteinischen Hügellandschaft unweit der Ostsee – und das wissen ziemlich viele Menschen, weshalb es am Wochenende im Sommer schon einmal voll werden kann. Das historische Gasthaus Ole Liese (erbaut 1797) ist denn auch nicht mehr unbedingt ein Geheimtip, selbst Loriot speiste hier schon und war zufrieden. Jedenfalls wollte er »eigentlich nie wieder weg …«. Man sitzt entweder auf der kleinen

Ole Liese

Terrasse vor dem Gasthof mit Blick aufs Herrenhaus und auf die ostpreußischen Trakehner, die hier nach dem Krieg weitergezüchtet wurden, oder in einer der kleinen Stuben. Zu den gastronomischen Qualitäten des Hauses läßt sich noch nichts Genaues sagen, da der neue Pächter die Ole Liese erst 1996 wiedereröffnet. Es handelt sich freilich um Peter Marxen, der mit dem nahegelegenen Forsthaus Hessenstein so viel Eindruck gemacht hat, daß man um die Ole Liese nicht fürchten muß.

Siehe auch Landhotels, S. 189.

Maack-Kramer's Landgasthof

■ Ole Liese
Gut Panker
24321 Panker

Öffnungszeiten, Küche etc. standen bei Drucklegung noch nicht fest. Voraussichtlich wird wie im Forsthaus Hessenstein montags Ruhetag sein. Wiedereröffnung der Olen Liese voraussichtlich im Juli/August 1996.

Anfahrt: A 1 Richtung Puttgarden bis Oldenburg, weiter über die B 202 Richtung Kiel bis Lütjenburg, dort rechts ab nach Darry und weiter zum Gut Panker.

38 Maack-Kramer's Landgasthof

Bis unters Dach wächst der Buchsbaum an Maack-Kramer's Landgasthof in Pattensen gegenüber der Kirche. Ein schmuckes Bauernhaus aus dem Jahr 1888, in der dritten Generation im Familienbesitz, mit großer klassischer Diele, innen gediegen, fast schon etwas altdeutsch-bürgerlich eingerichtet. Gelbe Butzenscheiben, alte Holzbalken, künstliche Blumensträuße auf dem Tisch – nein, so schön das Haus von außen ist, wegen des Ambiente würde man wohl nicht von Hamburg herfahren. Zumal es im Sommer leider keinen Wirtsgarten gibt. Maack-Kramer's Landgasthof ist trotzdem sehr beliebt, und mancher Gast ohne Reservierung mußte am Wochenende schon wieder kehrtmachen. Die Fans dieses Landgasthofes kommen wegen des Essens, denn so unspektakulär und klassisch-gut wird man leider nur noch selten bekocht. In Maack-Kramer's Landgasthof steht mit Marlis Schulz eine Frau in der Küche. Die Karte ist grundsolide und ohne modischen Schnick-schnack. Ihre Bratkartoffeln werden weithin gerühmt, und wann hat man zuletzt eine Möhrensuppe auf der Karte gesehen, die dazu noch – mit Kräutern und grünem Pfeffer gewürzt – ein Genuß zum Reinknien war und mit 7 DM eine echte Okkasion? Äußerst zart die Hirschmedaillons mit lecker-lockeren Serviettenknödeln, Brokkoli und leider etwas strohigen Bohnen (29,80 DM). Schade, daß die ansonsten gelungene Rahmsauce kaum nach den versprochenen Steinpilzen schmeckte, geschweige denn, daß sich solche in ihr gefunden hätten. Erfreulich zivil sind die Preise für den Nachtisch: Da schlägt eine Vanillemousse auf Fruchtsaucen mit frischen Früchten mit 8,50 DM zu Buche, und die Beeren mit Vanilleeis und Krokantsplittern gibt es schon für ganze 6 DM. Mit Ausnahme eines Cabernet Sauvignon werden nur offene Weine aus Deutschland zu Preisen zwischen 6–7 DM fürs 0,2-Liter-Glas angeboten.

Niedersächsisches Bauernhaus

■ Maack-Kramer's Landgasthof
Blumenstr. 2
21423 Pattensen
✆ 0 41 73/2 39
Fax 0 41 73/67 49

Geöffnet: Di–Sa ab 17 Uhr,
So 10–14 und ab 17 Uhr.
Ruhetag: Mo.
Betriebsferien: Juli.

Anfahrt: A 7 Richtung Hannover bis Ausfahrt Thieshope, dann über Thieshope nach Pattensen.

39 Niedersächsisches Bauernhaus

Plön und die Holsteinische Schweiz sind vielen Hamburgern zu touristisch, zu herausgeputzt, zu glatt und kommerziell. So schön das alte Zentrum Plöns sein mag, so wenig Authentisches ist vom Erfolg verschont geblieben. Eine lobenswerte Ausnahme bildet das Niedersächsische Bauernhaus auf der Prinzeninsel. Schon diese Insel selbst ist eine Besonderheit: Zu slawischer Zeit wurde sie, damals noch mit dem Land verbunden, besiedelt. Später staute man den See, und es wurde eine echte Insel daraus, auf der 1693 zuerst eine Bauernkate gebaut, 1704 vom Plöner Herzog Adolf ein Tiergarten angelegt und schließlich 1770 das jetzt dort stehende Bauernhaus errichtet wurde. Als man 1881 den Wasserspiegel des Sees um 1,70 m absenkte, wurde die Prinzeninsel wieder ›landfest‹. Ihren heutigen Namen bekam sie Anfang des Jahrhunderts, als die Söhne Kaiser Wilhelms II., die in Plön ins Internat gingen, die Insel als Erholungsort nutzten und gleichzeitig im Bauernhaus in der Landwirtschaft unterrichtet wurden. Passend dazu auch die lateinische Inschrift über dem Hauseingang, die da sagt: »Nichts Besseres gibt es, nichts dem freien Mann Würdigeres, als den Landbau.« Noch heute ist die – trotzdem frei zugängliche – Prinzeninsel im Besitz der Hohenzollern, »des vormals regierenden Preußischen Königs- und Deutschen Kaiserhauses«, wie eine Tafel am Weg erklärt. Wer ins Niedersächsische Bauernhaus will, muß entweder eine Bootsfahrt oder einen 2 km langen Fußmarsch hinter sich bringen. Mit dem Auto ist das Gasthaus nicht zu erreichen. Unter dem grünen Dach alter Eichen führt der breite Weg von Plön und dem Parkplatz die ganze lange, schmale Halbinsel entlang, bis sich an ihrem äußersten Ende eine große Lichtung auftut. Mitten in diesem, vom silbrigen Wasser des Plöner Sees umgebenen Idyll, steht das niedrige reetgedeckte Bauernhaus. Davor ein Garten, ein langer Tisch unter einer mächtigen Eiche und ein dem Stil des Hauses angepaßter Pavillon. Im Innern sind mehrere Stuben, die größte davon mit dunkelgrün gestrichenen Balken und Fensterrahmen sehr stilvoll und stimmig. Zu Essen gibt es Deftiges aus der hauseigenen Schlachterei (Bauernteller 14,50 DM). Die Blutwurst oder den Schinken kann man auch mit nach Hause nehmen. Auf Vorbestellung oder mit Glück bekommt man eine halbe Ente mit Rotkohl, Rosenkohl, Kroketten und Salzkartoffeln (23,50 DM) oder Gänsebraten mit den gleichen Zutaten (26,50 DM). Die Ente war zart und knusprig, die Beilagen so enorm viel, daß eine ganze Familie davon satt geworden wäre. Hinreißend der leicht säuerliche Bratapfel mit Preiselbeeren. Solide ländlich-bäuerliche Kost an einem wunderschönen Ort.

■ Niedersächsisches Bauernhaus
Prinzeninsel
24306 Plön
✆ 0 45 22/36 70

Geöffnet: Tägl. 11.30–14.30, 17–19 Uhr, später nur auf Vorbestellung.
Ruhetag: Keiner.
Betriebsferien: Mitte Januar–Mitte März.

Anfahrt: B 432 Bad Segeberg, weiter auf der B 404 bis Bornhöved und von dort auf der B 430 bis Plön. Der Parkplatz ist kurz vor Plön auf der rechten Seite, von da zu Fuß weiter.

40 Jagdhaus Waldfrieden

Stilgerecht müßte man hier eigentlich mindestens im Jaguar vorfahren. Die 100 Jahre alte Villa eines

Jagdhaus Waldfrieden

Hamburger Reeders im Stil eines englischen Fachwerk-Herrenhauses liegt mitten in einem 1,5 ha großen Park mit alten Rotbuchen und Rhododendren, die Auffahrt ist, wie es sich gehört, gekiest, das Ambiente edel. Im Restaurant knistert ein Kamin, Jagdtrophäen schmücken die Stuben. Wer's lieber etwas legerer mag, ist im Wintergarten mit den dekorativen Loom-Chairs gut aufgehoben, im Sommer sitzen die Gäste im Freien im Park. Siegmund Baierle, der Wirt, und sein Koch Thomas Lubig orientieren sich bei der Speisekarte an dem, was es regional gerade frisch gibt. Dann steht zum Beispiel Tatar vom Glückstädter Matjes mit Rote Bete und Meerrettichschmand (21 DM) unter den Vorspeisen, Sellerierahmsuppe mit Sommertrüffel (15 DM) unter den Suppen, Lachs und Heilbutt im Strudelteig gebacken, auf Blattspinat mit Champagnersauce (38 DM) unter den Fischgerichten und Kaninchenkeule mit Gurken und Pfifferlingen in Rahm (39 DM) unter den Hauptgerichten. Lubig, der früher bei Sabitzer in München kochte, versteht sein Handwerk, und so wird der gehobene Sonntagsausflug nach Quickborn auch zum kulinarischen Erlebnis.

Übrigens: Wer will, kann im Jagdhaus Waldfrieden für 20 DM

auch ganz einfach nur gemütlich frühstücken …

Das Forsthaus nebenan wurde zum kleinen Romantik-Hotel ausgebaut; siehe auch Landhotels, S. 189.

■ Jagdhaus Waldfrieden
Kieler Str. (B 4)
25451 Quickborn
✆ 0 41 06/37 71
Fax 0 41 06/6 91 96

Geöffnet: Tägl. 7–24 Uhr, warme Küche Di–So 12–14, 18–21.30 Uhr, Mo nur abends; Kaffee und Kuchen tägl. 15–17 Uhr.
Ruhetag: Keiner.
Betriebsferien: Keine.

Anfahrt: A 7 Richtung Flensburg bis zur Ausfahrt Quickborn, im Ort auf die B 4 Richtung Bad Bramstedt. Die Auffahrt zum Jagdhaus Waldfrieden ist kurz nach dem Ortsende links.

41 Vitus

Man muß sich entscheiden: gut essen oder echtes Landgasthof-Ambiente? Ersteres kann man im Vitus auf alle Fälle, zweiteres wird man vermissen. Dabei ist das Restaurant in einem schönen alten Haus untergebracht. Die Einrichtung freilich erinnert doch sehr an ein gehoben-gepflegtes Hotelrestaurant mit bäuerlicher Note, und das moderne Tagungshotel Reinstorf in Steinwurfnähe vertreibt endgültig jeden Gedanken an Landgasthof-Gemütlichkeit. Und so paßt die glänzende Fassade des BMW-Schulungszentrums auf der anderen Straßenseite denn auch bestens ins Bild. Der kleine Garten hinterm Haus ist nicht nur von einer (viel zu niedrigen) Hecke

Vitus

umgeben, sondern auch an allen Seiten vom großzügig dimensionierten Parkplatz des Hotels. Wer sich fürs Essen entscheidet, wird erstklassig bedient mit regional angehauchten Gerichten, modern und leicht zubereitet zu gehobenen Preisen. So gibt es beispielsweise Gartenkräuterschaum (15 DM), Steinbutt in der Kartoffelkruste mit roter Basilikumsauce und Lauchquiche (40 DM), pochierten Lammrücken an Bärlauchsauce mit Patisiongemüse und Zucchinirästi (38 DM) oder Rehbockrücken in der Pumpernikkelkruste mit Balsamessigjus und Kartoffelravioli (40 DM). Wie gesagt: Hier muß man sich entscheiden.

■ Vitus
Alte Schulstr. 6
21400 Reinstorf
✆ 0 41 37/80 90
Fax 0 41 37/80 91 00

Geöffnet: Mi–So 18–24, Sa, So auch 12–14 Uhr.
Ruhetage: Mo, Di.
Betriebsferien: Mitte Juli und Anfang Januar je zwei Wochen.

Anfahrt: A 1 oder A 7 bis zum Maschener Kreuz, weiter auf der A 250 bis zum Autobahnende bei Winsen, dann auf der B 4 bis Lüneburg und weiter auf der

B 216 Richtung Dannenberg. Reinstorf liegt etwa 7 km hinter Lüneburg, links der Straße.

42 Teestube Sahrendorf

So ein Fleckchen muß man lange suchen. Am Rand der Lüneburger Heide, unweit des Touristendorfs Egestorf findet man das kleine Örtchen Sahrendorf. Dortselbst hat sich in einem kleinen ausgebauten Bauernhaus ein Antiquitätenladen mit Teestube oder eine Teestube mit Antiquitätenverkauf etabliert. Im Sommer stehen vor dem Haus ein paar Tische, ansonsten macht man es sich drinnen auf dem alten bäuerlichen Mobiliar oder den Loom-Chairs gemütlich. Das frühere Scheunentor ist jetzt ein großes Sprossenfenster, in der Ecke steht ein kleiner Flügel. Die Teestube Sahrendorf strahlt eine Atmosphäre der Leichtigkeit aus. Alles ist hell und freundlich, nichts düster und bedrohlich wie so oft in alten Häusern. Die Gäste kommen der leckeren hausgemachten Kuchen (Apfelkuchen 4 DM) oder des hausgebackenen Landbrots mit Schmalz (6 DM), Leber- oder Sülzwurst (je 9,50 DM) wegen und wegen der guten provenzalischen Küche, die durch regionale Gerichte ergänzt wird. Selbstverständlich versteht Wirt Werner Kaap sich auf die korrekte Zubereitung der 14 verschiedenen Tees (Kanne 6,90 DM), die stilgerecht in rustikalen Kännchen mit Stövchen serviert werden. Der Service ist im besten Sinne etwas amateurhaft, aber ungewöhnlich nett. Für zu Hause kann man das hausgebackene Landbrot, Honig und lokale Produkte mitnehmen. Oder den alten Stuhl, auf dem man gerade gesessen hat.

■ Teestube Sahrendorf
Im Sahrendorfe 14
21272 Sahrendorf
✆ 0 41 75/12 87 (auch Fax)

Geöffnet: Mo-Sa 12-22 Uhr, durchgehend warme Küche, ab August 1996 jedoch nur ab 18 Uhr.
Ruhetag: Keiner.
Betriebsferien: Wechselnd.

Anfahrt: A 7 Richtung Hannover bis zur Abfahrt Egestorf. Durch Egestorf Richtung Hanstedt, nach 2 km links nach Sahrendorf.

43 Josthof

Salzhausen ist nicht gerade ein abgeschiedenes Örtchen. Es ist ein ausgewachsenes Dorf, das immerhin zwei eigene Ampeln und ein Chinarestaurant hat, und so darf man denn auch – so nett der Ort

Teestube Sahrendorf

ist – keine idyllischen Misthaufen und dergleichen mehr erwarten. Im Josthof, ›der‹ Adresse am Ort, liegt statt des »Bauernblatts« die »Wirtschaftswoche« am Tresen, und in einer Vitrine auf dem Parkplatz wirbt ein Immobilienmakler für hochpreisige Objekte. Auch beim Publikum des Josthofs überwiegen wohlsituierte Hamburger, Pendler und Touristen. Die meisten Einheimischen kommen wohl höchstens einmal anläßlich einer Familienfeier hierher. Trotzdem ist der über 100jährige Josthof kein furchteinflößendes Edel-Etablissement. Alles ist auf bäuerlich dekoriert mit Antiquitäten, alten Uhren, Trockenblumensträußen

Josthof

und vielem mehr. Dabei würde das alte Haus mit seinen niedrigen Holzdecken und den alten Kacheln an den Wänden, die vom Wohlstand seiner früheren Besitzer zeugen, ohne all den gepflegten Schnickschnack viel echter und uriger wirken. Der Josthof ist ein durchorganisiertes Großunternehmen mit eigenem Hoteltrakt, im Eingang glitzern Schmuck und Silber in den Verkaufsvitrinen um die Wette, und in einer der zahlreichen Stuben stehen Konfitüren und Obstbrände in großer Auswahl zum Verkauf. Die Karte bietet Regionales, ergänzt durch Italienisches, und man kann sich nicht beklagen über das, was der sehr gute Service auf den Teller bringt. Das Heidschnuckencurry mit Buchweizenpfannkuchen und Preiselbeeren (26,50 DM) ist ausgezeichnet, die Blattsalate als Beilage herrlich knackig. Allerdings würde man in einem Lokal mit dem Anspruch des weithin bekannten Josthofs dann auch eine Scheibe gutes Brot erwarten.

Siehe auch Landhotels, S. 190.

■ Josthof
Am Lindenberg 1
21376 Salzhausen
✆ 0 41 72/9 09 80
Fax 0 41 72/62 25

Geöffnet: Tägl. 7–24 Uhr.
Ruhetag: Keiner.
Betriebsferien: Januar.

Anfahrt: A 7 Richtung Hannover, Abfahrt Garlstorf.

44 Brodauer Mühle

Im Hinterland der Ostsee, in diesem Fall im Hinterland von Grömitz, finden sich einige Landgasthäuser, die sich zwar auch an Touristen als Gäste wenden, gleichwohl aber nicht so durch und durch kommerzialisiert sind, daß ihr oberstes Ziel nur noch ein möglichst schneller und reibungsloser Durchlauf eben dieser sogenannten Gäste ist. In der Brodauer Mühle ist Freundlichkeit oberstes Gebot. Und wenn man sagt, daß der Ton die Musik mache, dann erklingt hier eine recht hübsche Weise. Sitzen kann man nur im untersten Geschoß der äußerlich intakten, 1865 erbauten Windmühle und in einem kleinen Garten vor der Tür

Brodauer Mühle

mit Blick übers weite Land, das Gut Beusloe (siehe auch Kapitel Urlaub auf dem Bauernhof, S. 195) und den Golfclub Brodauer Mühle zu Füßen der Hungrigen. Der Gastraum, durch dessen bunte Fenster man leider nicht nach draußen sehen kann, ist bieder-ländlich-gemütlich, die Wände sind mit Mühlenmotiven bemalt. Viele Urlauber werden für ihre kurze Ferienzeit hier Stammgäste, denen die Küche zu vernünftigen Preisen gibt, was sie sich wünschen, ohne in ambitionierte Cuisine zu verfallen: eine klare Fischsuppe (7,50 DM), Scholle Müllerin (23,80 DM), Rotbarschfilet (18,80 DM) oder Aal gedünstet mit Dillsahnesauce, Gurkensalat, Dillspitzen und Petersilienkartoffeln (29,80 DM). Fleischfreunde kommen bei Rinderfilet Brodauer Mühle mit Rösti, Brokkoli, Champignons und Sauce Bearnaise auf ihre Kosten (38,50 DM). Ein stimmiges Gasthaus zum Wohlfühlen ohne übertriebenen kulinarischen Ehrgeiz.

■ Brodauer Mühle
An der B 501
23730 Schashagen
✆ 0 45 61/85 37

Geöffnet: März–Oktober tägl. 11.30–22 Uhr, ganztägig warme Küche bis 21 Uhr; November–Februar nur Sa, So und feiertags. Ruhetag: Mi.
Betriebsferien: Januar.

Anfahrt: A 1 Richtung Puttgarden bis zur Ausfahrt Neustadt/Nord, weiter auf der B 501 Richtung Grömitz, etwa 3 km nach der Autobahnausfahrt links auf einer Anhöhe.

45 Altes Amt

Wer nur wegen der Küche von Hamburg in dieses alte Reetdachhaus am Ortsrand von Schönwalde kommt, tut dies völlig zu Recht. Was im Alten Amt ohne Schnickschnack und Angeberei auf den Teller kommt, ist von erster Qualität. Einen so würzigen Lammrükken (34,50 DM) haben wir lange nicht gegessen, die zwei kleinen Ostsee-Schollen (24 DM) hatten den bei diesen Fischen so seltenen herzhaften Biß und schmeckten vorzüglich. Ein absoluter Genuß das Möhrenpürree, von dem man ruhig etwas mehr auf den Teller hätte legen dürfen. Ein Gedicht das Pistazieneis mit Beeren und Amaretto-Sauce (10,50 DM) zum Nachtisch. Interessant, bemüht und wohlfeil ist die Weinkarte, auf der sich sogar zwei Weißweine finden, die aus der Heimat der Hausherrin, nämlich aus England stammen. Leider hält der Gastraum

Altes Amt

nicht, was das Äußere des alten Reetdachhauses verspricht. Der Raum ist halbmodern in Grau mit grauem Teppichboden und graugepolsterten Stühlen gehalten. Schade, denn man ahnt noch die alte Balkendecke, und auch die kleinen Fenster der Kate sind nur technisch auf den neuesten Stand gebracht. Das Alte Amt eignet sich sowohl für Hamburger Sonntagsausflügler wie auch für Ostsee-Urlauber, die endlich einmal wieder ordentlich essen wollen.

■ Altes Amt
Eutiner Str. 39
23744 Schönwalde
✆ 0 45 28/7 75

Geöffnet: Mi–Mo 12–13.30, 17.30–21 Uhr.
Ruhetag: Di.
Betriebsferien: Februar.

Anfahrt: A 1 Richtung Puttgarden bis zur Abfahrt Neustadt/Nord, weiter Richtung Lütjenburg nach Schönwalde. Im Ort liegt das Alte Amt an der Straße nach Eutin.

46 Landgasthof Brechtmann

Zuerst die guten Seiten: Die ofenfrischen Flugenten, Spezialität des Hauses, gefüllt mit Äpfeln und Rosinen oder mit Apfelspalten in Calvadosrahmcreme oder mit frischem bunten Pfeffer oder … oder … sind wirklich lecker. Die Haut kroß, das Fleisch zart (27,50–30,50 DM). Das schaffen nicht viele Köche. Dann die Terrasse: weiße Korbstühle, Ruhe, ein weiter Blick über die Landschaft in die untergehende Sonne. Das ist schon etwas wert an einem Ort, nur ein paar Kilometer von der lärmenden Ostseeküste entfernt. Die schlechteren Seiten: Die pseudo-rustikale Einrichtung mit Windlichtern auf den Tischen mag ja Geschmackssache sein, die Weinkarte indes ist traurig. Trinkt man jedoch ein Bier zum Essen und richtet den Blick in die Landschaft, fühlt man sich dennoch wohl.

■ Landgasthof Brechtmann
Hackendohrredder 9
23684 Schürsdorf
✆ 0 45 24/99 52
Fax 0 45 24/16 96

Geöffnet: Mi–Mo 11.30–14.30, 17.30–22 Uhr.
Ruhetag: Di.
Betriebsferien: Januar, Februar.

Anfahrt: A 1 Richtung Lübeck/Puttgarden bis zur Ausfahrt Pansdorf/Scharbeutz. Vor Scharbeutz links Richtung Scharbeutz;

Landgasthof Brechtmann

Blick vom gleichnamigen See auf das Uklei Fährhaus

in Schürsdorf ist der Landgasthof Brechtmann ausgeschildert.

47 Uklei Fährhaus

Zwischen Kellersee und Ukleisee, mitten in der Holsteinischen Schweiz, steht das traditionsreiche Uklei Fährhaus mit eigenem Anleger, Badesteg und Liegewiese sowie einer großen Terrasse. Von drinnen hat man durch die Panoramafenster einen tollen Blick auf den Kellersee. Im Restaurant sind von der Ausstattung her die 40er und 50er Jahre noch lebendig, was nicht negativ gemeint ist. Die Küche unter Siegfried Schiller ist stolz auf ihre Holsteiner Spezialitäten, als da unter anderem wären: Sauerfleisch mit Bratkartoffeln (15,50 DM) oder Damwildkeulenbraten mit frischen Champignons, Rotkraut und Kroketten (25,50 DM). Wie das in Ausflugslokalen so ist, finden sich auch Gerichte, deren Name an die ›Große weite Welt‹ erinnert: Rinderzunge ›Indisch‹ (26,50 DM), Lammschulterbraten ›Provençale‹ (27,50 DM) oder Putensteak ›Hawaii‹ (23,50 DM). Es gibt aber auch Vollwertbratling mit Vollkornnudeln und Blumenkohl (15,50 DM) sowie Kuchen aus der eigenen Konditorei. Ein typisches Ausflugslokal, aber eines von der angenehmen Sorte.

Das Uklei Fährhaus bietet auch 22 Zimmer, Doppelzimmer ab 106 DM.

■ Uklei Fährhaus
Eutiner Str. 7–9
23701 Sielbek
✆ 0 45 21/24 58
Fax 0 45 21/55 76

Geöffnet: Tägl. 11.30–21 Uhr.
Ruhetag: Keiner.
Betriebsferien: Januar und Dezember.

Anfahrt: A 1 Richtung Lübeck/Puttgarden bis zur Ausfahrt Neustadt/Nord, weiter Richtung Lütjenburg, nach Kirchnüchel

Schlie-Krog

links ab Richtung Malente bis zum Kellersee und nach Sielbek.

48 Schlie-Krog

Irgendwie kommt man sich in Sieseby am Ufer der Schlei wie in einem Museumsdorf vor: alte reetgedeckte Häuser, die romanisch-gotische Kirche mit dem hübschen Friedhof, riesige Kastanien und natürlich der Schlie-Krog, »ein königliches Haus«, wie ein Gast aus Dänemark ins Gästebuch schrieb. Er oder besser: sie muß es wissen. Es war Dänen-Königin Margarete. Und recht hat sie. Ein so paradiesisches Fleckchen Erde muß man lange suchen – wie man auch Sieseby kaum auf Anhieb findet. Sommers stehen ein paar Tische mit Blick auf die Schlei vor dem Haus; wem es zu kühl wird, der fühlt sich im Innern des Fachwerkhauses auf jeden Fall wohl. Das Ambiente ist elegant-ländlich, ohne prätentiös zu wirken. Etwas aufdringlich nur die pseudo-klassische Musik. Die Zeiten von Waldo de los Rios schienen doch Gottseidank vorbei zu sein. Die Damen des Service in gestärkten weißen Blusen und langen schwarzen Rökken sind freundlich, schnell und selbstbewußt, das Essen ist gut, ohne aufregend zu sein, und vor allem nicht gerade billig. Die Siese-

Krug mit Aussicht: Der Blick auf die Schlei loc...

byer Fischsuppe schlug mit 16 DM zu Buche, das Hirschrückensteak mit frischen Waldpilzen, sehr leckerem Rotkohl und lockerem Semmelknödel mit 40 DM und das Nordische Flußzanderfilet mit Kartoffelgemüse mit 39 DM. Bei 28 DM für einen Kinderteller mit kleinem Filetsteak und Beilagen plus Dessert schluckt allerdings mancher Papa dann doch. Eine halbe Flasche 88er Château Dassault, St. Emilion Grand Cru classé war für 40 DM zu haben. Lage und Ambiente aber sind wahrlich ihr Geld wert.

Der Schlie-Krog kann zum Übernachten ein Appartement anbieten; siehe auch Landhotels, S. 192.

■ Schlie-Krog
Dorfstr. 19
24351 Sieseby
✆ 0 43 52/25 31
Fax 0 43 52/1 53 80

Geöffnet: Di–So 12–21.30 Uhr;
warme Küche 12–14, 18–21.30
Uhr; Kaffee und Kuchen
14–17 Uhr.
Ruhetag: Mo.
Betriebsferien: Mitte Januar–
Mitte Februar.

Anfahrt: A7 Richtung Flensburg
bis zur Ausfahrt Rendsburg, weiter
über Groß-Wittensee nach Eckernförde. Von dort über die B 203
Richtung Kappeln, dann links ab
nach Rieseby, von dort weiter
Richtung Kappeln nach Sieseby,
dort bis ans Wasser fahren.

49 Galerie + Café Birkenhof

Wer hätte das geahnt. Abseits aller
Wege, am Ende einer winzigen
Landstraße liegt der Ort Störkathen, mit nur 70 Einwohnern
eines der kleinsten Dörfer Schleswig-Holsteins. Und mittendrin das
Paradies. Ein liebevoll gepflegter
Garten mit Teich, Pergola, Skulpturen und hölzernen Windspielen,
die leise klingen. Galerie + Café
Birkenhof nennt sich das ganze
Wunderwerk. Mit Margeriten auf
den Gartentischen, einem Teepavillon und Auberginen und Paprika,

■ Galerie + Café Birkenhof
25548 Störkathen
bei Kellinghusen
✆ 0 48 22/66 00
Fax 0 48 22/60 09

Geöffnet: Tägl. ab 14.30 Uhr,
So Brunch ab 10 Uhr (27 DM,
Vorbestellung erbeten).
Ruhetag: Keiner.
Betriebsferien: Keine.

Anfahrt: A 7 bis zur Ausfahrt Bad
Bramstedt, dann auf die B 206 bis
Kellinghusen, dort rechts ab nach
Störkathen.

Wenn schon Ostsee, dann Timmendorfer Stran

Galerie und Café Birkenhof

die in Töpfen vor dem Haus gezogen werden, kann man sich kein friedlicheres Stückchen Erde vorstellen. Man kommt zum Nachmittagstee mit frischem Heidelbeer- oder Apfelkuchen (3,50 DM), trinkt Bio-Bier oder ein Glas Wein aus biologischem Anbau oder läßt sich von der kleinen Karte zu einer Brotzeit (z. B. Landbrot mit Mettwurst, 8 DM, oder Grünkernsuppe, 6 DM) animieren. Und abends gibt es Lachs in Dillsahne mit neuen Kartoffeln (19 DM), Bratkartoffeln mit Sülze (15 DM) oder – bei Voranmeldung – Braten aus der eigenen Gallowayzucht von Ingalies und Helmut Friebel. In siebenwöchigem Turnus wechseln die Ausstellungen, die vom künstlerischen Nachwuchs bis zu großen Namen reichen. Präsentation und Ausstellungsleitung haben die beiden Galeristen, beide berufliche Umsteiger, einem Profi der Hamburger Kunsthalle übertragen. Hier geht so schnell keiner mehr weg …

50 Landhaus Carstens

Wenn schon Ostsee, dann Timmendorfer Strand. Hier halten sich die Betonburgen und Hamburger Restaurants noch zurück, hier herrscht fast das ganze Jahr über ein bißchen Urlaubsstimmung. Kulinarisch ißt man auf der Höhe der (Ferien-)Zeit, aber immerhin gibt es das Landhaus Carstens – in drei Abstufungen: das Brauhaus mit Rustikalem zu Mittag, das Landhaus Carstens fürs gepflegte Abendessen im Freien und das Kleine Landhaus fürs Besondere.

Zunächst das Allerlobenswerteste: Für das erste Haus am Platz kann man hier zu recht zivilen Preisen essen. Und wer im ›normalen‹ Landhaus 68 DM für eine Seezunge ausgibt, wird schon wissen, was er tut, an gleicher Stelle, bei gleichem aufmerksamen Service, bei Stoffservietten und -tischdecken kann man auch Holsteiner Sauerfleisch für 22,50 DM oder gebratenes Zanderfilet mit Mandeln und Trauben für 29,50 DM bekommen. Im Innenhof (ein kleiner Teil wird vom Brauhaus bewirtschaftet) des alten Landhauses sitzt man sehr angenehm und spürt wenig von der Urlaubshektik vor der Tür. Was aus der Küche kommt, ist ordentlich, manchmal auch phantasievoll, allerdings nicht immer überragend. Die nordischen Heringsmarinaden (17,50 DM) waren gut, aber gegen die Kollegen in einem dänischen Krø hätten sie nicht bestanden.

Siehe auch Landhotels, S. 193.

■ Landhaus Carstens
Strandallee 73
23669 Timmendorfer Strand
✆ 0 45 03/60 80
Fax 0 45 03/6 08 60

Geöffnet: Tägl. 12–14.30, 18–22 Uhr.
Ruhetag: Mo (nur das Kleine Landhaus).
Betriebsferien: Nur das Kleine Landhaus im Januar.

Anfahrt: A 1 Richtung Lübeck/Puttgarden bis Ratekau, weiter nach Timmendorfer Strand. Ins Ortszentrum fahren und dort links weiter Richtung Scharbeutz.

51 Schankwirtschaft Andresen

Die Schankwirtschaft Andresen ist vielleicht das schönste Dorfwirtshaus rund um Hamburg, auf jeden Fall ist es die älteste Schankwirtschaft der Westküste. Vor dem weißen Haus hinterm Deich stehen vier Tische unter knorrigen Linden, drinnen gibt es zwei rustikale Stuben, das WC ist im Kuhstall untergebracht. Schleusenhäuser wie dieses waren von alters her Stätten zum Rasten, zum Essen und Trinken. Wenige davon haben in dieser Funktion überlebt. Die Schankwirtschaft Andresen ist heute Zwischenstation für Radfahrer, Urlauber und Wochenendausflügler, die das versteckt gelegene Wirtshaus einmal durch Zufall oder Mundpropaganda für sich entdeckt haben. Die Speisekarte beschränkt sich auf das Nötigste und ist dennoch jede Lobpreisung wert. Warmes steht gar nicht erst drauf (nur nach vorheriger Absprache), wer Hunger hat, muß sich mit frisch gebackenem Kuchen (3,50 DM) und Broten zufrieden geben. Broten, wie es sie sonst wirklich allerhöchstens bei Muttern gibt: Schinkenbrot (11 DM), Mettwurstbrot (11 DM), Lammsalamibrot (12 DM), Matjesbrot (10 DM) sowie diverse Käsebrote (9–14 DM). Dick mit Butter bestrichen, obendrauf satt belegt – ein Genuß erster Güte. Dazu ein Flens oder ein Dithmarscher Beugelbuddelbeer, was braucht der Mensch mehr. Und im Winter hinterher Omas Eiergrog.

■ Schankwirtschaft Andresen
Im Ortsteil Katingsiel
Haus Nr. 4
25832 Tönning/Ortsteil Katingsiel
✆ 0 48 62/3 70
Fax 0 48 62/13 90

Geöffnet: Mo–Do ab 17, Fr–So ab 14 Uhr.
Ruhetag: Keiner.
Betriebsferien: Keine.

Anfahrt: Von Wesselburen fährt man auf der Landstraße Richtung Büsum. Nach dem Eidersperrwerk geht es rechts ab Richtung Tönning, nach einem knappen Kilometer rechts ab zur Schankwirtschaft Andresen.

52 Osterkrug

Es wäre übertrieben, nur um im Osterkrug in Treia Mittag zu essen,

LANDGASTHÖFE

Osterkrug

140 km von Hamburg zu fahren, aber wenn man in der Nähe ist, ist es ein äußerst gepflegtes Wirtshaus am Straßenrand, wie man es selten genug findet. Der alte Dorfkrug ist gemütlich und nicht zu Unrecht schon mehrfach als ›Gastliches Haus‹ ausgezeichnet worden. Lobenswert der preiswerte Mittagstisch, der beispielsweise Geschnetzeltes im Reisrand für 8,50 DM beschert. Die Bratkartoffeln zum Roastbeef waren hervorragend, das Roastbeef selbst leider etwas zu durch. In der Gaststube sitzt man besser als draußen auf der kleinen Terrasse, weil der Durchgangsverkehr auf der vielbefahrenen B 201 einem dort den Nerv raubt.

■ Osterkrug
Treenestr. 30
24896 Treia
✆ 0 46 26/5 50
Fax 0 46 26/15 02

Aal-Kate

Geöffnet: Täglich 10–14, 18–23 Uhr.
Ruhetag: Keiner.
Betriebsferien: Nur 24. Dezember geschlossen.

Anfahrt: Treia liegt an der B 201 zwischen Schleswig und Husum.

53 Aal-Kate

So stellt der Bayer sich Norddeutschland vor: Vom Deich schweift der Blick übers flache Land, über schwarz-weiße Kühe und kleine Schiffe, die übers Wasser tuckern. Am Deichhang grasen die Schafe, und über allem wölbt sich ein blauer Himmel, auf dem weiße Wolken dahinrasen. Man sitzt an einem der sieben Tische auf der Terrasse vor der Aal-Kate und läßt sich den warmen, geräucherten Aal mit Rührei(ern) (28,50 DM) schmecken. Warum auch bei schönstem Wetter die meisten der vorwiegend einheimischen Gäste drinnen sitzen, blieb uns ein Rätsel. Wer in der Aal-Kate Aal gegessen hat, wird nie wieder einen jener trockenen, tranig schmeckenden Fische hinunterbekommen, die es für viel zu viel Geld auf Wochenmärkten und andernorts zu kaufen gibt. Hier ist der Aal milde, nicht fett, saftig und frisch. Verwendet wird nur Ostsee-Aal, und das ist wohl das Geheimnis hinter der gebotenen Qualität. Die Bedienung ist freundlich, die Portionen sind groß, nur die Petersilie auf dem Fisch hätte es nicht gebraucht. Wer will, kann sich auch Räucheraal für zu Hause mitnehmen.

■ Aal-Kate
Kuhlworth 21
25436 Uetersen-Neuendeich

Montags ist Ruhetag in der Aal-Kate

✆ 0 41 22/22 64
Fax 0 41 22/4 48 45

Geöffnet: Di–So 12–22 Uhr.
Ruhetag: Mo.
Betriebsferien: Mitte Januar–
Mitte Februar.

Anfahrt: A 23 Richtung Heide bis zur Abfahrt Tornesch, weiter nach Uetersen und dort weiter Richtung Elbe nach Neuendeich. Immer am Deich entlang, die Aal-Kate liegt links der Straße direkt am Deich.

54 Restaurant Café Museum Roter Haubarg

Am Roten Haubarg ist nichts rot, der Rote Haubarg ist weißgestrichen und reetgedeckt. Sein Vorgänger aus rotem Mauerwerk mit rotem Ziegeldach (damals teurer als Reet), der an gleicher Stelle stand und schon Mitte des 18. Jh. abbrannte, gab dem Haus – einem der größten Bauernhäuser der Welt – seinen Namen. Bauersfamilie und Gesinde, Rinder und Pferde lebten damals unter einem Dach, unter dem auch noch die Ernte gelagert wurde. Der rote Haubarg, vor einigen Jahrzehnten testamentarisch der Stadt Husum vermacht, ist inzwischen Restaurant, Café und landwirtschaftliches Museum. Beeindruckend ist die Größe und Architektur des Hauses, das wie eine Trutzburg etwas höher als das umliegende Land steht und von dem man einen weiten Blick über die Niederung, auf Weiden und Höfe hat. Die Gastronomie gilt als Anziehungspunkt, und in der Tat sitzt man sehr gemütlich in den vielen Stuben und Gastzimmern. Die alten Holzdielen knarren, die Tische sind gepflegt eingedeckt, die grün-bemalten Holzvertäfelungen spiegeln den einstigen Reichtum des Hofs wider. Man sitzt bisweilen – ungewöhnlich genug für Norddeutschland – an großen Tischen beisammen, kommt so ins Plaudern mit Fremden, der Blick wandert durch die weißen Sprossenfenster nach draußen auf den alten Park, dem leider nicht genug Aufmerksamkeit gewidmet wird, böte er doch bei entsprechender Pflege genug Anschauungsmaterial für die Struktur früher Bauerngärten in Schleswig-Holstein. Was aus der Küche kommt, kann mit dem exzeptionellen Ambiente nicht ganz mithalten. Die Nordfriesische Festtagssuppe (7 DM) war zwar ordentlich mit Rosinen und reichlich Karotten bestückt, allein die Brühe war langweilig. Besser schon die in Speck gebratene Scholle mit Kartoffelsalat. Hervorragend das zarte Fleisch des Lammbratens (24,50 DM), aber lieblos gewürzt. Ähnlich fad die Bohnen. An den Zutaten liegt es nicht, die waren bestens, aber der Koch sollte mehr Mut beim Würzen zeigen, deutlichere Akzente setzen. Lobenswert die Nachspeisenkarte, auf der sich seltene regionale Spezialitäten finden. Wo stehen sonst schon schon Mehlbütel auf der Karte? Das Kirschkompott dazu war frisch, die Mehlspeise aus der Milch junger Kühe, die zum ersten Mal gekalbt haben, gewürzt mit frischem Speck, schmeckte kräftig und deftig.

Nach dem Essen empfiehlt sich ein Besuch im Museum unterm gleichen Dach, in dem nicht nur

Restaurant Café Museum
Roter Haubarg

landwirtschaftliche Geräte ausgestellt, sondern auch die historische Bedeutung des Viehhandels und der Pferdezucht auf Eiderstedt sehr anschaulich dargestellt sind.

■ Restaurant Café Museum
Roter Haubarg
25889 Witzwort/Adolfskoog
✆ 0 48 64/8 45

Geöffnet: Warme Küche 11.30–14, 18–22 Uhr, Café 14–18 Uhr.
Ruhetag: Mo in der Zeit vom 1. Oktober–Ostern.
Betriebsferien: Weihnachten.

Anfahrt: A 23 Richtung Heide, weiter über die B 5a und die B 202 Richtung Husum, bei Reimersbude links Richtung Witzwort. Der Rote Haubarg liegt etwas abseits der Straße zwischen Witzwort und Simonsberg.

Josthof

Eingang

Restaurant

Hotel

ÜBERNACHTEN

GUTE NACHT – Landhotels

Ein Bett im Kornfeld mag zwar die intensivste Form der Übernachtung auf dem Land sein, ist aber in den meisten Fällen vielleicht doch nicht ganz das Geeignete für eine mehrtägige Landpartie. Wer zwei, drei Tage ausspannen will, hat ein ruhiges Fleckchen Erde mit einem guten Bett, viel frischer Luft und einer harmonischen Landschaft rundum verdient. Wer würde nicht vom Frühstücksei im Garten oder auf der Terrasse eines stilvollen Landhotels träumen? Hahnenschrei und Vogelgezwitscher inklusive? Unter den Tausenden von Gasthöfen und Hotels rund um Hamburg gibt es nicht viele, die derartige Wünsche mit Grandezza zu befriedigen verstehen. Oft sind doch noch die Zimmer zu klein, die Betten zu schlecht, der Service drittklassig, das Frühstück armselig. Da gibt es noch viel aufzuholen, bis britischer Standard erreicht ist. Es muß ja nicht gleich die gebügelte aktuelle Sonntagszeitung an der Zimmertür sein.

Blick auf den Bistensee

1 Töpferhaus

Das Töpferhaus gilt als eine der ersten Adressen unter den norddeutschen Landhotels. Und in der Tat ist seine Lage am Bistensee überaus idyllisch. Beliebt ist das Haus als Ort für kleinere Tagungen. Das Töpferhaus ist ein modernes Hotel im Landhausstil mit allem zeitgemäßen Komfort und guter Küche. Urige Originalität

Josthof in Salzhausen

oder intime Atmosphäre sind aber nicht unbedingt seine Stärke.

Siehe auch Landgasthöfe, S. 128.

■ Töpferhaus
24791 Alt-Duvenstedt
✆ 0 43 38/4 02

Betriebsferien: Keine.

Doppelzimmer ab 195 DM.

Anfahrt: A 7 Richtung Flensburg bis zur Ausfahrt Hüttener Berge, weiter auf der kleinen Landstraße Richtung Holzbunge und Eckernförde. Zum Töpferhaus geht es nach ca. 1 km links ab.

2 Fürst Bismarck Mühle

Wer den Rummel der Tagesausflügler nicht scheut, kann in der Fürst Bismarck Mühle auch wohnen – und hat damit einen idealen Ausgangspunkt für endlose Spaziergänge im Sachsenwald. Die Lage ist stadtnah und doch ländlich, die Möglichkeiten der Freizeitgestaltung sind überaus zahlreich.

Fürst Bismarck Mühle

Hotel Waldesruh am See

Gute Küche; siehe auch Landgasthöfe, S. 130.

▎Fürst Bismarck Mühle
21521 Aumühle
✆ 0 41 04/20 28
Fax 0 41 04/12 00

Betriebsferien: Keine.

7 Zimmer, Doppelzimmer
190 DM inklusive Frühstück.

Anfahrt: A 24 Richtung Berlin bis Abfahrt Reinbek, rechts abbiegen in Richtung Reinbek, ab der zweiten Ausfahrt des Zubringers ist der Weg nach Aumühle ausgeschildert.

3 Hotel Waldesruh am See

Das Hotel wurde 1750 als Jagdschloß des Prinzen von Lippe erbaut und verbreitet etwas verstaubtes, nostalgisches Flair. Angesichts zahlreicher Renovierungssünden andernorts muß man schon fast dankbar sein, daß hier nicht so viel modernisiert worden ist. Die Zimmer sind elegant eingerichtet, es gibt sogar eines mit Baldachin über dem Bett. Schön ist der Blick auf den Mühlenteich und den Sachsenwald. Wer hierher kommt, muß sich aber im klaren sein, daß am Wochenende viele Ausflügler in der Gegend sind, und es allenfalls am Abend ruhiger wird. Zum Hotel gehört auch ein Ausflugslokal.

▎Hotel Waldesruh am See
Am Mühlenteich 2
21521 Aumühle
✆ 0 41 04/30 46
Fax 0 41 04/20 73

Betriebsferien: Keine.

15 Zimmer, Doppelzimmer ab 147 DM inklusive Frühstück.

Anfahrt: A 24 Richtung Berlin bis Abfahrt Reinbek, rechts abbiegen in Richtung Reinbek, ab der zweiten Ausfahrt des Zubringers ist der Weg nach Aumühle ausgeschildert.

4 Waldschlößchen Bösehof

Am ruhigen Ortsrand von Bederkesa liegt dieses historische Landhaus mit allem, was dazugehört. Das Fachwerkhaus, in dem sich das Restaurant befindet, wurde mit Geschmack um- und ausgebaut, viele alte Elemente sind dabei erhalten geblieben. Der Hoteltrakt wurde im Landhausstil neu erbaut. Es handelt sich um ein sehr gepflegtes Haus mit Blick übers

Land, das zwar nicht auf einer verträumten Waldlichtung, sondern im Ort steht, aber trotzdem Ruhe garantiert. Die Zimmer sind angenehm und haben fast alle Südlage. Das Personal bemüht sich sehr um die Gäste.

Gut ist auch die Küche des Bösehofs; siehe auch Landgasthöfe, S. 131 f.

Landhaus Meinsbur

■ Waldschlößchen Bösehof
Hauptmann-Böse-Str. 19
27624 Bederkesa
✆ 0 47 45/94 80
Fax 0 47 45/94 82 00

Betriebsferien: Keine.

30 Zimmer, Doppelzimmer ab 170 DM inklusive Frühstück.

Anfahrt: Bederkesa ist zwar nur gut 100 km von Hamburg entfernt, trotzdem muß man von der Innenstadt zwei Stunden Fahrzeit rechnen. Am schnellsten geht es auf der B 73 über Stade bis Hechthausen und weiter über Lamstedt nach Bederkesa.

5 Landhaus Meinsbur

Ein edles Landhotel unweit von Hamburg im modernisierten Bauerngehöft aus der Zeit der Jahrhundertwende. Die Zimmer sind elegant-ländlich-plüschig, mit Blümchentapeten und englischen Ledersofas.

Sehr gute Küche. Eine erste Adresse, siehe auch Landgasthöfe, S. 132 f.

■ Landhaus Meinsbur
Gartenstr. 2
21227 Bendestorf
✆ 0 41 83/7 79 90
Fax 0 41 38/60 87

Betriebsferien: Keine.

15 Zimmer, Doppelzimmer ab 210 DM inklusive Frühstück, für 550 DM am Tag kann man auch das gesamte Gartenhaus mieten.

Anfahrt: Etwa eine halbe Stunde von Hamburg/Innenstadt über die A 7 Richtung Hannover, Abfahrt Ramelsloh, von dort 6 km bis Bendestorf.

6 Hof Sudermühlen

Unmittelbar an der Grenze des Naturschutzgebiets Lüneburger Heide liegt der Hof Sudermühlen mitsamt seinem Teich, den Stallungen für die Pferde und dem Restaurant. Eine Idylle, die nur durch den nicht besonders gelungenen Hotelneubau nebenan getrübt wird. Es gibt aber auch einige Zimmer im alten Haus. Das Hotel bietet 40 Pferdeboxen mit Service (putzen und satteln) für Gastpferde. Für die Gäste stehen auch Reitpferde zur Verfügung. Kutschfahrten in die Heide, Ausritte und Reitjagden können organisiert werden.

■ Hof Sudermühlen
21272 Egestorf
✆ 0 41 75/84 80
Fax 0 41 75/12 01

Hof Sudermühlen

Betriebsferien: Keine.

64 Zimmer, Doppelzimmer ab 130 DM inklusive Frühstück.

Anfahrt: A 7 Richtung Hannover bis zur Abfahrt Egestorf. Durch Egestorf Richtung Hanstedt, nach 2 km links nach Sahrendorf. Kurz nach der Teestube Sahrendorf (siehe Landgasthöfe, S. 163) geht es links zum Hof Sudermühlen.

7 Sommerhof

Der reetgedeckte, romantische Sommerhof liegt mitten im Ort und doch völlig ruhig am Dorfteich von Fiefbergen, abseits der Straße.
    Siehe auch Landgasthöfe, S. 137.

■ Sommerhof
Am Dorfteich 11
24217 Fiefbergen

Niemeyers Heidehof

Die Lüneburger Heide

✆ 0 43 44/66 85
Fax 0 43 44/44 98

Betriebsferien: Ende Februar und Ende Oktober.

Acht 2-Personen-Appartements, in der Hauptsaison 160 DM bei mindestens 2 Übernachtungen; Frühstück 18 DM/Person extra.

Anfahrt: A 7 und A 215 nach Kiel. Dort der Beschilderung zum Ostufer folgen. Spätestens in Mönkeberg rechts nach Schönkirchen abbiegen. Dort weiter Richtung Schönberg. Fiefbergen liegt zwischen Probsteierhagen und Schönberg.

8 Niemeyers Heidehof

Die Küche des Hauses ist sicher bedeutender als seine Funktion als Hotel, trotzdem ist das zur Gruppe der Flair-Hotels gehörende bodenständige Haus wegen seiner Lage nahe der Autobahn und am Rand der Heide eine erwähnenswerte Adresse. Den Räumen würde etwas mehr Flair aber nicht schaden.
Siehe auch Landgasthöfe, S. 137 f.

◾ Niemeyers Heidehof
Winsener Landstr. 4
21376 Garlstorf am Walde
✆ 0 41 72/71 27 oder 66 41
Fax 0 41 72/79 31

Betriebsferien: 2–3 Tage vor Weihnachten.

Jule

Hotel An der Elbe

12 Zimmer, Doppelzimmer ab 118 DM inklusive Frühstück.

Anfahrt: Bei guter Fahrt rund 20 Minuten von der Hamburger Innenstadt über die A 7 Richtung Hannover, von der Abfahrt Garlstorf ist es etwa 1 km nach Garlstorf (östlich der Autobahn), der Heidehof liegt mitten im Ort.

9 Jule

Ein helles, gepflegtes Haus mitten in Gelting mit Garten und guter Küche – die Jule hat für ein ruhiges Wochenende an der Ostsee einiges zu bieten, z. B. das freitägliche Candlelight-Dinner mit Pianomusik. Das kleine Hotel im Landhausstil wird sehr persönlich geführt.
  Siehe auch Landgasthöfe, S. 138 f.

Jule
Schmiedestr. 1
24395 Gelting
✆ 0 46 43/25 00

Betriebsferien: Mitte Februar.

6 Zimmer, Doppelzimmer ab 120 DM inklusive Frühstück.

Anfahrt: A 7 Richtung Flensburg bis Schleswig/Schub, weiter auf der B 201 nach Kappeln und dann auf der B 199 nach Gelting. Ca. 160 km, eindreiviertel Stunden.

10 Hotel An der Elbe

Lassen Sie das Auto zu Hause und kommen Sie mit dem Schiff vom Hamburger Hafen zum Hotel An der Elbe. Es liegt direkt hinterm Deich und zieht durch seine wunderschöne Lage an einem kleinen Teich die Aufmerksamkeit auf sich. Vom Frühstücksraum im Wintergarten sieht man auf den Teich mit den alten Bäumen, in dem man übrigens auch angeln darf. Die Zimmer sind zweckmäßig und modern eingerichtet. Ideal ist die Lage des Hotels mitten im Alten Land.

Hotel An der Elbe
Elbdeich 29–31
21720 Grünendeich
✆ 0 41 42/22 25
Fax 0 41 42/24 58

Betriebsferien: Anfang–Mitte Januar.

18 Zimmer, Doppelzimmer ab 99 DM inklusive Frühstück.

Anfahrt: Durch den Elbtunnel, dahinter gleich die Abfahrt Waltershof runter, weiter nach Finkenwerder und immer am Deich lang. Oder wie gesagt: per Schiff zum Fährhaus Lühe.

11 Hotel Seelust

Am Ufer des kleinen Sees bei Hennstedt im Naturpark Aukrug kann man sich im Hotel Seelust in völliger Ruhe entspannen. Das hat sich auch bis zum Guide Michelin herumgesprochen. Die Terrasse zum See hin ist ein lauschiges Plätzchen für ein Abendessen zu zweit mit Räucheraal, Rehbraten oder Lammnüßchen. Das originelle Haus im Fachwerkstil ist geschmackvoll-ländlich eingerichtet, die Zimmer sind nicht luxuriös, aber gemütlich. Wer will, kann im Sommer auch die FKK-Dachterrasse nutzen. Nicht nur wenn es kühler wird, bietet das Hotel Seelust Sauna, Hallenbad und Solarium – ideal nach einem langen Spaziergang durch den Naturpark Aukrug.
  Siehe auch Landgasthöfe, S. 142 f.

◼ Hotel Seelust
Seelust 6
25581 Hennstedt
✆ 0 48 77/6 77
Fax 0 48 77/7 66

Betriebsferien: Mitte Februar– Mitte März.

Hotel Seelust

13 Zimmer, Doppelzimmer 130 DM.

Anfahrt: A 7 Richtung Flensburg bis zur Ausfahrt Neumünster, weiter auf der B 430 bis Aukrug, dort links nach Hennstedt. In Hennstedt ist das Hotel ausgeschildert, es liegt rechts der Straße am See.

12 Genueser Schiff

Die Zimmer und Wohnungen des Genueser Schiffs, der Name wurde übrigens einem Gedicht Nietzsches »nach neuen Meeren« entnommen, sind völlig individuell, wie das in einem alten Haus eben so ist. Da gibt es die Brücke, eine Suite unterm Reet mit freiem Ausblick aufs Meer, das Schwalbennest, ebenfalls mit Meerblick, oder den Seewinkel mit Terrasse zum Meer, ideal für Hundebesitzer. Die Wohnungen haben zum Teil zwei Stockwerke, die Bel Etage ist das sogenannte Oberdeck mit Aussicht bis zu den Dänischen Inseln. Ohne Meerblick, aber dafür in absoluter Stille und mit der Möglichkeit, Vögel zu beobachten, sind die beiden Ferienhäuser. Das Genueser Schiff ist eine wunderbare Adresse für ein Wochenende an der frischen Seeluft. Für Langschläfer wird das Frühstück ab 11 Uhr auch im Strandkorbcafé serviert.
  Siehe auch Landgasthöfe, S. 147.

◼ Genueser Schiff
Seestr. 18
24321 Hohwacht
✆ 0 43 81/75 33
Fax 0 43 81/58 02

Betriebsferien: November, Januar, Februar.

Gut Kletkamp

17 Zimmer, 7 Wohnungen für zwei bis sieben Personen, 2 Ferienhäuser im angrenzenden Landschaftsschutzgebiet, Doppelzimmer ab 180 DM inklusive Frühstück.

Anfahrt: Autobahn A 1 Richtung Lübeck/Puttgarden, Ausfahrt Oldenburg in Holstein, von dort über die B 202 bis Lütjenburg, dort rechts ab und über eine sehr schöne kurvige Landstraße nach Hohwacht. Ziemlich am Ortsanfang geht es links ab.

13 Gut Kletkamp

Die letzten Kilometer bis zum Gut sind ein Traum: Sanft schlängelt sich die Allee zwischen den Fischteichen des Guts durch die Landschaft, ehe linker Hand der Wassergraben und das Herrenhaus auftauchen. Vorbei an einem Schild ›DLG Urlaub auf dem Bauernhof‹ fährt man durch das Torhaus schnurgerade auf das weiße, klassizistische Herrenhaus zu, in dessen oberen Etagen moderne Appartements eingerichtet worden sind.

Siehe auch Herrenhäuser, S. 51 f., und Einkaufen, S. 125.

Gut Kletkamp
24327 Kletkamp
☎ 0 43 81/9 08 10
Fax 0 43 81/9 08 88

Betriebsferien: November–März.

Zwölf 4-Personen-Appartements ab 130 DM inklusive Frühstück.

Gut Kleve

Anfahrt: A 1 Richtung Lübeck/
Puttgarden bis zur Abfahrt Neustadt/Nord, weiter über Schönwalde Richtung Lütjenburg. Von der Autobahnabfahrt sind es knapp 25 km, bis es rechts zum Gut Kletkamp abgeht.

14 Gut Kleve

Ein kleines Jugendstil-Herrenhaus in einem 50 000 m² großen Park mit Teichen und alten Bäumen – das ist Gut Kleve in der Nähe von Itzehoe. Die Zimmer sind gemütlich-modern ausgestattet, ohne luxuriös zu sein. Am schönsten wohnt es sich im 1902 erbauten Haupthaus, dazu gibt es aber auch noch Zimmer im Seitenanbau. Das ruhig gelegene Gutshaus ist ein Zentrum für Reiter und vor allem Kutschenfahrer, so daß es für die Hausgäste fast immer etwas zu sehen gibt. Wer will, kann auch sein Pferd mitbringen, Ställe, Reithalle und Dressurviereck sind vorhanden.

Das Haus verfügt über ein gutes Restaurant; siehe Landgasthöfe, S. 150 f.

■ Gut Kleve
Hauptstr. 34
25554 Kleve
✆ 0 48 23/86 85
Fax 0 48 23/68 48

Betriebsferien: Mitte Januar–Mitte Februar.

10 Zimmer, Doppelzimmer ab 90 DM inklusive Frühstück.

Anfahrt: A 23 bis Itzehoe/West, weiter auf der B 5 Richtung Brunsbüttel, dann rechts die B 431 Richtung Meldorf bis Kleve. In Kleve am Ortsausgang rechts.

Klempau's Gasthof

15 Klempau's Gasthof

Seit 1577 ist das Haus in Familienbesitz, seit 1736 trägt es den Namen Klempau's Gasthof – wo gibt es solch eine Familientradition schon. Der Gasthof, einer der ältesten Deutschlands, ist ein typischer Dorfkrug an der großen Hauptstraße. Nur, daß sich dieser Dorfkrug mit der Zeit gewandelt und den modernen Zeiten angepaßt hat. So entstand 1988 der Hoteltrakt auf dem ehemaligen Heuboden. Klempau's Gasthof ist kein abseits gelegenes, romantisches Herrenhaus, sondern ein hervorragend modernisierter Gasthof, dessen Küche mehrfach ausgezeichnet wurde.

■ Klempau's Gasthof
Lübecker Straße 5–7
23628 Krummesse
✆ 0 45 08/2 64
Fax 0 45 08/4 60

Ruhetag: Di.
Betriebsferien: Keine.

15 Zimmer, Doppelzimmer ab 110 DM inklusive Frühstück.

Anfahrt: A 1 bis Bad Oldesloe, weiter auf der B 208 Richtung Ratzeburg, in Kastorf Richtung Lübeck, in Bliestorf rechts ab nach

Grander Mühle

Krummesse, im Ort Richtung Lübeck, nach 100 m auf der linken Seite.

16 Grander Mühle

In der ehemaligen Scheune neben der Grander Wassermühle sind einige Fremdenzimmer mit modernem Komfort eingerichtet worden. Und, Originalzitat aus dem Hausprospekt: »Der Chef serviert persönlich ein reichhaltiges Frühstück und kümmert sich individuell um Sie!« Nur ein paar Schritte, und man ist zum Essen in der alten Wassermühle am Rand des Sachsenwalds. Ein guter Ausgangspunkt für lange Spaziergänge und Wanderungen. Und das Ganze nur wenige Autominuten von Hamburg entfernt.
  Siehe auch Landgasthöfe, S. 152 f.

■ Grander Mühle
Lauenburger Straße
22958 Kuddewörde
✆ 0 41 54/24 12

Betriebsferien: Wechselnd.

13 Zimmer, Doppelzimmer 110 DM inklusive Frühstück.

Anfahrt: A 24 Richtung Berlin bis zur Ausfahrt Witzhave und weiter nach Grande. Die Grander Mühle liegt im Ort nach 400 m auf der rechten Seite.

17 Landhotel de Weimar

Es hat sich viel getan in Mecklenburg in den vergangenen Jahren, und dazu gehört auch, daß Ludwigslust mit dem Landhotel de Weimar ein erstklassig renoviertes Quartier für stadtmüde Gäste bekommen hat. Besonders die Zimmer im renovierten historischen Altbau sind liebevoll hergerichtet. Vor 200 Jahren wurde die-

Ein Traum für Stadtmüde: Schloßpark Ludwig

ses Landhotel gegründet, und auch wenn die Bäume an der Schloßstraße noch nicht wieder in alter Pracht blühen, ist hier doch ein vielversprechender neuer Anfang gemacht worden. Wer in dem vielzitierten Ort auf Entdeckungsreise gehen will, für den bietet sich zuallererst natürlich der riesige Schloßpark an, den Peter Joseph Lenné 1852–60 rund um das Barockschloß angelegt hat.

Siehe auch Gärten, S. 35.

Landhotel de Weimar

■ Landhotel de Weimar
Schloßstr. 15

19288 Ludwigslust
✆ 0 38 74/41 80
Fax 0 38 74/41 81 90

im Landhotel de Weimar

Betriebsferien: Keine.

44 Zimmer im Neubau, 8 Luxuszimmer im Altbau, Doppelzimmer ab 200 DM inklusive Frühstück.

Anfahrt: A 24 Richtung Berlin bis zur Ausfahrt Ludwigslust. Weiter auf der B 106 bis Ludwigslust, dort der Beschilderung zum Schloß folgen. Das Hotel liegt etwas zurückgesetzt an der Schloßstraße.

18 Forsthaus Seebergen

Am Lütjensee findet man ganz nahe an Hamburg eine herrliche Landschaft mit – wie der Name schon sagt – einem See, deren Ruhe und Beschaulichkeit allenfalls durch die Tagestouristen an schönen Wochenenden gestört wird. Aber wenn im Abendlicht die Enten über den See paddeln, wird einem schon klar, warum man die Stadt ab und zu hinter sich lassen muß.
  Siehe auch Landgasthöfe, S. 154 ff.

Forthaus Seebergen
An den Schwanenteichen
Seebergen 9–15
22952 Lütjensee

Forsthaus Seebergen

Waldhof auf Herrenland

✆ 0 41 54/7 92 90
Fax 0 41 54/7 06 45

Betriebsferien: Keine.

12 Zimmer, Doppelzimmer ab 110 DM inklusive Frühstück.

Anfahrt: A 1 Richtung Lübeck bis zur Ausfahrt Ahrensburg, über Siek nach Lütjensee. In Lütjensee geradeaus über die große Kreuzung, nach ca. 500 m links Richtung Forsthaus Seebergen.

19 Waldhof auf Herrenland

So touristisch Mölln sein mag, so ruhig und abwechslungsreich ist die Landschaft rundum. Das wahrscheinlich schönste Landhotel der Gegend ist der Waldhof auf Herrenland, ein geräumiges Fachwerkhaus mit 20 ha eigenem Kurpark, umgeben von Wald, etwa zehn Minuten außerhalb von Mölln. Das Haus macht einen sehr gepflegten Eindruck, die Einrichtung ist elegant-altmodisch – und ein kleines bißchen schräg, wie man es von vergleichbaren englischen Establissements her kennt. Die Atmosphäre ist sehr persönlich, und besonders abends, wenn die Fenster erleuchtet sind, wirkt der Waldhof wie eine Oase. Zum wunderschönen Pinnsee mitten im

Wald (siehe auch Badeseen; S. 70) sind es zu Fuß nur ein paar Minuten. Zum Haus gehört auch ein Restaurant.

■ Waldhof auf Herrenland
23879 Mölln
✆ 0 45 42/21 15
Fax 0 45 42/60 40

Betriebsferien: Keine.
17 Zimmer, Doppelzimmer
150 DM inklusive Frühstück.

Anfahrt: A 24 Richtung Berlin bis zur Ausfahrt Talkau, weiter über die B 207 bis Mölln. Dort durch die Innenstadt und dann am Ende rechts Richtung Sterley. Zum Waldhof geht es ca. 2 km nach dem Wohnstift Augustinum links ab.

20 Ole Liese

Das Gut Panker ist ein ganz spezieller Ort mit eigener Atmosphäre. Wenn man am frühen Sonntagmorgen übers Gut spaziert, mag man sich vorstellen, wie es wäre, hier Gutsherr zu sein, auch wenn man nicht im Herrenhaus geschlafen hat, sonden im Gasthof Ole Liese. Auf der Weide stehen die Pferde, die alten Bäume rauschen im Ostseewind, irgendwo ruft der Kuckuck.

■ Ole Liese
Gut Panker
24321 Panker

Da die Ole Liese erst im Juli/August wiedereröffnet, standen bei Drucklegung Zimmerzahl und Preise etc. noch nicht fest.

Anfahrt: A 1 Richtung Lübeck/Puttgarden bis Oldenburg, weiter

Ole Liese

Jagdhaus Waldfrieden

über die B 202 Richtung Kiel bis Lütjenburg, dort rechts ab nach Darry und weiter zum Gut Panker.

21 Jagdhaus Waldfrieden

Die hochherrschaftliche Villa im Park ist sicher die richtige Adresse für ein besonderes Wochenende zu zweit mit allem Komfort und Luxus. Selbst ein Rolls Royce vor der Tür fällt hier nicht weiter auf. Behagliche großzügige Zimmer im früheren Forsthaus nebenan und im Dachstübchen des Haupthauses.
   Siehe auch Landgasthöfe, S. 161 f.

■ Jagdhaus Waldfrieden
Kieler Str. (B 4)
25451 Quickborn

Wer Ruhe und Erholung nötig hat, ist an der Schlei richtig

✆ 0 41 06/37 71
Fax 0 41 06/6 91 96

Betriebsferien: Keine.

24 Zimmer, Doppelzimmer ab 200 DM inklusive Frühstücksbüffet.

Anfahrt: A 7 Richtung Flensburg bis zur Ausfahrt Quickborn, im Ort auf die B 4 Richtung Bad Bramstedt. Die Auffahrt zum Jagdhaus Waldfrieden ist kurz nach dem Ortsende links.

22 Josthof

Der Josthof ist ein ganzes Ensemble von Häusern mitten in Salzhausen neben der 1140 erbauten Kirche. Jeder Quadratmeter strahlt Gediegenheit aus, alles ist äußerst gepflegt, allenfalls könnte das Gefühl des Überperfekten aufkommen, dem die Ursprünglichkeit weichen mußte.

Siehe auch Landgasthöfe, S. 163 f., und Foto, S. 176.

Josthof
Am Lindenberg 1
21376 Salzhausen
✆ 0 41 72/9 09 80
Fax 0 41 72/62 25
Betriebsferien: Januar.

14 Zimmer, Doppelzimmer ab 155 DM inklusive Frühstück.

Anfahrt: A 7 Richtung Hannover, Abfahrt Garlstorf.

23 Seehof

Oben, am Rand der Ostsee-Steilküste in Sierksdorf liegt der Seehof in einem hübschen Park, unbehelligt vom Straßenlärm oder dem Trubel einer Seepromenade. Kein Haus, kein Auto, nichts stört den Blick aufs Meer, man sonnt sich auf einer großen Liegewiese unter Kastanien, Birken, Linden und Buchen. Das frühere Landhaus eines Senators ist der richtige Ort, um, abseits von der touristischen Hektik und doch mitten im Geschehen, ein paar Tage auszuspannen.

■ Seehof
Gartenweg 30
23730 Sierksdorf
✆ 0 45 63/70 31
Fax 0 45 63/74 85
Betriebsferien: November–März.

Neben den Hotelzimmern gibt es auch zehn Ferienwohnungen mit Seeblick (auf Wunsch auch mit

Seehof

Hotelservice), Doppelzimmer ab 160 DM inklusive Frühstücksbüffet.

Anfahrt: A 1 Richtung Lübeck/Puttgarden bis zur Ausfahrt Eutin, weiter Richtung Sierksdorf.

24 Schlie-Krog

Der Schlie-Krog liegt unmittelbar an der Schlei in dem kleinen Örtchen Sieseby, das durch eine ganze Reihe alter romantischer Reetdachhäuser glänzt. Wer hier in absoluter Ruhe und Geborgenheit sein Haupt bettet, kann wirklich die Seele baumeln lassen.
   Siehe auch Landgasthöfe, S. 168 f.

■ Schlie-Krog
Dorfstr. 19
24351 Sieseby
✆ 0 43 52/25 31
Fax 0 43 52/1 53 80

Betriebsferien: Mitte Januar–Mitte Februar.

1 Appartement, 250 DM inklusive Frühstück.

Anfahrt: A 7 Richtung Flensburg bis zur Ausfahrt Rendsburg, weiter über Groß-Wittensee nach Eckernförde. Von dort über die B 203 Richtung Kappeln, dann links ab nach Rieseby, von dort weiter Richtung Kappeln nach Sieseby, dort bis ans Wasser fahren.

25 Hotel Lundenbergsand

Windgeschützt hinterm Deich liegt das hübsche Hotel im traditionellen Stil südlich von Husum direkt am Nationalpark Wattenmeer. Gutbürgerlich eingerichtet, ist es eine Oase der Ruhe und Ausgangsstätte für ausgiebige Wattwanderungen. Wer nicht so gut zu Fuß ist, dem mag alleine der herrliche Blick vom Deich übers Watt in die untergehende Sonne ein Besuch wert sein. Die Zimmer unterm Reetdach sind bequem, praktisch und auf angenehme Art ein ganz klein wenig altmodisch.

■ Hotel Lundenbergsand
Lundenbergweg 3
25813 Simonsberg
✆ 0 48 41/43 57
Fax 0 48 41/6 29 98

Betriebsferien: Keine.

17 Zimmer, Doppelzimmer ab 160 DM inklusive Frühstück.

Anfahrt: A 23 bis Heide, weiter auf der B 5 Richtung Husum, 2 km vor Husum links Richtung Simonsberg/Badestelle Lundenbergsand.

26 Landhaus Philipphof

Dieses wunderschöne Hotel garni liegt in einer idyllischen Oase südlich der Straße zwischen Eidersperrwerk und St. Peter-Ording, einige Kilometer vor dem Ferienort. Man kommt sich vor wie in einem englischen Herrenhaus, in dem Inhaber Dietrich Freise einen ganz persönlichen Rahmen für seine Gäste geschaffen hat. Ob Frühstückszimmer, Bibliothek oder Garten – nichts erinnert an ein Hotel, alles an einen äußerst gepflegten privaten Landsitz. Überm Haus ziehen die Störche ihre Kreise, alte Bäume spenden im Garten Schatten. Nur schade, daß die 200 Jahre alten Ulmen

Landhaus Philipphof

Landhaus Carstens

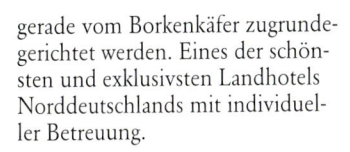

gerade vom Borkenkäfer zugrunde-
gerichtet werden. Eines der schönsten und exklusivsten Landhotels
Norddeutschlands mit individueller Betreuung.

◼ Landhaus Philipphof
25881 Tating/Ehst
✆ 0 48 62/3 16 (auch Fax)

Betriebsferien: November–Februar.

7 Zimmer, Doppelzimmer
220-260 DM inklusive Frühstück.

Anfahrt: A 23 bis Heide, weiter
auf der B 203 bis Wöhrden, dort
rechts nach Wesselburen und weiter Richtung St. Peter-Ording. Das
Haus liegt links der Straße.

27 Landhaus Carstens

Der richtige Ort für die Sommer-
frische – und dauere sie nur ein
Wochenende lang. Das Landhaus
Carstens ist die beste Adresse in
Timmendorfer Strand – und dort
gibt es viele gute Adressen. Besonders im dazugehörigen Kleinen
Landhaus, einer ehemaligen Privat-
villa, kann man es sich auf exklusi-
ve Weise gutgehen lassen. Fast alle
Zimmer haben Seeblick. Man darf
allerdings nicht vergessen, daß das
Hotel nicht abgeschieden und einsam, sondern mitten im Ort steht.

◼ Landhaus Carstens
Strandallee 73
23669 Timmendorfer Strand
✆ 0 45 03/60 80
Fax 0 45 03/6 08 60

Betriebsferien: Keine.

27 Zimmer im Landhaus Carstens,
2 Zimmer und 2 Suiten im Kleinen Landhaus, Doppelzimmer ab
200 DM inklusive Frühstück.

Anfahrt: A 1 Richtung
Lübeck/Puttgarden bis Ratekau,
weiter nach Timmendorfer Strand.
Ins Ortszentrum fahren und dort
links weiter Richtung Scharbeutz.

28 Eichenhof

Worpswede und das Teufelsmoor
waren um die Jahrhundertwende
Wirkungsstätten bedeutender
Maler wie Otto Modersohn, Paula
Modersohn-Becker, Hans am
Ende, Heinrich Vogeler oder Fritz
Mackensen, die hier in einer Art
Künstlerkolonie lebten. Der
Eichenhof, einst Landsitz eines
Bremer Bürgermeisters, besteht aus
mehreren flachen Häusern in
einem weitläufigen, sehr gepflegten
Park mit weißen Bänken und vie-
len alten Bäumen. Unweit des
Ortszentrums herrscht hier para-
diesische Ruhe. Ein romantisches

Landhotel wie aus dem Bilderbuch.

■ Eichenhof
Ostendorferstr. 13
27726 Worpswede
✆ 0 47 92/26 76/7
Fax 0 47 92/44 27

Ruhetag: Keiner.
Betriebsferien: Keine.

18 Zimmer, Doppelzimmer ab 160 DM inklusive Frühstück.

Anfahrt: A 7 Richtung Bremen bis zur Abfahrt Stuckenborstel. Über Ottersberg und Grasberg nach Worpswede. Im Ort gleich links in die Ostendorfer Straße, von der eine 250 m lange Eichenallee zu dem parkartigen Grundstück des Eichenhofs führt.

Mit den Hühnern aufstehen –
Urlaub auf dem Bauernhof

Urlaub auf dem Bauernhof ist nicht immer Urlaub auf dem Bauernhof. So manchem Landwirt erschien das Geschäft mit den Fremden lukrativer als das Schweine-Business. Er verpachtete sein Land und wandelte seinen Hof in ein Gästehaus um, auf dem es Hühner, Schweine und Schafe eigentlich nur noch zur Dekoration gibt. So ein Resthof wird in den einschlägigen Katalogen möglicherweise wie folgt beschrieben: »Kein Traktor oder sonstiges landwirtschaftliches Gerät stört ihre Urlaubsruhe ...« Allenfalls als Nebenerwerbslandwirt kümmert sich der einstige Herr der Äcker noch um sein ursprüngliches Gewerbe. Ferien vor ländlicher Kulisse sind beliebt wie selten zuvor. Die Gäste schwingen die Mistgabel, lernen, wie man Brot bäckt, die Kinder kümmern sich ums Pony – und das alles ohne Streß. Rund 20 000 Landwirte in Deutschland bieten Ferien auf dem Bauernhof an. Da fällt die Auswahl schwer, zumal Familienanschluß und Mitarbeit in der Landwirtschaft nicht mehr selbstverständlich sind, und manche Häuser eben Hotels mit Schafen vorm Haus ähneln. Eine gewisse Sicherheit bieten die rund 1600 von der Deutschen Landwirtschaftsgesellschaft (DLG) geprüften Häuser. Symbole in den Katalogen zeigen, mit welchen Möglichkeiten die Gäste rechnen können. Eine Mistgabel ist das Symbol für eine mögliche Mithilfe im Stall, ein Ohrensessel signalisiert die Eignung für ältere Gäste. Je besser man sich vor der Buchung informiert, desto geringer ist die Gefahr, enttäuscht zu werden.

Da die Preise für die Zimmer auch auf dem jeweiligen Hof stark variieren können, ist es am besten, auch diesbezüglich genau nachzufragen.

Hier die Adressen einiger der schönsten Bauernhöfe für Ruhe suchende Städter:

■ Gut Beusloe

Mehr als ein Bauernhof. Großes Gut mit schöner Kastanien-Auffahrtsallee, seit fast 80 Jahren im Familienbesitz. Herrliche Lage unweit der Ostsee, Golfplatz rund ums Haus.

Siehe auch Landgasthöfe, S. 164 f. (Brodauer Mühle).

Gut Beusloe

Renate und Wilhelm Rohwedder
23730 Gut Beusloe
✆ 0 45 61/43 25 (auch Fax)

7 Appartements – Gutshaus mit allem Komfort.

Jürgenshof

Seit 1929 kommen Feriengäste auf diesen kinderfreundlichen vollbewirtschafteten Hof, ein klassisches Bauernhaus in der Heide, mit Pferden, Schweinen, Katzen und anderen Tieren.

Jürgenshof
Heinz-J. und Sigrid Eimers
Bommelser Str. 11
29699 Bomlitz-Bommelsen
✆ 0 51 97/2 42

9 Zimmer und eine Ferienwohnung.

Hof Voege

Weiträumige Hofanlage mit schönem Garten, Ackerbau- und Grünlandbetrieb mit Viehhaltung in der Probstei, 2 km von der Ostseeküste entfernt. Mitarbeit ist möglich. Ungewöhnliches Haupthaus mit viel (etwas plüschiger) Atmosphäre.

Hof Voege
Margret Voege
Schönberger Str. 5
24235 Brodersdorf
✆ 0 43 43/81 37
Fax 0 43 43/15 27

6 Ferienwohnungen in verschiedenen Gebäuden.

Ferienhof Ueck

Vollbewirtschafteter Obstbauernhof mit wunderschönem Fachwerkbauernhaus von 1750 mitten im Alten Land, 300 m vom Zentrum von Jork entfernt. Führungen zum Thema Obstanbau, im Winter Kurse über Obstbaumschnitt und dergleichen mehr.

Ferienhof Ueck
Hans-Jacob und Martina Ueck
Osterjork 45
21635 Jork
✆ 0 41 62/81 63
Fax 0 41 62/57 58

4 Zimmer.

Hof Ossenrüh

Großer kinderfreundlicher, ruhiger Einzelhof zwischen Schlei und Ostsee mit Schweinen und Pferden, der als Familienbetrieb bewirtschaftet wird. Mitarbeit und Wildbeobachtung im eigenen Jagdrevier möglich.

Hof Ossenrüh
Waltraud Nagel
Ossenrüher Weg 4
Ossenrüh bei Brodersby
24376 Kappeln
✆ 0 46 44/2 24

5 Ferienwohnungen mit allem Komfort.

Gut Gaarz

Großes Bilderbuch-Gut, Ackerbau und Forstbetrieb mit Tieren und allem, was zu einem Gut gehört, einschließlich Reitgelände, Ponyreiten und Jagdmöglichkeit. Es gibt sogar einen eigenen Tennisplatz.

Bäuerin im Alten Land

Ruhige Lage, 5 km von der Ostsee entfernt, in schöner Landschaft.

■ Gut Gaarz
H. H. und Christa Struckmann
23758 Oldenburg
✆ 0 43 65/72 44
Fax 0 43 65/84 64

■ Ferienhof Martens

Verträumter reetgedeckter Haubarg von 1850, der seit sechs Generationen im Familienbesitz ist. Einzellage im Marschenland auf Eiderstedt. Idyllischer Garten mit alten Bäumen. Ackerbau, Bullen- und Schafaufzucht, Mithilfe möglich.

■ Ferienhof Martens
Heinrich Martens
Osterende 13
25870 Oldenswort
✆ 0 48 64/2 11

2 Ferienwohnungen.

■ Davidshof

Liebevoll ausgestattetes historisches Friesenhaus unter Reet, einzeln im nördlichen Teil Eiderstedts auf einer 6,5 ha großen Warft gelegen. Grünlandbetrieb mit einigen Tieren.

■ Davidshof
Gertrud Schultz
Davidsweg
25870 Oldenswort-Osteroffenbüllkoog
✆ 0 48 64/5 93

3 Ferienwohnungen.

■ Eichenhof

Vollbewirtschaftete Fachwerk-Einzelhofanlage unter alten Bäumen, 50 km südwestlich von Hamburg. Mitarbeit ist möglich. Auf dem Hof werden unter anderem Rinder, Ponys, Schweine und Heidschnucken gehalten. Hausschlachtung! Boxen für Gastpferde vorhanden. Ponyreiten kostenlos.

■ Eichenhof
Elfriede Heimberg
Bredenhorn 12
21644 Sauensiek
✆ 0 41 69/2 12

8 Zimmer und 3 Ferienhäuser.

■ Hof Tadel

Gepflegter kinderfreundlicher Einzelhof am Rand der Lüneburger Heide, von Eichen umgeben mit eigenem Badeteich und schönem Garten. Land- und Forstbetrieb mit Tieren, unter anderem zwei Reitpferden. Neben den Ferienwohnungen im Haupthaus werden das Backhaus und der Honigspeicher als Ferienhäuser vermietet.

■ Hof Tadel
Hanna Wilkens

27374 Visselhövede
✆ 0 42 37/10 53

3 Ferienwohnungen im Bauernhaus, 2 Ferienhäuser.

DAS GLÜCK DER ERDE AUF DEM RÜCKEN DER PFERDE – Reiter- und Ponyhöfe

Wer kann sich schon ein eigenes Pferd leisten? Und selbst wenn: Wer hat schon die Zeit, sich darum zu kümmern? Als praktikable Alternative bietet sich das Reiten in den Ferien oder am Wochenende in einem Reitstall oder einer Reiterpension an. Gerade für Kinder, die ihre ersten Erfahrungen auf einem Vierbeiner machen, ist es wichtig, die passende Atmosphäre, einen gepflegten, gut geführten Stall unter den Hunderten von Reiterhöfen zu finden. Allzuviele Bauern versuchen mit der Anschaffung von ein paar Ponys ein schnelles Geschäft zu machen, ohne Rücksicht auf Tiere und Reiter. Hier ein paar empfehlenswerte Adressen:

■ Ponyschloß Badow

Hinter dem Schaalsee in Westmecklenburg, genauer gesagt, in Badow zwischen Wittenburg und Gadebusch, hat der 34jährige Hamburger Oliver Erbacher ein ramponiertes Schloß modernisiert und daraus ein Reitparadies für bis zu 120 Kinder gemacht. Jedes Kind hat ›sein‹ Pony, um das es sich kümmern muß, bevor es bis zu zwei Reitstunden am Tag bekommt. Weil die Gegend recht einsam ist, sind Ausritte nicht so gefährlich – es können nicht so leicht Autos in die Quere kommen und die Pferde erschrecken.

■ Auskunft: Schloß Badow
Waldweg 42
22393 Hamburg
✆ 0 40/6 01 77 62
Anschrift: Ponyschloß Badow
19209 Badow

■ Reiterpension Rosenhof

Gepflegte Hofanlage mit Ackerbau- und Forstbetrieb, Mitarbeit ist möglich. DLG-geprüfter Reiterhof mit fünf Pferden, reiterliche Betreuung, Gastboxen, Ausritte auf 300 km Reitwegen in der Lüneburger Heide.

■ Reiterpension Rosenhof
Marion Albers
29646 Bispingen/
Ortsteil Behringen
✆ 0 51 94/71 64
Fax 0 51 94/29 92

■ Hof Kirchhorst

Einer der schönsten deutschen Reiterhöfe steht auf einer Anhöhe über dem Wittensee. Mitten in einer äußerst gepflegten Parkanlage nach englischem Vorbild stehen Wohnhaus, Stallungen und Reithalle. Schon alleine der Springplatz vor dem schmucken Haus mit seinem sattgrünen Rasen und den Hindernissen zwischen den alten Bäumen ist die Anreise wert. Hinter den Ställen

Ferien auf dem Ponyhof

gibt es sogar einen eigenen kleinen See.

■ Hof Kirchhorst
Hans Jürgen Naeve
24361 Groß Wittensee
✆ 0 43 56/2 28

■ Ponyhof und Kinderhotel Naeve

Für Kinder ist dieser Ponyhof ein Paradies. Ein Paradies, das sogar einen eigenen Badestrand mit Grillplatz am 1000 ha großen Wittensee hat. Der Hof ist sehr gepflegt. Junge Reiter zwischen sechs und 16 Jahren erleben hier ungezwungene Landatmosphäre. Jedes Kind bekommt zwei Reitstunden am Tag und kann bis zum Reiterpaß ausgebildet werden.
Natürlich kümmern sich die Kinder auch nach den Reitstunden um die Tiere, können sie putzen, striegeln, die Hufe auskratzen oder sie grasen lassen.

■ Ponyhof und
Kinderhotel Naeve
24361 Groß Wittensee
Dorfstr. 23
✆ 0 43 56/8 62

Wochenendpreis von Freitag nachmittag bis Sonntag abend: 150 DM.

■ Kinder-Reiterhof Bohn auf dem Hof Farbeberg

Der idyllische Einzelhof liegt inmitten von Wiesen und Wäldern im Naturpark Aukrug. Kinder von acht bis 16 Jahren können hier einen traumhaften Reiturlaub verleben – ohne Eltern und trotzdem natürlich unter Aufsicht. Um die 20 Kinder haben zusammen ihren Spaß beim Reiten, Spielen oder am abendlichen Lagerfeuer. Jedes Kind hat sein eigenes Pflegepony, für das es selbst verantwortlich ist. Daneben bekommen die Kinder Reitunterricht, so daß sie fünf Stunden am Tag mit den Tieren zusammen sind. Mit Kindern, die schon sattelfest sind, unternehmen die Betreuer Ausritte ins Gelände. Für Fortgeschrittene gibt es sogar kleine Turniere.

■ Hof Farbeberg
24594 Nindorf/Hohenwestedt
✆ 0 48 71/17 00

Ein Wochenende von Freitag- bis Sonntag nachmittag kostet inklusive vier Mahlzeiten am Tag 120 DM, eine Woche in den Ferien 440-480 DM.

Anfahrt: A 7 Richtung Flensburg bis zur Abfahrt Neumünster. Weiter auf der B 430 bis Aukrug, dort rechts nach Heinkenborstel, links ab nach Nindorf. Durch den Ort Richtung Luhnstedt, ca. 500 m hinter dem Ortsausgangsschild Nindorf links ab zum Hof Farbeberg.

■ Pony Park Padenstedt

Sehr großer Reiterhof für Kinder und Jugendliche von acht bis 16 Jahren südwestlich von Neumünster, der sich selbst als »einer der schönsten Ponyhöfe Europas« preist. Er ist DLG-geprüft und von der Deutschen Reiterlichen Vereinigung als ›FN-Reitstall‹ anerkannt. Hier gibt es 100 Haflinger und 100 Shetlandponys für die Gäste, so daß wirklich jedes Kind sein ›eigenes‹ Tier erhält, für das es verantwortlich ist. Auf dem 45 ha großen Hof mit eigenem Bade- und Angelsee werden erstklassige Haflinger gezüchtet. Die Kinder wohnen in Mehrbettzimmern und werden je nach Können in Gruppen von maximal sieben kleinen Reitern eingeteilt und erhalten ohne gesonderte Berechnung täglich mehrere Reitstunden. Natürlich sind auch Wochenendferien möglich.

Der Pony-Park verkauft jedes Jahr bis zu 60 selbstgezüchtete Fohlen!

■ Pony Park Padenstedt
Wolfgang Kreikenbohm
24634 Padenstedt
✆ 0 43 21/8 13 00
Fax 0 43 21/8 47 58

Ein Bett im Heu – Übernachten im Heuhotel

›Heu-Hotels‹ sind Bauernhöfe, die ihre Scheune entrümpeln, Stroh streuen oder Heu hinlegen und das Tor für Stadtmenschen offenlassen. Man kann eine Einzelübernachtung machen, aber es gibt auch vorgeplante ›Von-Hof-zu-Hof-ins-Heu‹-Touren per Fahrrad, Pferd oder zu Fuß. So führen acht Routen durch die schönsten Ferienregionen Niedersachsens, zum Beispiel durch Ostfriesland, durch die Lüneburger Heide, durchs Leine- und Weserbergland oder durch die Region zwischen Weser und Elbe. Man muß dabei pro Tag zwischen 15 und 70 km zurücklegen. Und auch in Schleswig-Holstein gibt es ähnliche Angebote. 14,14 DM wird pro Erwachsener für eine Übernachtung berechnet, inklusive Frühstück. Die ›Heu-Hotel‹-Bauern haben zusätzlich Ferienwohnungen und Gästezimmer.

■ Auskunft: Arbeitsgemeinschaft ›Urlaub und Freizeit auf dem Lande‹
Postfach

27384 Bothel
☏ 0 42 66/29 99
Fax 0 42 66/85 48

Preise: Erwachsene 14,14 DM pro Übernachtung mit Frühstück, Kinder 11,11 DM.

Gegen Rückporto verschickt die AG den Prospekt »Heu-Hotels«, in dem die einzelnen Touren mit den jeweiligen Sehenswürdigkeiten und den Adressen der ›Heu-Hotels‹ vorgestellt werden. Die erste Station ist gleichzeitig ein Fahrrad-Verleih (5-8 DM pro Tag, 50 DM Kaution). Dort enden die Touren auch wieder. Achtung: Das Gepäck wird nicht überall transportiert.
 Für diejenigen, die keine Rad-Tour machen möchten, sondern nur einmal im Heu übernachten wollen, verschickt die AG den Prospekt »Urlaub und Freizeit auf dem Lande. Adressen von Bauern- und Ferienhöfen« in Niedersachsen (3 DM Rückporto). Alle darin mit einem Heu-Haufen gekennzeichneten Höfe nehmen auf Anfrage Heu-Gäste auf. Als Gruppe sollte man sich eine Woche vorher anmelden; sonst reichen ein bis zwei Tage.
 Nicht vergessen: Schlafsäcke, Handtücher, Decken, Matten und eine Taschenlampe muß man selber mitbringen.

Auskunft über Heu-Hotels in der Gegend von Rendsburg:
Fremdenverkehrszentrale
Nord-Ostsee-Kanal
☏ 0 43 31/2 11 20

Abbildungsnachweis

Paul Mahrt, Osterholz-Scharmbeck: Umschlagrückseite (Worpsweder Mühle), S. 38, 46, 47, 98
Jörg Modrow, Hamburg: Umschlagrückseite (Gemüsestand, Hotel/Restaurant Josthof), S. 1, 5, 8, 12/13, 17, 22, 34/35, 37, 82, 104, 110, 122, 126, 128, 129, 130, 131, 133, 134, 135, 136, 137, 138, 139, 140, 141, 142, 143, 144, 145, 146, 147, 148, 149, 150, 151, 152, 153, 154, 155, 156, 157, 158, 159, 160, 161, 162, 163, 164, 165, 166, 167, 168, 168/69, 170, 173, 174, 175, 176, 177, 178, 179, 180, 182, 183, 184, 185, 186, 187, 188, 189, 190, 191, 193, 196, 198
White Star, Hamburg: Umschlagvorderseite, Umschlagrückseite (Strandfoto), S. 6, 27, 41, 52/53, 56, 62, 63, 65, 66, 71, 73, 76, 86, 94, 100, 102/103, 115, 170/171, 180/181

KARTENLEGENDEN

LEGENDE ZU DEN NACHFOLGENDEN ÜBERSICHTSKARTEN (I-IV)

■ NATUR

Tier- und Wildparks
1 Greifvogel-Gehege Bispingen (Bispingen, **III**)
2 Wildpark Eekholt (Großenaspe, **I/III**)
3 Wildpark Trappenkamp (Daldorf, **II**)
4 Haustierpark Warder (Warder am Brahmsee, **I**)
5 Garten der Schmetterlinge (Aumühle-Friedrichsruh, **IV**)

Exkursionen
6 Vogelbeobachtung am Elbe-Außendeich (Vogelwart in Oederquart, **III**)
7 Vogelschutzgebiet ›Grüne Insel‹ (Katinger Watt, **I**)
8 Storchendorf Bergenhusen (**I**)
9 Himmelmoor (**III**)
10 Schnaakenmoor (**III**)
11 Naturpark Lewitz (**IV**)
12 Naturschutzgebiet Lüneburger Heide (**III**)
13 Archäologischer Lehrpfad Fischbeker Heide (**III**)
14 Megalithgrab in Karlsminde (**I**)

Gärten
15 Gut Krieseby (**I**)
16 Bauerngarten in Hennstedt (**I**)
17 Louisenlund (**I**)
18 Arboretum und Bauerngarten Ellerhoop-Thiensen (**III**)
19 Ökoland re-natur (Ruhwinkel, **II**)
20 Hochdorfer Garten (Tating, **I**)
21 Holländerhof (Wagersrott, **I**)
22 Schloßpark Ludwigslust (**IV**)

■ BESICHTIGUNGEN

Museen rund ums Landleben
1 Altes Land (**III**)
2 Waldmuseum (Göhrde, **IV**)
3 Freilichtmuseum Kiekeberg bei Rosengarten (**III**)
4 Dithmarscher Landesmuseum (Meldorf, **I**)
5 Landwirtschaftsmuseum Meldorf (**I**)
6 Freilichtmuseum Molfsee (**I**)
7 Museumsdorf Unewatt und Landschaftsmuseum Angeln (**I**)

Künstlermuseen
8 Theodor-Storm-Haus (Husum, **I**)
9 Bossard-Haus (Jesteburg, **III**)
10 Hebbel-Museum (Wesselburen, **I**)
11 Museen in Worpswede (**III**)

Herrenhäuser
12 Altenhof (**I**)
13 Breitenburg (**III**)
14 Emkendorf (**I**)
15 Hoyerswort (**I**)
16 Kletkamp (**II**)
17 Knoop (**I**)
18 Seedorf (**II**)

Dorfkirchen
19 Basilika zu Altenkrempe (**II**)
20 Klosterkirche zu Bordesholm (**I**)
21 St. Stephanus (Egestorf, **III**)
22 Spätromanische Backsteinkirche in der Nähe des Herrenhauses Haseldorf (**III**)
23 St. Marien zu Heiligenstedten (**I**)
24 St. Wilhadi bei Ihlienworth (**III**)
25 Dorfkirche St. Jürgen (**III**)
26 St. Laurentius (Lunden, **I**)
27 Kirche in Osterhever (**I**)
28 St. Katharinen (Probsteierhagen, **II**)
29 St. Martin (Raven, **III**)
30 St. Catharinen zu Westensee (**I**)

Klöster
31 Kloster Cismar (**II**)
32 Kloster Nütschau (**IV**)

33 Klosteranlage Preetz (**II**)
34 Kloster Zeven (**III**)

■ Erholung

Badeseen
 1 Barumer See (**IV**)
 2 Birkensee (Weertzen, **III**)
 3 Bokeler See (**III**)
 4 Dutzower See (**IV**)
 5 Flögelner See (**III**)
 6 Grabauer See (**IV**)
 7 See bei Hennstedt
    im Naturpark Aukrug (**I**)
 8 Köhlerteich bei Hanstedt (**III**)
 9 Owschlager See (**I**)
10 Pinnsee bei Mölln (**IV**)
11 Pipersee (**IV**)
12 Großer Plöner See (**II**)
13 Schaalsee (**IV**)
14 Westensee (**I**)

■ Landgasthöfe

 1 Katerberg (Ahlefeld , **I**)
 2 Töpferhaus (Alt-Duvenstedt, **I**)
 3 Kiekut (Altenhof, **I**)
 4 Hof Bucken (Aukrug, **I**)
 5 Fürst Bismark Mühle
    (Aumühle, **IV**)
 6 Galerie Schloßgefängnis
    (Barmstedt, **III**)
 7 Waldschlößchen Bösehof
    (Bederkesa, **III**)
 8 Landhaus Meinsbur
    (Bendestorf, **III**)
 9 Op de Deel
    (Blomesche Wildnis, **III**)
10 Botheler Landhaus (Bothel, **III**)
11 Breitenburger Fähre
    (Breitenburg, **III**)
12 Restaurant Neuland
    (Buxtehude, **III**)
13 Estehof (Estebrügge, **III**)
14 Sommerhof (Fiefbergen, **II**)
15 Niemeyers Heidehof
    (Garlstorf am Walde, **III**)
16 Jule (Gelting, **I**)
17 Hotel zur Göhrde
    (Göhrde, **IV**)
18 Alte Mühle
    (Hamburg-Bergstedt, **III**)
19 Zum Wattkorn
    (Hamburg-Langenhorn, **III**)
20 Schierbaums Fischkate
    (Hemmelsdorf, **II**)
21 Hotel Seelust (Hennstedt, **I**)
22 Kamphof (Himmelpforten, **III**)
23 Zum 100jährigen (Seevetal, **III**)
24 Holsteiner Stuben
    (Högersdorf, **IV**)
25 Genueser Schiff (Hohwacht, **II**)
26 Gasthaus Horster Mühle
    (Horst, **III**)
27 Das Alte Haus (Jameln, **IV**)
28 Herbstprinz (Jork, **III**)
29 Gut Kleve (Kleve, **I**)
30 Klützer Mühle (Klütz, **II**)
31 Grander Mühle
    (Kuddewörde, **IV**)
32 Gasthaus zur Kloster-Mühle
    (Kuhmühlen, **III**)
33 Zur Schleuse (Lilienthal, **III**)
34 Forsthaus Seebergen
    (Lütjensee, **IV**)
35 Fährkrug (Osten, **III**)
36 Forsthaus Hessenstein
    (Panker, **II**)
37 Ole Liese (Panker, **II**)
38 Maack-Kramer's Landgasthof
    (Pattensen, **III**)
39 Niedersächsisches Bauernhaus
    (Plön, **II**)
40 Jagdhaus Waldfrieden
    (Quickborn, **III**)
41 Vitus (Reinstorf, **IV**)
42 Teestube Sahrendorf
    (Sahrendorf, **III**)
43 Josthof (Salzhausen, **III**)
44 Brodauer Mühle
    (Schashagen, **II**)
45 Altes Amt (Schönwalde, **II**)
46 Landgasthof Brechtmann
    (Schürsdorf, **II**)
47 Uklei Fährhaus (Sielbek, **II**)
48 Schlie-Krog (Sieseby, **I**)
49 Galerie + Café Birkenhof
    (Störkathen, **I**)

50 Landhaus Carstens
(Timmendorfer Strand, **II**)
51 Schankwirtschaft Andresen
(Tönning-Katingsiel, **I**)
52 Osterkrug (Treia, **I**)
53 Aal-Kate (Uetersen-
Neuendeich, **III**)
54 Restaurant Café Museum
Roter Haubarg (Witzwort/
Adolfskoog, **I**)

Landhotels

1 Töpferhaus (Alt-Duvenstedt, **I**)
2 Fürst Bismark Mühle
(Aumühle, **IV**)
3 Hotel Waldesruh am See
(Aumühle, **IV**)
4 Waldschlößchen Bösehof
(Bederkesa, **III**)
5 Landhaus Meinsbur
(Bendestorf, **III**)
6 Hof Sudermühlen
(Egestorf, **III**)
7 Sommerhof (Fiefbergen, **II**)
8 Niemeyers Heidehof
(Garlstorf am Walde, **III**)
9 Jule (Gelting, **I**)
10 Hotel an der Elbe
(Grünendeich, **III**)
11 Hotel Seelust (Hennstedt, **I**)
12 Genueser Schiff (Hohwacht, **II**)
13 Gut Kletkamp (Kletkamp, **II**)
14 Gut Kleve (Kleve, **I**)
15 Klempau's Gasthof
(Krummesse, **IV**)
16 Grander Mühle
(Kuddewörde, **IV**)
17 Landhotel de Weimar
(Ludwigslust, **IV**)
18 Forsthaus Seebergen
(Lütjensee, **IV**)
19 Waldhof auf Herrenland
(Mölln, **IV**)
20 Ole Liese (Panker, **II**)
21 Jagdhaus Waldfrieden
(Quickborn, **III**)
22 Josthof (Salzhausen, **III**)
23 Seehof (Sierksdorf, **II**)
24 Schlie-Krog (Sieseby, **I**)
25 Hotel Lundenbergsand
(Simonsberg, **I**)
26 Landhaus Philipphof
(Tating/Ehst, **I**)
27 Landhaus Carstens
(Timmendorfer Strand, **II**)
28 Eichenhof (Worpswede, **III**)

ÜBERSICHTSKARTEN

I

Karte I

II
N
0
10 km
Kieler Bucht
Kiel
Kieler Förde
Laboe
Schönberg (H.)
Heikendorf
Raisdorf
Preetz
Selenter See
Panker
Großer Binnensee
Hohwachter Bucht
Hohwacht (O.)
Lütjenburg
Heiligenhafen
Oldenburg (H.)
Oldenburger Graben
Kaköhl
Kossau
Holsteinische Schweiz
Schönwalde a. B.
Malente
Kellersee
Plön
Gr. Plöner See
Eutin
Grömitz
Schashagen
Neustadt i. H.
Neustädter Bucht
Schwartau
Trave
Bornhöved
Treppenkamp
Pönitz
Ahrensbök
Timmendorfer Strand
Wardersee
Bad Segeberg
Ratekau
Travemünde
503
502
430
202
207
76
404
21
205
432
1
75
14
7
28
20
37
36
12
25
33
13
16
31
45
47
39
12
19
44
19
23
18
3
46
27
50
20

Karte II

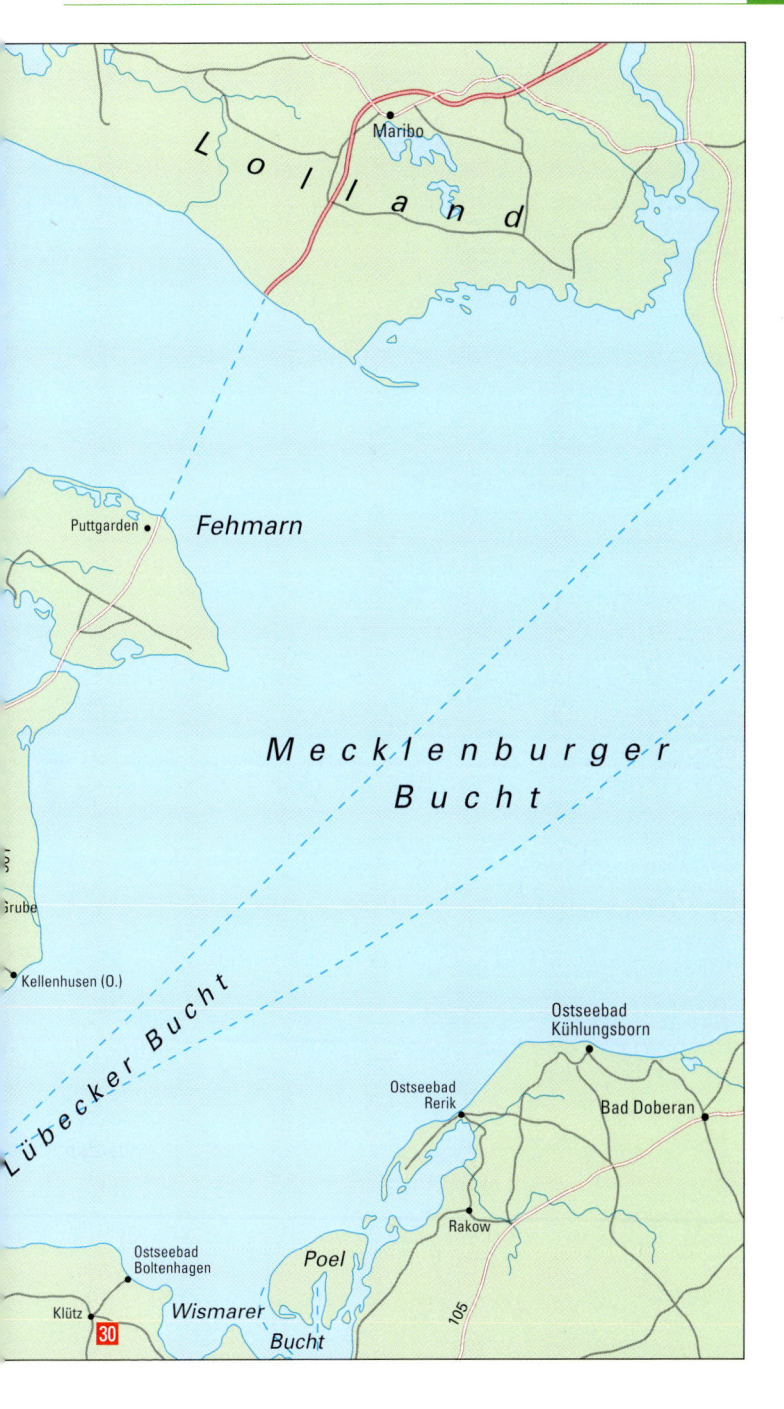

Lolland

Maribo

Puttgarden

Fehmarn

Mecklenburger Bucht

Grube

Kellenhusen (O.)

Lübecker Bucht

Ostseebad Kühlungsborn

Ostseebad Rerik

Bad Doberan

Rakow

Ostseebad Boltenhagen

Poel

Klütz

Wismarer Bucht

30

105

ÜBERSICHTSKARTEN

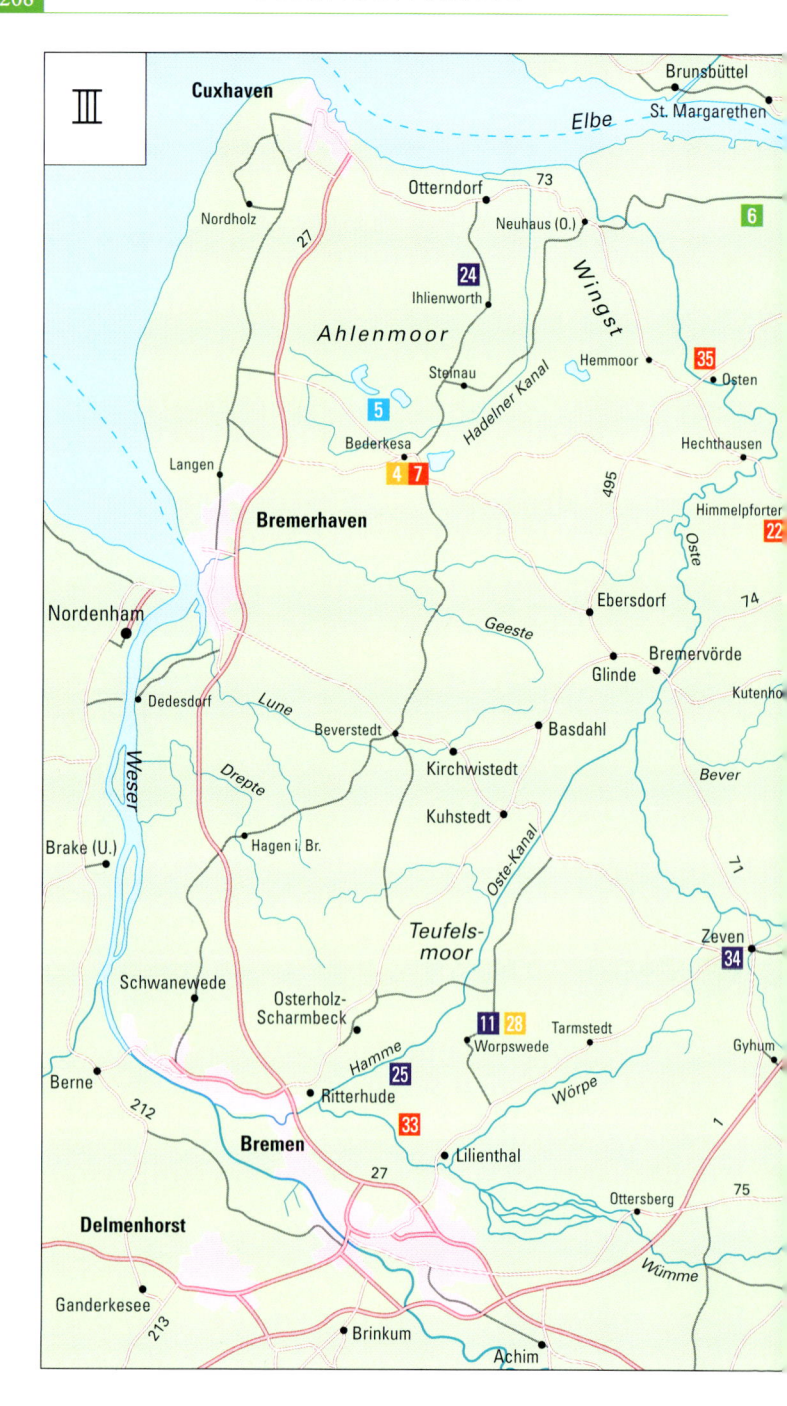

III

Cuxhaven
Brunsbüttel
Elbe
St. Margarethen
Otterndorf
Nordholz
Neuhaus (O.)
27
73
6
24
Ihlienworth
Ahlenmoor
Wingst
Steinau
Hemmoor
35
Hadelner Kanal
Osten
5
Bederkesa
4 7
Hechthausen
Langen
Bremerhaven
495
Himmelpforten
Oste
22
Ebersdorf
74
Nordenham
Geeste
Bremervörde
Glinde
Dedesdorf
Kutenho
Lune
Beverstedt
Basdahl
Weser
Drepte
Kirchwistedt
Bever
Kuhstedt
Brake (U.)
Hagen i. Br.
Oste-Kanal
71
Teufels-
moor
Zeven
34
Schwanewede
Osterholz-
Scharmbeck
11 28
Tarmstedt
Gyhum
Worpswede
Hamme
25
Wörpe
Berne
212
Ritterhude
33
1
Bremen
Lilienthal
27
Ottersberg
75
Delmenhorst
Wümme
Ganderkesee
213
Brinkum
Achim

Karte III

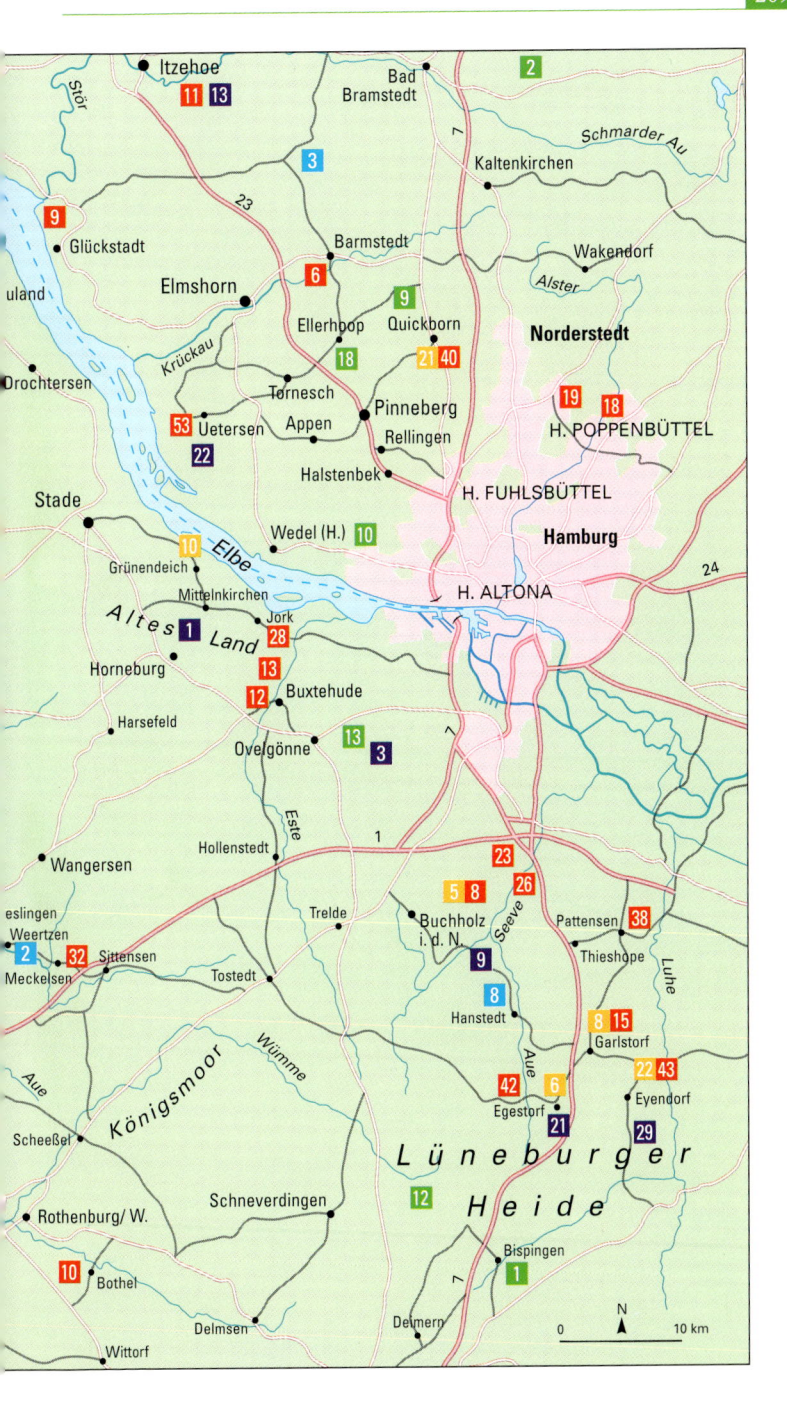

ÜBERSICHTSKARTEN

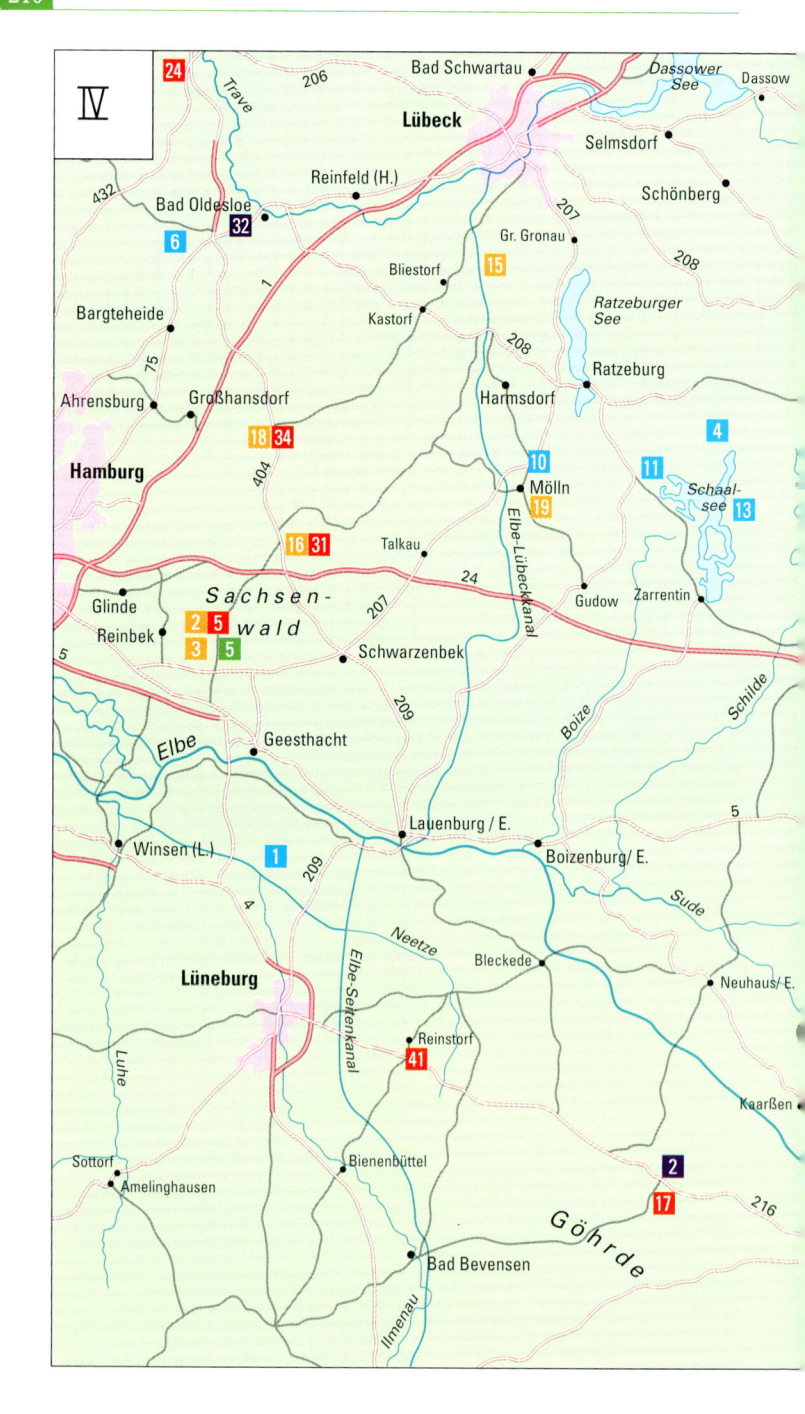

IV

Wismar
N
0
10 km
105
Grevesmühlen
Reinstorf
192
106
Stepenitz
na
Brüel
Schweriner
See
Gadebusch
Sternberg
Lützow
Schwerin
Crivitz
321
ittenburg
Störkanal
241
Elde
Hagenow
11
Parchim
Neustadt-
Glewe
ritzier
Neue Elde
22
Ludwigslust
17
321
übtheen
Ludwigsluster Kanal
Grabow
191
5
Rögnitz
Alte Elde
Löcknitz
Dömitz
Karstädt
Löcknitz
annenberg
Lenzen/ E.
Jeetzel
Perleberg
Elbe
Gartow
27

Register

Ahlefeld 128
Ahrensdorf 87
Albersdorf 20
Alster 91, 96 f.
Alt-Duvenstedt 128, 177
Altenhof 129
Altenholz bei Kiel 52 f.
Altenkrempe 54
Altes Land 77, 86, 135, 136, 143, 149, 182
Amelinghausen 85 f.
Arnis 87
Artlenburg 61
Aukrug 130
Aukrug, Naturpark 69, 129, 142, 183, 198
Aumühle 130, 178
Aumühle-Friedrichsruh 25
Ausrüstung 11 ff.

Bad Bramstedt 21
Bad Oldesloe 69
Badeseen 67 ff.
- Barumer See 67 f.
- Birkensee 68
- Bokeler See 68
- Dutzower See 68
- Flögelner See 68 f.
- Grabauer See 69
- Hanstedt, Köhlerteich 69 f.
- Hennstedt, Naturpark Aukrug 69
- Owschlager See 70
- Pinnsee bei Mölln 70
- Pipersee 70 f.
- Plöner See, Großer 71
- Schaalsee 71 f.
- Westensee 72
Badow 197
Bardowick 61
Barlt 61
Barmstedt 61, 131
Barum 67 f.
Bauerngarten 36 f.
Bederkesa 131 f., 178 f.
Bederkesaer See 131
Bendestorf 132, 179
Bergenhusen 26
Bille, Fluß 152
Bimmelbahn- und Dampflokfahrten 80 f.

Biohöfe 108 ff.
Bispingen 23, 28
Bistensee 127, 128, 177
Blaudruck 108
Blomesche Wildnis 133
Bokel 17, 68
Bokeler See 17
Bollingstedter Au 96
Boltenhagen 152
Bomlitz-Bommelsen 195
Bordesholm 54 f.
Bornhöved 33
Borstel bei Jork 61 f.
Bothel 133 f., 199
Bramau, Fluß 92
Brauel 94
Breitenburg 50, 92, 135
Breitenburger Moor 92
Breites Wasser, Naturschutzgebiet 84
Bremervörde 81
Brodersby 87
Brodersdorf 195
Büchen 79
Buchholz 99
Bungsberg 29, 99
Bünzen 81
Bünzen/Aukrug 62
Büsum 18, 20
Büttel 87, 90
Buxtehude 77, 135
Buxtehude-Ovelgönne 62

Cismar 20, 21, 59
Country-Shops 105 f.
Cranz 77
Cuxhaven-Duhnen 18

Daldorf 24
Dampflokfahrten 80 f.
Deinste 80
Dellstedt 62
Direktvermarkter 108 ff.
Dithmarschen 18
Dutzow 68

Eckernförder Bucht 129
Eddelak 62
Egestorf 27, 55, 101, 163, 179
Eidersperrwerk 192

Eiderstedt, Halbinsel 87 f.
Elbe, Fluß 78, 92, 199
Elbe-Außendeich 25
Elbe-Lübeck-Kanal 79
Elbmarschen 93
Ellerhoop 32
Elmshorn 19
Emkendorf 50 f.
Estebrügge 136 f.
Eutin 101
Exkursionen 25 ff.
- Fischbeker Heide 28
- Himmelmoor 26
- Megalithgrab in Karlsminde 29
- Naturpark Lewitz 26
- Naturschutzgebiet Lüneburger Heide 27 f.
- Schnaakenmoor 26
- Storchendorf Bergenhusen 26
- Vogelbeobachtung am Elbe-Außendeich 25
- Vogelschutzgebiet Grüne Insel/Katinger Watt 25 f.

Fahrdorf 87
Fähren 78 f.
Fahrradtouren 87 ff.
Fayencen 107
Feste 17 ff.
Fiefbergen 137, 180
Fischbeker Heide 28, 81
Fischräuchereien 125
Flögeln 68 f.
Fredenbeck 62
Friedrichsruh 24 f.
Friedrichstadt 18
Füby 87
Füssing 87

Garding 87, 90
Garlstorf am Walde 137 f., 180
Gärten 30 ff.
- Ellerhoop-Thiensen, Arboretum und Bauerngarten 32
- Hennstedt, Bauerngarten 31
- Louisenlund 31 f.

- Ludwigslust,
  Schloßpark Ludwigslust 35
- Rieseby, Gut Krieseby 31
- Ruhwinkel, Ökoland re-natur 33
- Tating, Hochdorfer Garten 33
- Wagersrott, Holländerhof 33 ff.
Gelting 138 f., 182
Glückstadt 18 f., 133
Göhrde 39, 139
Goltoft 87
Grabau 69
Grömitz 20, 59, 163
Groß Wittensee 198
Großenaspe 23
Gut Altenhof 49 f.
Gut Beusloe 195
Gut Stegen 97

Hadelner Land 56 f.
Hamburg 91, 140, 141, 188
Hamburg-Bergstedt 140
Hamburg-Langenhorn 141
Hamme, Fluß 84
Hanerau-Hademarschen 62
Hanstedt 69 f.
Haseldorf 55
Heeslingen 94
Heide 19
Heiligenhafen 19
Heiligenstedten 56
Hemmelsdorf 142
Hemmelsdorfer See 141 f.
Hemmingstedt 62
Hennstedt 69, 143, 183
Hennstedt/Dithmarschen 31
Herrenhäuser 48 ff.
- Altenhof 49 f.
- Breitenburg 50
- Emkendorf 50 f.
- Hoyerswort (Oldenswort) 51
- Kletkamp 51 f.
- Knoop (Gemeinde Altenholz bei Kiel) 52 f.
- Seedorf 53 f.

Hestoft 87
Heuhotel 199 f.
Himmelmoor 26
Himmelpforten 143, 145
Hinesch/Iland, Naturschutzgebiet 140
Hittfeld 145
Högersdorf 146
Hohenfelde 62, 86
Hohwacht 148, 183
Hohwachter Bucht 147, 157
Hollem-Twielenfleth 63
Holm 87
Holsteinische Schweiz 160, 167
Holzschuhe 107
Horneburg 77
Hörner Au 93
Horst/Seevetal 148
Hoyerswort 51
Husberg 63
Husum 17, 20, 44 f., 192
Hüttener Berge, Naturpark 127

Ihlienforth 56 f.
Ilmenau, Fluß 92
Itzehoe 93, 135, 185

Jameln 149
Jesteburg 45
Jork 39, 86, 150, 195
Jork-Königreich 77

Kalkhorst 151
Kanutouren 91 ff.
Kappeln 19, 80, 87, 195
Karlsminde 29
Katinger Watt 25 f.
Kayhude 96
Kehdinger Moor 143
Kellersee 167
Kellinghusen 18, 21, 92, 93
Keramik 107
Kiel 72
Kiel-Molfsee 41, 61
Kirchen 54 ff.
- Altenkrempe, Basilika 54
- Bordesholm, Klosterkirche 54 f.

- Egestorf, St. Stephanus 55
- Haseldorf, Spätromanische Backsteinkirche 55
- Heiligenstedten, St. Marien 56
- Ihlienworth, St. Wilhadi 56 f.
- Lilienthal, Dorfkirche in St. Jürgen 57
- Lunden, St. Laurentius 57
- Osterhever 57 f.
- Probsteihagen, St. Katharinen 58
- Raven, St. Martin 58
- Westensee, St. Catharinen 58 f.
Kleinmedehop 90
Klerenbüll 90
Kletkamp 51, 184
Kleve 151
Klöster 59 f.
- Grömitz, Kloster Cismar 59
- Nütschau 59 f.
- Preetz 60
- Zeven 60
Klütz 151
Knicks 29 f.
Knutzenwarft 90
Kollmar 63
Korbflechter 107
Kosel 87
Krempe 18
Krieseby 87
Krokau 63
Kronsnest 78
Krückau, Fluß 78
Krummesse 185
Küchensee 98
Kuddewörde 63, 153, 186
Kuhmühlen 94, 153
Kunsthandwerk 106 ff.
Künstlermuseen 44 ff.
- Husum, Theodor-Storm-Haus 44 f.
- Jesteburg, Bossard-Haus 45
- Wesselburen, Hebbel-Museum 45 f.
- Worpswede, Museen 47

Landgasthöfe 127 ff.
- Ahlefeld, Katerberg 127 f.
- Alt-Duvenstedt, Töpferhaus 128
- Altenhof, Kiekut 129
- Aukrug, Hof Bucken 129 f.
- Aumühle, Fürst Bismarck Mühle 130 f.
- Bederkesa, Waldschlößchen Bösehof 131 f.
- Bendestorf, Landhaus Meinsbur 132 f.
- Blomesche Wildnis, Op de Deel 133
- Bothel, Botheler Landhaus 133 ff.
- Breitenburg, Breitenburger Fähre 135
- Bramstedt, Galerie Schloßgefängnis 131
- Buxtehude, Restaurant Neuland 135 f.
- Estebrügge, Estehof 136 f.
- Fiefbergen, Sommerhof 137
- Garlstorf am Walde, Niemeyers Heidehof 137 f.
- Gelting, Jule 138 f.
- Göhrde, Hotel zur Göhrde 139 f.
- Hamburg-Bergstedt, Alte Mühle 140
- Hamburg-Langenhorn, Zum Wattkorn 141
- Hemmelsdorf, Schierbaums Fischkate 141 f.
- Hennstedt, Hotel Seelust 142 f.
- Himmelpforten, Kamphof 144 f.
- Högersdorf, Holsteiner Stuben 146 f.
- Hohwacht, Genueser Schiff 147 f.
- Horst/Seevetal, Gasthaus Horster Mühle 148
- Jameln, Das Alte Haus 148 f.
- Jork, Herbstprinz 149 f.
- Kleve, Gut Kleve 150 f.
- Klütz, Klützer Mühle 151 f.
- Kuddewörde, Grander Mühle 152 f.
- Kuhmühlen, Gasthaus zur Kloster-Mühle 153
- Lilienthal, Zur Schleuse 153 f.
- Lütjensee, Forsthaus Seebergen 154 f.
- Osten, Fährkrug 156 f.
- Panker, Forsthaus Hessenstein 157 f.
- Panker, Ole Liese 158 f.
- Pattensen, Maack-Kramer´s Landgasthof 159 f.
- Plön, Niedersächsisches Bauernhaus 160 f.
- Quickborn, Jagdhaus Waldfrieden 161 f.
- Reinstorf, Vitus 162 f.
- Sahrendorf, Teestube Sahrendorf 163
- Salzhausen, Josthof 163 f.
- Schashagen, Brodauer Mühle 164 f.
- Schönwalde, Altes Amt 165 f.
- Schürsdorf, Landgasthof Brechtmann 166 f.
- Seevetal, Zum 100jährigen 145 f.
- Sielbek, Uklei Fährhaus 167 f.
- Sieseby, Schlie-Krog 168 f.
- Störkathen bei Kellinghusen, Galerie + Café Birkenhof 169 f.
- Timmendorfer Strand, Landhaus Carstens 171 f.
- Tönning/Katingsiel, Schankwirtschaft Andresen 172
- Treia, Osterkrug 172 f.
- Uetersen-Neuendeich, Aal-Kate 173 f.
- Witzwort/Adolfskoog, Restaurant Café Museum Roter Hauberg 174 f.

Landhotels 177 ff.
- Alt-Duvenstedt, Töpferhaus 177
- Aumühle, Fürst-Bismarck Mühle 177 f.
- Aumühle, Hotel Waldesruh am See 178
- Bederkesa, Waldschlößchen Bösehof 178 f.
- Bendestorf, Landhaus Meinsbur 179
- Egestorf, Hof Sudermühlen 179 f.
- Fiefbergen, Sommerhof 180 f.
- Garlstorf am Walde, Niemeyers Heidehof 181 f.
- Gelting, Jule 182
- Grünendeich, Hotel An der Elbe 182 f.
- Hennstedt, Hotel Seelust 183
- Hohwacht, Genueser Schiff 183 f.
- Kletkamp, Gut Kletkamp 184 f.
- Kleve, Gut Kleve 185
- Krummesse, Klempau's Gasthof 185 f.
- Kuddewörde, Grander Mühle 186
- Ludwigslust, Landhotel de Weimar 186 ff.
- Lütjensee, Forsthaus Seebergen 188
- Mölln, Waldhof auf Herrenland 188 f.
- Panker, Ole Liese 189
- Quickborn, Jagdhaus Waldfrieden 189
- Salzhausen, Josthof 190
- Sierksdorf, Seehof 191 f.
- Sieseby, Schlie-Krog 192
- Simonsberg, Hotel Lundenbergsand 192
- Tating/Ehst, Landhaus Philipphof 192 f.

REGISTER

- Timmendorfer Strand, Landhaus
  Carstens 193
- Worpswede, Eichenhof 193 f.
Langballig 44
Langenrade 63
Langstedt 96
Lauenburg 21, 63, 77, 78
Leineland 199
Lewitz, Naturpark 26 f.
Lilienthal 57, 79, 154
Lockert 90
Lopau, Fluß 85
Lopaupark 85
Lopausee 85
Louisenlund 31 f.
Lübeck 98 f., 151
Ludwigslust 35, 101, 187
Luhe, Fluß 85, 92
Lunden 57
Lüneburger Heide, Naturschutzgebiet
  27 f., 138, 139, 163, 179, 197, 199
Lütjenburg 157
Lütjensee 156, 188

Marner Neuenkoogsdeich 64
Marxen 85
Mecklenburg 7, 151
Medehop 90
Meldorf 40
Mellingburger Schleuse 97
Missunde 79, 87
Mittelnkirchen 86
Molfsee 41
Mölln 70, 188 f.
Mühlen 61 ff.
- Artlenburg (Landkreis Lüneburg) 61
- Bardowick (Landkreis Lüneburg) 61
- Barlt 61
- Barmstedt 61
- Borstel bei Jork 61 f.
- Bünzen (Aukrug) 62
- Buxtehude-Ovelgönne 62
- Dellstedt 62
- Eddelak 62
- Fredenbeck 62
- Hanerau-Hademarschen 62
- Hemmingstedt 62
- Hohenfelde 62
- Hollern-Twielenfleth 63
- Husberg 63
- Kollmar 63
- Krokau 63
- Kuddewörde 63
- Langenrade 63
- Lauenburg 63
- Marner Neuenkoogsdeich 64

- Mulsum bei Stade 64
- Oldendorf 64
- Pötrau 64
- Salzau 64
- Schönberg 64
- Soderstorf 64
- Tangsehl 64
- Weddingstedt 64
- Windenergiepark Westküste 65
- Worpswede 64 f.
Mulsum bei Stade 64
Museen 39 ff.
- Jork, Das Alte Land 39
- Göhrde, Waldmuseum 39 f.
- Rosengarten, Freilichtmuseum
  Kiekeberg 40
- Meldorf, Dithmarscher Landes-
  museum 40
- Meldorf, Landwirtschaftsmuseum 40
- Molfsee, Freilichtmuseum 41
- Unewatt 46 ff.
Musik 101 ff.

Naherfurt 96
Neetze, Fluß 92
Neu Helgoland 84
Neuendorf 78
Neustadt-Glewe 27
Neustädter See 26
Niedersachsen 7, 61, 156, 199
Nindorf/Hohenwestedt 199
Norby 87
Nord-Ostsee-Kanal 79
Norderbrarup 87
Norderheverkoog 87, 90
Nordseeküste 17
Nütschau 59 f.

Oberalster 96 f.
Oberelbe 77
Oederquart 25
Oersberg 87
Ohlstedt 96, 97
Oldenburg 196
Oldendorf (Luhe) 64, 84, 85
Oldenswort 51, 196
Oldenswort-Osteroffenbüllkoog 196
Oste, Fluß 92, 94, 156
Osten 156 f.
Osterhever 57 f., 90
Ostfriesland 199
Ostsee 163, 171, 182
Owschlag 70

Panker 158, 159, 189
Pattensen 159 f.

Picknick 72 ff.
Pilsberg 157
Pilze 15
Pinnsee 188 f.
Plön 71, 160 f.
Ponyhöfe 197 ff.
Poppenbüll 90
Poppenbütteler Schleuse 97
Pötrau 64
Preetz 60
Probsteierhagen 58

Quickborn 26, 162, 189

Rantzau, Schloßinsel 131
Ratzeburg 70, 98 f.
Ratzeburger See 98
Raven 58
Reinstorf 162
Reiter- und Ponyhöfe 197 ff.
Rendsburg 79, 199
Rieseby 31, 87
Rissen 26
Rodenbeker Quellental 97
Rosengarten 40
Ruhwinkel 33

Sachsenwald 24, 130, 152, 177, 178
Sahrendorf 163
Salzau 64
Salzhausen 163 f., 190
Sandbek 87
Sauensiek 196
Schaalsee 197
Schashagen 164
Scheggerott 87
Schiffsfahrten 77 f.
Schlei, Fluß 79, 87, 168
Schleswig 87
Schleswig-Holstein 7, 29, 61, 99, 102, 107, 169, 199
Schloß Breitenburg 20
Schnaakenmoor 26
Schneverdingen 19
Schönberg 64
Schönberger Strand 80
Schönwalde 165 f.
Schürsdorf 166
Schweriner See 26
Seedorf 72

Seedorf (Landkreis Bad Segeberg) 53 f.
Seeve, Fluß 92, 148
Seevetal 148
Seevetal/Ortsteil Hittfeld 146
Segelfliegen 81
Sielbek 167
Sierksdorf 190
Sieseby 168 f., 192
Simonsberg 192
Skifahren 99
Soderstorf 58, 64, 84 f.
Sollbrück 96
Sollerup 96
Speckdorf 90
St. Jürgen 57
St. Michaelisdonn 81
St. Peter-Ording
Stade 77, 143
Steinfeld 87
Steinkirchen 86
Stör, Fluß 92, 93, 135
Störkathen 169 f.
Störtal 92
Süderbrarup 80, 87

Tangsehl 64
Tating 33, 87, 90
Tating/Ehst 193
Teufelsmoor 83, 84, 193
Tier- und Wildparks 23 ff.
- Aumühle-Friedrichsruh, Garten der Schmetterlinge 24 f.
- Bispingen, Greifvogel-Gehege 23
- Daldorf, Wildpark Trappenkamp 24
- Großenaspe, Wildpark Eekholt 23 f.
- Warder am Brahmsee, Haustierpark Warder 24
Timmendorfer Strand 18, 171 f., 193
Tönning 26
Tönning/Ortsteil Katingsiel 172
Töstrup 87
Trave, Fluß 146
Treene, Fluß 96
Treia 96, 172 f.
Tümlauerkoog 87

Uetersen-Neuendeich 173
Ukleisee 167
Undeloh 28, 101
Unewatt 42 ff.
Urlaub auf dem Bauernhof 194 ff.

Veranstaltungen 17 ff.
Visselhövede 197

Wagersrott 33 f., 87
Walkenitz, Fluß 98
Wandertouren 83 ff.
Warder 24, 72
Wattenmeer, Nationalpark 192
Weddingstedt 64
Wedel 20
Weertzen 68, 94
Weseby 87
Weser, Fluß 199
Weserbergland 199
Wesselburen 45 f.
Westensee 58 f.
Westensee, Naturpark 72
Westerhever 87, 90
Westerheversand, Leuchtturm 87, 90
Westmecklenburg 197
Wildparks 23 ff.
Windenergiepark Westküste 65
Winnemark 87
Winser Marsch 91
Wittensee 197, 198
Wittkiel 87
Witzwort/Adolfskoog 175
Wohldorf 97
Wolfenbüttel 85
Worpswede 47, 64 f., 83, 84, 193 f.
Wulksfelde 97
Wümme, Fluß 79, 154

Zarrentin 71
Zeven 60